青少年篮球训练理论与方法

洪锡均　著

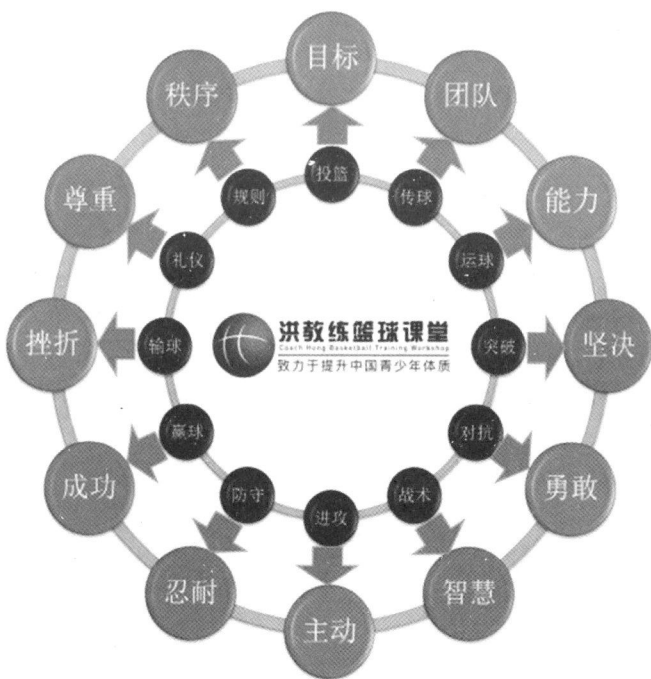

中国社会出版社

国家一级出版社·全国百佳图书出版单位

图书在版编目（CIP）数据

青少年篮球训练理论与方法 / 洪锡均著． -- 北京：
中国社会出版社，2019.2
ISBN 978-7-5087-5504-5

Ⅰ．①青… Ⅱ．①洪… Ⅲ．①青少年－篮球运动－运
动训练 Ⅳ．① G841.2

中国版本图书馆 CIP 数据核字（2019）第 030171 号

书　　名：青少年篮球训练理论与方法
著　　者：洪锡均

出 版 人：浦善新
终 审 人：李　浩
策划编辑：金　伟
责任编辑：陈　琛

出版发行：中国社会出版社　　　　邮政编码：100032
通联方式：北京市西城区二龙路甲 33 号
电　　话：编辑部：（010）58124836
　　　　　销售部：（010）58124845
　　　　　传　真：（010）58124856
网　　址：www.shcbs.com.cn
　　　　　shcbs.mca.gov.cn
经　　销：各地新华书店

中国社会出版社天猫旗舰店

印刷装订：天津雅泽印刷有限公司
开　　本：710mm×1000mm　1/16
印　　张：14
字　　数：242 千字
版　　次：2019 年 10 月第 1 版
印　　次：2019 年 10 月第 1 次印刷
定　　价：48.00 元

中国社会出版社微信公众号

作者简介

　　洪锡均，云南鹤庆人，1977 年 2 月生，2001 年毕业于首都体育学院体育教育专业，教育学学士，副教授，云南省学校体育工作先进个人。高级教练员、篮球国家一级裁判员、国家二级运动员，大理大学篮球队主教练。2009 年带队参加第 12 届 CUBA 云南赛区预选赛获第二名。2015 年获教学质量一等奖，主讲课程《NBA 欣赏》获通识教育选修课一等奖，示范性课程《篮球专项》负责人。主要从事青少年篮球科学训练研究。主持课题 6 项，发表论文 30 篇，主编图书《大学体育与健康》和《大学体育实践教程》。

内容简介

篮球运动是青少年体育运动中的重要项目，对促进青少年体格发育、增强青少年体质发挥着重要的作用。但是，篮球运动对青少年而言又是一项非常有挑战性的事情，要打好篮球，就需要有一套系统的理论与方法。本书综合洪锡均教练多年来执教青年球员和职业球员的经验写成，系统介绍了篮球基本功、进攻及防守的重要理论和方法，提供了诸多有趣、高效、创造性的练习，可很好地帮助读者掌握进攻、防守等方面的基础技术和团队战术。

前　言

　　成为一名优秀的篮球教练是一件非常有挑战的事情，将面临许许多多的问题。在我教过的学员中，有的不专注、有的行为不良、有的运动能力欠佳，有的协调性不好，还有的缺乏兴趣。但幸运的是，只要你充满活力、激情与创造性，这些问题都能解决。我的工作就是选择最佳的教学方法和策略，采用一种有趣的、有益的和有吸引力的方法，使孩子们自觉、主动、积极地参与训练。

　　从球员成为教练已经有20年，训练学员的画面烙印在我的脑海，那些怀揣篮球梦想的青少年英姿摇曳、翩跹起舞。事实上全世界的球员都做着差不多的训练，学习着类似的概念，怎么从这么多的球员中脱颖而出？答案也许很简单，但做起来却不容易：必须保持高强度的训练。对于高难度的技术动作，球员要有耐心，持之以恒，直到能熟练掌握。此外，球员必须保持长时间训练的习惯。我经常和球员分享的5条训练原则：

　　1.成为球场上最努力的人。改变比赛最简单的方法就是改变你的职业信仰。保持高强度的训练，每次训练都保持比赛或者快于比赛的速度。

　　2.成为球场上最有激情的人。身体可以疲惫，但精神不可以疲惫，队友间通过击掌、捶胸或者言语来相互鼓励，一个有激情和正能量的人总能在球队中找到自己的位置。

　　3.永不放弃。如果坚持不懈、持之以恒，就没有完成不了的事情。失败和困境只是学习的一部分。

　　4.对自己的要求高于其他人、如果追求卓越，就要设立高标准、严要求。

　　5.愿意耐心等待。成功没有捷径，能否长时间重复做单调的事情是能否成功的关键。在成长的道路上感激并庆祝每一个微小的进步，以获得更大的进步。

最后，希望大家积极参与篮球运动，感受篮球运动的魅力，通过科学的训练，达到强身健体、提升竞技能力、塑造坚强意志力的目的，进而进一步培养领导力和团队合作精神，为中国的篮球事业添砖加瓦。

合影留念

与前国家篮球队主教练宫鲁鸣（右）合影

与国家篮球队主教练李楠（中）合影

与美国南加州大学教练Neel（左五）合影

与著名篮球国际裁判杨茂功（右二）合影

与首都体育学院院长钟秉枢（右）合影

与《篮球》教材主编王家宏（左）合影

与首都体育学院教授王守恒（右）合影

与著名体育评论员韩乔生（中）合影

与著名中国女篮球员郑海霞合影

与中国男篮队长周鹏（左）合影

与八一青年男篮教练莫科（右）合影

与云南省篮协主席张雄（左）合影

| 目　录 |

第一章　篮球哲学

第一节　论菲尔·杰克逊的篮球哲学

一代禅师打造了篮球神话之后让世界篮坛知晓他，重返湖人队又继续自己的传奇神话，又打造出一个紫金王朝，让全世界人民都知道他的名字——菲尔·杰克逊。

一、禅学的引入

（一）三角进攻的理解

三角进攻是一种以局部为整体的进攻方法，是一种"小团体"进攻，它是在某一时段形成的三角形进攻。三角进攻法有定点配合方法和移动配合方法，有"三外线"之间的配合，也有"两内线一外线"和"两外线一内线"之间的配合；进攻的区域有上下两边、左右两侧、内外结合，进攻人员可以固定 3 人，也可随时间与位置的变化而调整，组合形成新的三角进攻，造成局部地区的多打少。三角进攻的区域只限于三角形内，可以在三点的基础上向外延伸，以点带面，以面带动整体。

擅长东方禅宗思想的菲尔·杰克逊将三角进攻简单地定义为三点进攻就是"三即是一""一即是三"，相互牵制，互为利用，"缺则损""合则圆"。

（二）禅字的引入

公牛王朝的篮球禅。那个时候看 NBA 已经成为一个符号、一个概念了，几个人就可以概括：杰克逊、乔丹、皮蓬、罗德曼，他们能在联赛中多次获胜也是有一定道理的。

美国芝加哥公牛队主教练菲尔·杰克逊自称是一位崇尚禅宗思想的基督徒，因而在篮球场上，他不愿以威胁和高压取胜，而是强调培养球员的明悟之脑、同情之心，以及更重要的无私的合作精神。他还强调：实践坐禅默思，清晰明了的大脑——定境，远比聪明更重要。

篮球禅概括如下：一是用心而不用思想引导队员以明悟清晰的头脑走上球场，全神贯注到不假思索的境地，完成每一个动作；二是对敌手要保持敬意，要做到攻而不生怒，攻而不行暴；三是在最混乱紧张的氛围中保持平静；四是去掉我执，让每个队员的"自我"成为球队的"我们"的仆人。

二、菲尔·杰克逊式的三角进攻

自 1978 年以来，菲尔·杰克逊就一直从事着篮球教练员的工作，曾担任过青少年篮球俱乐部教练、美国大陆篮球联盟（CBA）教练和 NBA 助理教练，并率队荣获过大陆篮球联盟冠军的头衔，在这期间，菲尔积累了丰富的篮球训练和挡拆经验，并逐渐领悟了篮球的奥妙，初步形成了自己的篮球哲学。

（一）三角进攻的依据

1. 三角进攻的心理学依据

心理学认为注意就是心理活动对一定事物的指向和集中。联防中，当进攻队员在有效区持球时，防守队员的注意力往往集中在持球队员和篮筐之间的这条线路上，对于这条线路的进攻重点防守，而忽略了两边。三点进攻法则利用了心理学这一原理，利用边路声东击西，迂回进攻。

2. 战术依据

进攻联防主要是通过球与人的移动，造成防守负担过重而出现局部多打少。无论何种进攻，都有一定的配合方法，有整体的，也有局部的。整体配合受时间、落位队形、统一组织等诸多因素的限制，不是时时都能组织起来的，更多的是局部配合、整体协同。联防是整体区域防守，其进攻靠个人单打独斗是不行的，必须协同配合进攻。三点进攻主要体现局部二三人之间的配合，随时随地组织发动进攻。配合起来方便、简洁、清楚，通过传、切、移动、掩护等方法，快速有效地达到进攻目的。

（二）三角进攻的方式

1. 建立三角

三角进攻由一个 1—2—2 站位开始，其中每个队员的间距为 15 英尺（约 4.5 米）。这个距离可以拉空对方的防守，而且防止包夹的出现，同时有利于简洁的传球从而减少被对方抢断的危险。

这里有很多种组成进攻三角的方式：第一，以个人进攻为主。持球队员随时抓好进攻战机，利用防守之间的空隙或假动作，寻找出手机会。持球队员要发挥持球的主导作用，以假乱真、真假结合地吸引防守队员的注意力，并及时传球给同伴，为同伴创造机会（见图 1-1）。①持球做投篮动作，吸引防守队员后，传球给两边的②或③，②、③出手投篮或回传球。第二，以主攻点为主、另一点为辅。把握一次进攻配合中的两个攻击点，根据每次进攻队员战术配合的移动路线，在观察判断同伴即将出现的机会时，要注意到两名队员会出现的情况，以主攻点为主、另一点为辅，及时传球给可能有利的一点（见图1-2）。①持球③溜底时②给③掩护，③接球后投篮或者在防守队员向外线移动时②向内移动接球进攻。

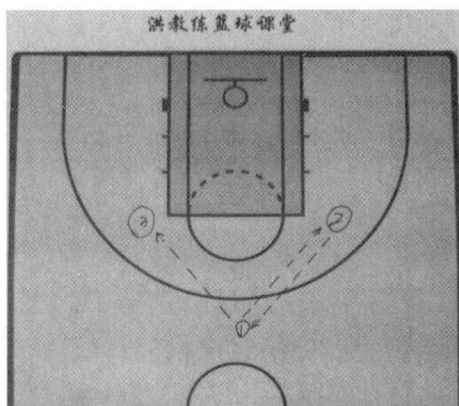

图1-1　以个人进攻为主

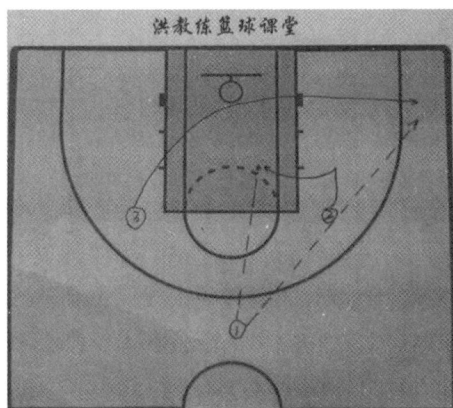

图1-2　以主攻点为主、另一点为辅

2. 运转三角进攻

一旦进攻三角得以建立（我们以控球后卫切入到底角为例），那么一条由球（小前锋）、进攻轴心（中锋）和篮筐组成的"战线"就形成了。这样就使防守中锋的对方队员必须待在篮筐与中锋之间。只要那条"战线"存在他就无法离开。

一旦这种局面形成，人们就可以看到一条清晰的将球传入内线低位的通道就此打开，小前锋可以轻松地将球传入内线或者说"喂"给中锋。

中锋的防守者为了防止球进入内线或者传给中锋，他就必须站在中锋的同侧或者实行绕前。如果他绕前，那他就丢掉了他在篮筐和中锋之间的位置，使中锋获得了高吊球，或者同侧的快速传球直接面对篮筐的机会。

恰当的位置间距使低位拿球的机会大增，并且创造出一对一的机会。同样，三角进攻中的任何一个球员都可以帮助队友得到空位出手的机会。

3. 在三角进攻中弱侧也有大量的进攻机会

第一，高吊后门：如果中锋没有接球的机会，大前锋就可以快速地向有球一侧移动，如果对方防守队员为防止接球移动到球与大前锋之间，那么大前锋就可以通过变向，转而向篮下移动，然后接高吊球上篮得分。

第二，夹角位置：另一种进攻选择是将球回传给攻击后卫，然后将球传到夹角位置，也就是弱侧的肘部（罚球弧与罚球线的结合部）。这种战术可以有两种选择：一种是攻击后卫利用大前锋的掩护切入；另一种是控球后卫利用中锋和小前锋的双人掩护移动到夹角位置，然后接攻击后卫的传球，获得空位出手。

第三，掩护突破：这就是攻击后卫依靠大前锋的掩护运球切入篮下。

第四，攻击后卫的后门：当攻击后卫接球路线被阻断，大前锋迅速移动去接小前锋的传球，另一边攻击后卫就可以得到直接上篮的"后门"机会，当然大前锋的传球质量非常重要。

三角进攻战术的每一个变化都告诉我们，传球、运球和投篮这些基本技术的运用是战术成功的关键所在。

（三）三角进攻注意事项

第一，持球队员必须以切入、传球、投篮三种威胁来突破防守。第二，攻势必须涵盖整个半场。第三，进攻要有空间原则。第四，攻势应确定球员与球是同一目标（寻求空当或攻篮）迈进。第五，每次投篮，其他球员应有进攻篮板、预防快攻的妥善布阵。第六，每次传导球的准备攻击，都会制造防守方无法兼顾的空当。第七，攻势应针对球员特性来设计。

三、结论

菲尔·杰克逊有着丰厚的文化知识涵养及现场指挥的经验。抓住了三角进攻的精髓，就是简单的"三即是一""一即是三"，化繁为简，吸取挡拆轮换的精妙，并不是掩护走位而已，空间原则、单打能力、传球观念与技巧、空手走位能力、空手和空手掩护后走位能力与观念等，才是三角的要义。

第二节　波波维奇的篮球哲学和人生魅力

从 2003 年开始看马刺的比赛到现在已经十几个年头了，中间经历过马刺的起起伏伏，有过激动时的欢呼，有过伤心时的落泪。十几个年头过去了，自己也由当年的少年变成了篮球教练。

这期间，随着时间的推移，我逐渐被波波维奇的篮球哲学和人生魅力所折服。总想写点什么，让更多的人了解他、熟悉他、喜欢他。

一、波波维奇其人

格雷格·波波维奇（Gregg Popovich），1949 年 1 月 28 日出生于印第安纳州东芝加哥，毕业于美国空军学院，现任 NBA 圣安东尼奥马刺队主教练。

格雷格·波波维奇从 1996 年开始执教马刺队，是美国四大职业体育联盟执教同一支球队时间最长的教练。他带领马刺队五度夺得 NBA 总冠军（1999 年、2003 年、2005 年、2007 年、2014 年）；三次获得 NBA 年度最佳教练奖（2003 年、2012 年、2014 年）；四次当选为 NBA 全明星西部队主教练（2005 年、2011 年、2013 年、2016 年）。2015 年 10 月 24 日，格雷格·波波维奇被任命为美国男篮下一任主教练，任期为 2017 年至 2020 年。

波波维奇在 1988 年之前一直在大学执教。1988 年 7 月，拉里·布朗成为 NBA 圣安东尼奥马刺队的主帅，他邀请波波维奇担任他的助教。就这样，波波维奇的 NBA 生涯拉开了序幕。1994 年，马刺队新老板皮特·霍尔特邀请波波维奇重返马刺，担任球队总经理。波波维奇带了一支自己组建的助教团队回到圣安东尼奥，这波人的核心包括 R.C. 布福德、汉克·伊根以及迈克·布登霍尔泽，他们就此构成了"马刺系"的最初班底。1996—1997 赛季，大卫·罗宾逊因为背伤缺席了赛季开始的六周比赛，马刺 3 胜 15 负。1996 年 12 月 10 日，波波维奇以总经理的身份解雇鲍勃·希尔，亲自兼任主教练。

这是上天的恩赐，让 NBA 联盟得到了一个好教练，让篮球界得到了一位伟大的开拓者，让队员和球迷得到了一位人生导师。

二、篮球哲学

从做助理教练开始，波波维奇就愿意借鉴欧洲教练的执教理念。1988 年开始，波波维奇就经常往返欧洲，学习欧洲教练关于移动进攻和联防的战术。他视希腊教练扎里米·奥布拉多维奇为偶像，波波维奇说："他的比赛可用'漂亮'形容，球动人动，许多篮球的基本战术都被注入了新的观点，比如直传球、制造空位投篮机会、无球掩护、第一时间转移球等，它们都焕然一新。这些东西带给人们篮球的真正意义，要比一个人运球杀过全场然后一对一要有意义得多。"

二十年来，马刺的框架不断改变。由于师从拉里·布朗，再加上是空军学院出身，波波维奇早期的执教风格更侧重于防守，内线蒂姆·邓肯、外线布鲁斯·鲍文的配置也让马刺成为联盟顶级的防守球队，但在失去了鲍文这样的防守专家后，球队又立刻转型为超强火力的进攻球队，培养出了一大批擅长空切、投射的角色球员。

波波维奇的另一个重要篮球理念就是紧跟时代潮流，永远走在时代的最前端。从最初的双塔时代到三驾马车、再到多点开花的无核心时代，直到现在的莱昂纳德时代。波波维奇总能在别人之前找到解决问题的办法，使球队处于强队之列。他还善于克敌制胜，当他玩双塔的时候克制别人小球，当别人打小球的时候他又会用起双塔。

三、绝对的服从

多年来，波波维奇一直在设法让这支球队保持在最高的水准，老帅用他的军队化管理让马刺成为联盟当中最具声望的西点军校，没有更衣室的混乱，有的只是铁打的营盘和强悍的战术执行力。

在马刺，没有超人的天赋可以，没有出色的篮球意识也可以，但是，不能没有积极的态度。这些年来，无论是哪个球员在马刺，必须有绝对服从的战术执行力，尤其是在防守方面。

波波维奇对球员实行严格管理，相对于 NBA 联盟中有些球队内部矛盾重重、一些球员个性太强存在难以管理的状况，波波维奇则掌握了更衣室的话语权。无论是多大的"刺头"，来到马刺也都会变得遵守纪律，这是波波维奇的管理哲学；曾经最典型的例子就是罗德曼，当时罗德曼缺席训练、态度散漫，波波维奇果断将其交易到公牛。后来公牛三连冠，有人问过波波维奇这个问题，他的回答是不后悔，即使当时知道公牛会夺冠。

四、生活大于篮球

金州勇士队主教练科尔曾经这样赞赏过波波维奇："波波维奇是我此生见到的最不可思议的人，他的智慧，对他人的尊重和关怀，他在社交、政治上以及个人的魅力，他对生活的热爱都让他与众不同。他对联盟教练的影响是巨大的，很多曾在他手下的教练如今都遍布全联盟，他几乎接管了整个联盟。他曾经的手下如今在各支球队担任着教练或者总经理，看到这些家伙取得成功真的让人称奇，所以波波维奇对联盟的影响远远超过了比赛本身。"

波波维奇曾经在公开场合不止一次表达过"生活大于篮球"的看法。同时，他积极组织球员参加社区服务事业和社会公益事业、关心球员的生活等。另外，他也会为队员们设身处地着想，对全国直播的比赛，他也敢与轮休老将——大卫·斯特恩对着干。如果马刺在季后赛系列赛之间的休息时间太短，波波维奇会毫不犹豫地取消联盟规定的媒体访问，自愿交上罚款来让他的队员们不用在休息日赶来球馆而占用宝贵的休息时间。

波波维奇敢于表达自己的想法，热心关心社会问题，曾经称美国总统特朗普为"蹩脚的小丑"，被球迷戏谑为他可以竞选下一届美国总统；他和赛格相识多年，在赛格白血病养病期间的一次采访中，他一改往日的顽皮，一本正经地说："我们想念你了。"让人潸然泪下。

波波维奇的好友兼助手 P.J.卡莱西莫曾经说过："我感觉，篮球只是他生活中很小很小的一部分，虽然他还爱着篮球，但他还有更喜欢的兴趣爱好。"

五、人生智者

接受记者采访，是 NBA 联盟对主教练的基本要求，但波波维奇对此非常抗拒（见图 1-3），记者大卫·阿尔德里奇在比赛现场有时只敢问一个问题（一般情况下记者会问两个），而波波维奇在记者采访环节总是妙语连珠，让很多记者哭笑不得：当马刺拿到总冠军时，记者问波波维奇，拿到世界冠军有何感想？波波维奇说："世界冠军？我只知道，我拿到了 NBA 冠军。我不管 NBA 是为了营销还是为了别的什么，总之'世界冠军'这个标签蠢透了。"

图1-3　波波维奇接受采访

（注：图1-3来源于百度图片：www.image.baidu.com）

波波维奇的生活充满趣味。波波维奇酷爱红酒，他在圣安东尼奥的"豪宅"中建了一个巨大的酒窖，里面大概藏有多达 3000 瓶葡萄酒，其中包括法国顶级的伊甘酒庄出品的 1990 年的红酒。他说，无论我这个酒窖中其他的酒怎么处理，伊甘酒庄的红酒一定会由他自己亲自来解决，这个绝不会传给别人。格雷格·波波维奇会塞尔维亚语并且能与塞尔维亚球员沟通；他阅读陀思妥耶夫斯基、屠格涅夫、雷蒙托夫这些俄罗斯作家的作品（英文版）；珍藏稀有的初版书；他是瑞典历史以及美国政治学方面的顶级专家；他选餐馆，需要参考三本旅行和度假相关的杂志。波波维奇曾经在一个饭馆吃饭，据说餐费只有 100 美元，而他给这个餐馆服务员的小费却是 3000 美元。

波波维奇是篮球界的大师，是我心目中的历史最佳主教练，他更是位智者，他的很多观点和思想引领着我们前进！

第二章　篮球教练成功执教之道

"道"是万物的基本规则。"道"不可捉摸，但又主宰宇宙万物，这是一个有趣的矛盾。人们的目标就是力求达到并与它融合。

"成功主要取决于一个人的意志和条件。意志坚强的人可以创造条件，寻找机遇；而意志薄弱者虽有良好的条件，却未能利用，故而不能成功。"

"成功就是一连串的奋斗，包括战胜自己。"

"成功的执教之道"，可以理解为从事教育和训练工作的基本规则，是教练们为完成自身担负的教育训练工作时，在目标、敬业、管教、训练、比赛的排兵布阵等方面，为追求完美而付出的艰辛努力后所取得的成果。

现代篮球运动发展趋势："明星和教练作用更加突出"，篮球运动员的"主体"作用是举足轻重的，而教练员的主导作用更是重中之重。教练员的主导作用主要体现在他的执教之道上，一个教练执教之道是否成功，对球队的提高和发展将起到非常关键的作用。下面将介绍世界与国内著名教练的执教成功之道，以便供大家借鉴。

一、美国"NBA"菲尔·杰克逊的成功执教之道

菲尔·杰克逊是目前世界篮坛最有影响力的教练之一，他在美国篮球历史上的"十大名教头"中排名首位，多次获得"NBA"最佳教练称号。这位"禅师"，曾率领芝加哥公牛队于1989—1998年两创"三连贯"佳绩；1999—2002年三个赛季又率湖人队三夺NBA总冠军。在他执教"NBA"的14个赛季中，共胜832场、负316场，胜率高达72.5%，在季后赛取得175场胜利，胜率也高达71.7%，他还得到9枚总冠军戒指，这三项都创NBA历史之最。在1998年和2004年他还撰写了三本专著：《特例独行的家伙，神圣的篮圈》《公牛王朝》《终极赛季：一支寻找灵魂的球队》。

（一）成功之源

1. 不平凡的运动经历

1963年菲尔·杰克逊率领北达科他大校队赢得新泽西州冠军，并在决赛中

独得 48 分。1966 年和 1967 年连续两年以主力身份代表北达科他大学,参加全美(NCAA)决赛。1967 年被 NBA 纽约尼克斯队选中,并帮助纽约尼克斯队于 1970 年和 1973 年两获 NBA 冠军。

2. 深厚的文化底蕴

菲尔·杰克逊就读于北达科他大学期间,主修心理、哲学和宗教,并获哲学学士学位,他博览群书,熟悉东西方文化。

3. 长期的执教生涯

自 1978 年以来,菲尔·杰克逊先后担任过青少年篮球俱乐部篮球教练、美国(CBA)和 NBA 助理教练,并率队荣获大陆篮球联盟冠军头衔。直到 1989 年,经过 12 年的努力,菲尔·杰克逊才有资格执掌公牛队总教练的教鞭,并有机会向世人展示其执教的才能。

4. 坚定的成功信念

菲尔·杰克逊也受"美国成功学之父"拿破仑·希尔的影响,他也深信"信心是成功的秘诀。我成功,因为我志在战斗,若没有坚定的目标就不会有毅力和信心,成功便会与他无缘"。科学的篮球理念和坚定的成功信念,使他率领公牛队两创"三连贯"和带领湖人队两夺 NBA 冠军的辉煌成绩。尤其是在 2003—2004 年这个非同寻常的赛季遇到了空前的困难。尽管当时湖人队内拥有奥尼尔、科比、马龙、佩顿四名 NBA 巨星,而菲尔面对的却是队内伤病满员、科比与奥尼尔之间矛盾的爆发、处理合约纠纷、"三角"进攻战术无法得到这些巨星的理解和支持,特别是科比·布莱恩"性侵犯"事件引来众多媒体的指责等许多麻烦,但菲尔·杰克逊依然以坚定的信念率领他的球队在执教的 5 年中第四次杀入 NBA 总决赛。

5. 潜心研究 NBA 篮球技术发展趋势

菲尔·杰克逊平时非常注重研究篮球业务,认真收集和分析对手的情报资料,每个赛季都书写训练、比赛日记和比赛总结。1992 年再次登上 NBA 冠军宝座后,他向众多媒体介绍了一个篮球强队应特别重视的几个因素:

(1)队员的素质是取胜第一要素

队员素质的高低决定比赛的胜负。

(2)正确运用全场紧逼人盯人防守

菲尔认为:"人盯人并不是什么新东西。"但当时世界高水平的篮球队几乎都采用这个战术来钳制对手的攻势。

(3)三分球的重要性

菲尔翻开比赛记录对记者说:在东部赛区和强手纽约尼克斯队、底特律活塞队较量时,有几场球就是靠最后一记三分远投命中而取胜的。

（4）要善于把握好终场前三分钟

菲尔·杰克逊认为在 NBA 联赛中，有许多场次，原先比分领先的队由于没有处理好终场前的三分钟而转胜为败，功亏一篑十分可惜。

（5）主教练的作用至关重要

菲尔认为在实力相当的较量过程中，主教练赛前一定要有几套比赛方案（特别要想到对付可能面临困难的办法）、赛中能够灵活用兵、关键时刻沉着、冷静地指挥。切忌在赛场上大嚷大叫、怨天尤人，使队员无所适从。

（二）管教之道

1. 启发式领导

菲尔·杰克逊领导球队的方式既不自由放任也不过分专制。他采取中庸，尽量创造一种合作氛围，构建一个休戚与共、同舟共济的和谐环境，以发挥每个人的想象力和创造力。他力求让队员学会在场上独立思考，独立解决遇到的问题，培养队员自己做决定的信心。

2. 个别谈话，培养感情

有些教练喜欢在球队会议上解决分歧意见，菲尔则喜欢以个别谈话的方式处理。他认为球队大部分时间都是集体活动，难免有些队员受冷落，跟球员私下会面，使他得以接触那些和别人格格不入的球员，加强他们之间的个人感情。1989 年，刚担任公牛队主教练的菲尔主动找如日中天的乔丹长谈，告诫乔丹要取得胜利，就必须把自己融到球队群体当中，获得了乔丹的信任。1991 年季后赛期间，克罗地亚发生战乱，托尼·库科奇的父母仍在克罗地亚，他非常焦急不安。菲尔主动去安慰他，帮他与家人联系，利用这个机会加深了他与托尼私人之间的感情。

3. 宏观管理

菲尔·杰克逊在管理球队时，并非事无巨细、一概统揽，而是采取"大权独揽、小权分散"和"知人善任"的管理模式。他充分发挥教练组和球队队长的作用，如分别任命迈克尔·乔丹和比尔·卡特莱特为球队正副队长；任命泰克斯·温特为进攻助理教练，泰克斯后来发明了三角进攻战术；还任命约翰·巴赫为防守教练，巴赫后来首创了攻击性、综合性防守战术体系。虽然菲尔跟泰克斯和约翰有些看法不尽相同，但他认为不同观点的交流有刺激创意的作用。他愿意当个"无形"的领导者，使用集体智慧和才干来管理球队。这种管理模式一直是菲尔所追求的目标。

4. 严格纪律

菲尔·杰克逊认为：一个球队如果没有严明的纪律是不可想象的，为此他制定了一系列规章制度，严格地贯彻和执行。例如他将三角进攻战术的七条原则写在黑板上，成为全队共同遵守的准则。为了严格训练纪律，他规定：训练时任何球员都不允许迟到，否则下场比赛时将坐"冷板凳"，得不到上场的机会。他教导球员明白比赛并非战争，让球员学会尊重对手。他还规定：在接近终场领先对手20分以上时，投三分球的将罚十美元。他尽量不对球员个人发怒，但有时发火也不失为整顿球队最高明的手段之一，如一次公牛队去佛罗里达州比赛，很多球员每夜都外出饮酒作乐，导致比赛时领先17分的情况下输球。赛后，菲尔在更衣室一脚把汽水罐踹到对面墙上，愤愤地告诫球员如何在场内外竭尽所能去争取胜利。次日，那些球员都大有收敛。

5. 自我反省

菲尔·杰克逊非常严于自我批评，无论在信仰和世界观方面，还是在日常训练、比赛和处理他与球员关系方面，他都不断地省悟自身，以求得内在素质整体的、本质的不断提高。

1991年季后赛期间，公牛队与费城76人队比赛，霍勒斯防守阿尔蒙·吉列姆力不从心，请求用包夹防守，但菲尔·杰克逊不同意，并指责霍勒斯没有认真贯彻他的防守意图，导致输球，造成他与霍勒斯失和。事后，菲尔经过冷静反思，认识到是自己的错误判断而导致失败，主动向霍勒斯承认了错误。菲尔在网队任教练时，一次与超音速队比赛接近结束时，双方战成平局，菲尔因对队中投手李·威廉姆斯平时目中无人的态度非常反感，不让其做最后一投，结果这场比赛输了。事后，菲尔认识到在比赛时用人不应考虑个人的喜恶，而应从全队的利益出发。

（三）执教目标

1. 成绩目标

菲尔·杰克逊受命出任公牛队总教练后的第一个行动，就是根据球队发展的可能，制定了一个理想的目标。他从自己多年执教经验得知，目标是领导的源头，万事皆始于理想和目标。因此，他为球队定下的成绩目标是夺取NBA总冠军，激励着球队不断进步。

2. 育人目标

（1）慈悲精神，关爱之心

菲尔·杰克逊坚信"爱是克服一切的力量"。菲尔慈悯之心受其父影响较深。有一回菲尔的父亲被一部卡车撞断了胳膊，没有提出诉讼，反令那位无照卡车司机大吃一惊。菲尔在教练工作中从慈悲观点出发，尽量和队员产生共鸣。1990年季后赛期间，皮蓬的父亲去世，菲尔请求全队球员围在皮蓬的身边，念咏主祷文，皮蓬深受感动。比赛时，菲尔规定，不准侮辱对手、不准做小看人的动作等。在他的感召下，公牛队的许多球员都乐意从事一些慈善活动，如乔丹资助失学儿童、霍勒斯照顾流浪汉。

（2）超脱精神，平静之心

菲尔·杰克逊认为保持一个平静的心态，比拥有一个聪明的头脑更重要，不管是教练，还是球员都应能在繁杂中找出单纯、在混乱中找出和谐。为此，菲尔采用了各种办法让球员在比赛中保持清醒、平和的心态。他还把球员住所布置得典雅、和谐，让球员感到这是他们调整身心、抛开新闻界和外界严酷现实的好地方。他常常带领球员在球员住所坐禅静心，用东方佛学的一些观点来看待事物，因此，菲尔也被人们称作"禅宗大师"。

菲尔·杰克逊教导球员在球场上，攻而不施暴、攻而不发怒，认为愤怒只会更助长愤怒，最终必然引起暴力。以一时之急击败对手，终不免还诸己身。他要求球员用一种较宽广的观点看待比赛，把对手当作舞伴，即使对方采用粗暴的行为，也不沮丧，不施展不光明的手段，应保持清醒，仔细观察找出对手弱点，做到能智取则不须力敌。在1991年的季后赛，公牛对阵活塞，公牛队的球员被撞得团团转，但他们都报之一笑，这一刻，菲尔感到自己所调教的球队已成为真正的冠军。

（3）团队精神，忘我之心

菲尔·杰克逊一直对媒体把"公牛队称为乔丹和他的随从"很不满。他执教的一个非常重要的目标是，要建立一支具有崇高团队精神的球队。他认为，只要在球员之间相互信赖、能够牺牲小我、完成大我的时候，好的球队才会变成杰出的球队。他认为，让替补球员在场上多打一些时间，由此而产生的凝聚力比冒险输球更重要。1992年NBA总决赛，公牛队对开拓者队，第六场比赛打到第三节，公牛队落后17分之多，菲尔大胆换上第二军团，结果反败为胜。公牛队著名的三角进攻战术是为了给场上每一个人都有"机会均等的进攻"，其精髓是为队友创造出极佳的投篮机会。

二、阿·亚·戈梅尔斯基的执教成功之道

戈梅尔斯基是苏联20世纪50—80年代最享有盛名的功勋教练员、伟大的战术大师和战略家，曾荣获教育学副博士学位和美国篮球教练委员会荣誉会员，曾被请到美国给教练员授课，被大家尊称为"俄罗斯篮球之父"。1995年以欧洲第一教练身份进入"美国篮球名人堂"（一个外国教练能进入名人堂，是极少数）。

戈梅尔斯基21岁在圣彼得堡开始教练生涯，前后从事篮球运动训练工作长达30多年。他带苏军"中央俱乐部"队先后夺得10次全国冠军；带领苏联国家队参加过6届"世锦赛"夺得3届冠军；参加10届"欧锦赛"夺得7届冠军；参加过"5届奥运会"夺得1届冠军。苏联队有许多优秀篮球运动员：阿拉恰强、克鲁明、萨博尼斯，都受教于他的门下，在国内外都享有很高的声誉。他在1998年患癌症逝世，俄罗斯总统致电高度评价、沉痛哀悼。他的执教之道总结共有以下四点。

（一）在新的训练周期开始之前

1.在对前一个训练周期进行认真总结、分析的基础上，提出《全队训练计划》

戈梅尔斯基在执教苏军"中央俱乐部"队时，每打完一个赛季，他们就像解剖人体一样，经常对上一个赛季的比赛进行思考和分析，作出准确的结论，提出新的任务。

分析比赛是从比赛时所作的《临场技术统计》开始，包括"近、中、远投篮和罚球、攻防篮板球、助攻传球、进攻失误、盖帽、每人上场时间"等。从这些统计的数据中（应把强、弱队分开计算），就可以清楚地看出每个队员在对强弱队比赛时场上的表现、技术发挥和在全队的排名情况，并得出全队的攻防数据。

在得到上述分析结果后，他们还做到如下三点：

（1）要把技术统计制成的图表贴在醒目的地方，营造竞争氛围。

（2）要从对比中找到差距

将每个人的数据和国家优秀队员进行对比，使队员清楚地知道自己的差距。

（3）全队统一思想后，提出《全队训练计划》

在新的赛季开始之前，召开全队会议：A.在会上总结上个赛季全队和每个队员的表现和优缺点。B.要求每个队员都要以自我批评的态度总结自己的表现，再给同伴提出意见，互相交换自己的战术观点，提出改变全队打法的建议。C.教练要先作总结，对会上争论的问题表明自己的看法，然后提出《新赛季的训练计划》。

2.制订的全队和个人训练计划，都要交全队讨论

制订个人训练计划的内容应包括：新赛季训练目的和任务；战术训练中自己应解决的问题；在全队攻防战术训练时的任务和职责；技术训练时应加强特长与特短训练；在比赛中应完成的各项技术指标；应提高的身体素质；心理训练的内容；加强篮球理论学习的内容；等等。

教练员制订的《新赛季训练计划》和队员制订的《个人训练计划》，都要经过全队队会认真研究、讨论通过，最后形成文件认真贯彻实施。主要措施是由国家队"科研组"负责监控队员完成计划的情况。在新赛季的每一轮比赛，这个小组都要提供有关每个队员完成个人计划的详细数据。

3.球队的设想及模拟训练

戈梅尔斯基是模拟训练法的拥护者和实践者。模拟方法有两种：即模拟本队和模拟对方。

戈梅尔斯基认为：模拟本队时，球队的设想不应脱离实际和队员能力。比如设想要打40分钟的"全场紧逼人盯人"，但是，你的队员缺乏这方面的训练或

者没有充足的后备力量，那么，这种设想就毫无价值。同时，任何设想还要考虑到其他细节，如全场紧逼防守中队员的替补顺序如何安排？对手突破能力很强的后卫谁去防守？全队又如何协防？什么情况下从一种防守形式变化到另一种防守形式？在后场的什么区域如何组织"夹击、补位和抢断"？等等。

在进攻方面，要确定好平均每场比赛发动快攻的次数和成功、投篮的次数和命中率，阵地进攻中的 2 ～ 3 人配合次数及效果，进攻成功率下降时的主攻人、主攻点以及比赛中应该得多少分，等等。

总之，球队的设想应该是带有战略目标的。只有在确定了新赛季比赛中的主要对手后，才能设想出一个最有利于发挥自己队员特长、足以战胜对手的方案来。

他还认为模拟对手时要做到两点：其一是模拟的对象其真实程度必须接近于比赛中将会遇到的主要对手；其二就是本队也要按照模拟对手的进攻与防守的特点，认真地进行针对性的训练。

模拟训练法在国际比赛之前，当对手不太了解我们队员的时候，这种方法特别重要。1967 年乌拉圭世锦赛之前，苏联国家队成功地运用了模拟训练法。当时他们模拟的主要对手是美国、巴西、乌拉圭，组成了这种类型的有相当战斗力的球队。这样做的结果，使他们在正式比赛中战胜了主要对手，成为世界冠军。

4.战术方案及其变化

近些年来，许多球队和教练都把最新的进攻和防守战术当作宝贵财产。所谓的"新"战术，只是有暂时的和相对的意义，它很快就会被别人适应，并找到瓦解它的办法。

一般来说，在经常获胜的球队里，总有较多的高水平的球员，具有创造力和应变能力很强的明星。他们在比赛中，有时会突破教练员战术的限制，为比赛的创新和应变作出贡献。

当然，这种变化并非场上五个队员同时开始，否则就会陷入极其混乱的状态。战术配合恰恰是为了建立比赛场上有规律的变化和队员相互协作的秩序，以苏军中央俱乐部队右侧定位掩护配合为例：谢尔盖·别洛夫是苏军队中的一个颇具威胁的大前锋，他先站于右侧外围，若对手紧逼盯人，谢尔盖即把防守带到站在禁区右侧分位线的二中锋处，此时就要根据防守对手当时的防守意图和所处位置，与同伴中锋很好地采用"定位掩护"打出多种进攻变化：

如防守队员防止别洛夫插入禁区、站在禁区内，别洛夫则可利用中锋的掩护拉出到外围接圈顶后卫的传球投篮；

如防守队员防别洛夫拉出投篮而贴身紧逼谢时，别洛夫则借助掩护插入禁区接球进攻；

别洛夫插入禁区对方采取"交换"防守时，圈顶后卫立即传球给中锋投篮。

在这一配合中,谢尔盖·别洛夫是主攻人,他就有临场变化的权力,队员技术水平越高,他的这种权力就越大,而其他的中锋和后卫等都是辅攻的牵制。局部配合如此,整队的配合亦是如此有规律的变化和相互协作。

(二)在训练过程中

为了在比赛中取胜,就应当创造有助于未来胜利的条件,这个创造过程主要体现在训练当中,例如改进球队的打法、提高队员技术水平的稳定性等,这些都是通过每天的训练和日常工作取得的。在这训练的过程中,如下方面应该非常重视:

1.教练员的工作态度

队员技术水平越高,教练员指导训练就越困难;课前认真备课、上课要有教案;教练员要专心致志地上好每一堂课,不要吝惜自己的精力;要有高度的责任心和工作热情。

2.教练员的威信

如何使队员服从管理,这是一门很深的学问。戈梅尔斯基认为要做到如下几点:

(1)教练员的榜样作用

主要是要让队员看到:教练本人对事业、对俱乐部和对球队的兢兢业业和忠心耿耿,严于责己、宽以待人、言行一致和身教重于言教,对队员决不能有亲疏之分,而是要做到一视同仁,队员自然就会对你产生敬意,相信你的每一句话。

(2)应该虚心听取队员的意见

在球队的长年训练和比赛中,教练员应虚心地听取队员的各种建议,甚至还可以采用队员提出的练习方法进行练习,这样做决不会有损教练员的威信,相反,不但丰富和发展了训练的内容和练习方法等,更重要的是培养和调动了队员训练的积极性和主动性。

(3)要始终坚持"一长制原则",不允许队员议论主教练的决定

在教学训练或比赛过程中的某些时刻,如球队出现这样或那样的问题和错误时,一定要坚持球队"一长制"原则,一定要控制局面,不允许队员议论教练员的决定,尤其是在比赛中发生冲突的情况下。

(4)一个球队进步的前提是在训练中的高度纪律性

在篮球训练或比赛中队员发生矛盾和纠纷时,采用什么手段处理呢?应该把发生矛盾的双方叫到面前,平静地告诫要比大声的训斥好。如果队员不接受这样的劝告,可以中断练习马上全队集合,进行严厉的批评教育。这时,有的队员也有可能不接受教练的批评和你争辩。如果出现这种情况,教练要冷静下来,可以

根据队员的不同性格用不同的方法进行处理，甚至可以按规章制度，采取停训、停赛或罚款等手段。不管怎样，事后一定要召开队会，在会上对犯有错误的队员进行批评，同时惩前毖后教育全队。

（5）善于调解队员之间的矛盾

队员在训练中发生激烈的身体对抗产生矛盾时，怎样来处理这些问题呢？A. 首先支持这样的竞争，营造竞争氛围和鼓励队员上进；B. 在对抗训练时，要尽力裁判准确，防止闹出事来；C. 火药味变浓的时候，要开始记犯规次数，使队员能够冷静下来；D. 在队务会上表扬有上进心的好人好事，同时也批评做得不够的人和事；E. 充分发挥队内骨干的核心作用；F. 必要时要借助领导力量来解决问题。苏联篮球协会、苏联篮球协会教练委员会和各俱乐部领导对球队的领导、监督作用也是很有权威的。当教练员对某个队员的教育显得无能为力的时候，请领导和专家出面帮助和解决就显得特别重要。

3. 优秀运动员是练出来的

每一个优秀队员的成长，都要付出巨大的精力和体力，通过长期艰苦的奋斗和努力，才能练就出一手绝招。比如谢尔盖·别洛夫用长时间练跳投，细心琢磨投篮动作的技巧，磨炼每一次投篮动作，最后练出一手独特的跳投技巧，使他进入了世界优秀运动员行列；帕乌拉乌斯卡苦练出一手突破和分球给中锋的技术也是独一无二的，尽管他身高只有 1.96 米，但是他却能战胜高大对手，在比赛中能准确地投篮和巧妙地传球，使他成为篮球场上几乎无法防守的人。像谢尔盖·别洛夫、帕乌拉乌斯卡等这样的优秀队员，他们不仅带来了比赛的胜利，而且他们的榜样作用又鼓舞了成千上万的运动员。人们从他们的身上懂得了怎样去训练，应当怎样去完成各种技术动作。凡是和这些著名球员一起练习过的队员，其成长的速度都明显加快。因此，有一条经验即："队中要尽量多保留一些优秀运动员，评价他们不要根据年龄，而是根据运动技术水平。这对于提高篮球运动水平都是非常重要的。"

4. 培养意志

人的意志和勇敢不是天生的，是需要培养的。那么怎样培养意志品质呢？采用的方法有：

（1）让高个队员去滑雪或滑水

身高 2.10 米的安德烈耶夫花了 17 天在滑水板上还未站稳，还经常向前或向后倾倒。但是到了第 18 天他终于跟着快艇跑了一圈，这多么令人高兴啊！安德烈耶夫战胜了困难，同时战胜了自己。

（2）采用弹网发展动作的协调性、弹跳力、灵活性

队内的巨人强迫自己用背、胸落在弹网上，弹至空中时转体 360º，在做这些

练习时，尽管开始许多人的眼睛都露出恐惧的神色，但最终还是战胜了恐惧，体能得到了提高。

（3）在带有危险性的山地行军

克服障碍、跳过小河、爬上峭壁、踏过冰河等，通过这种冒险性的练习，使他们也得到了勇敢、坚韧和自信。

（4）在篮球专项训练中，采用超负荷、大强度的练习

如把队员分成两人一球一组，要求沿着体育场传球跑 1500 米后，稍作休息，立即又边跑边传一组。或是在篮球场上进行全场快攻练习后，又进行"一对一"对抗等。当然，安排这样的练习一定要考虑到队员的竞技状态和实际能力，否则容易引起伤害事故。

（5）全场运球"突破三关"后上篮

这也是提高突破能力和培养勇敢、顽强的拼搏精神的好办法。

（6）专门针对队员的弱点来安排技术练习

如利普索能巧妙地完成勾手投篮，但他只喜欢在无防守的情况下练习这种技术；又如安德烈耶夫在进攻中不喜欢争夺篮下位置，而是经常拉出来进攻，针对这两人的弱点专门安排他们在篮下和紧逼中对抗，并要在规定时间和次数中完成，以这种手段来提高意志和能力。

（三）建立一个团结的集体

教练员要平等对待有经验的队员和年轻选手，培养队员之间亲密的友谊，教练员和队员要建立正确、融洽的关系。

具体要做好如下几点：利用队员爱国、责任感和自豪感，力求营造"三个相互"友谊氛围。在教练与队员接触中，力求做到相互谅解、相互信任，甚至相互容忍，营造这种氛围的目的是使球队取得成绩。创建志同道合的集体，加强个别的交流和沟通。

要把球队中最优秀的人选为队长。他应具有如下的条件：他必须是队中技术最强的队员中的一个。这样，在比赛最紧要的时刻，他不仅能带动自己的同伴，而且还能够把自己的全部本领都投入到决战中去，承担双倍的责任；他还应该是一个最坚强、最勇敢、最忠实于球队的人。特别是在困难的时候能带领球队去拼搏，以自己的榜样和威信全力以赴地为胜利而战斗，直至夺取胜利，这只有少数人才能做到；他还应该具有谦虚、诚实、善良的美德，并在比赛中享有威信，这两者相结合的人；他应是很有头脑的队员，在队内享有较高的威信。在训练和比赛中有独到的见解，善于帮助教练发现问题；最好是选择优秀后卫当队长。因为他比其他队员能更好地观察场上情况，在场上呼应、组织、指挥和调度进攻。

要平等对待有经验的队员和年轻选手。大家知道，首发阵容具有主力队员与

替补队员之分，但作为教练员，无论是主力还是替补，教练员对他们都应是一视同仁。那么怎样做到平等对待呢？应做到如下几点：经常鼓励年轻队员认清自己、迎头赶上；要时刻告诫老队员认识"青出于蓝而胜于蓝"的真理。

（四）关于如何正确认识和处理球队内部矛盾

一个球队不可能不产生分歧和矛盾，产生矛盾后怎么办？

1. 正确认识矛盾和利用矛盾

执教高级运动员就比带中级和年轻队员困难得多。队内发生冲突不仅给教练和队员带来精神上的不愉快和精力上的消耗，而且在队内会引起复杂的矛盾并影响到团结。面对矛盾不要害怕，在发生冲突时，不要急于解决，应冷静分析情况，找出利用冲突、促进工作的办法来，然后再着手解决。"在苏军中央俱乐部队里发生过一件事，除我之外还有叶杰什科和米洛谢尔多夫两名队员。叶杰什科的威望是大家公认的，他是奥林匹克冠军、功勋运动员，1972 年和 1973 年苏联国家队主力之一。但是，在比赛中开局首发阵容却没有他，我知道他在抱怨。我承认叶杰什科无论是在国家队，还是在我们苏军队里，的确都打得好。但是，我作为苏军队教练，必须用我所信任的米洛谢尔多夫打首发。其实，不久之后米洛谢尔多夫也成为国家队的队员了。结果怎样呢？这两个队员之间的尖锐矛盾在训练中经常会引起激烈的冲突。然而，这两个优秀运动员之间的竞争，毕竟还是有助于他们继续提高运动技术水平的。"

2. 刻意人为地制造矛盾

不要怕跟队里的主要队员闹矛盾，有时还需人为地刻意去制造矛盾。"如我在里加军队俱乐部工作期间，当时克鲁明正在这个队里打球。他是一个好静的、善良的、敏感的人，无论对谁都不发脾气。但是在比赛中，特别是关键的比赛中，缺乏必要的狠劲。为了解决这个问题，我就故意给克鲁明挑毛病。我用些意想不到的方式刁难他，总找点理由挤兑他。我还找一些平时他身上很少出现的缺点，有时甚至在队会上用这些缺点责备他，以便使他激动，让他发狠。这一招果然奏效，我和全队都满意。但在很长一段时期，克鲁明因我对他的批评而感到委屈，至今他还不知道我们之间矛盾的内幕。现在我和他是好朋友，经常通信和互访。"

3. 对队员既不能姑息纵容，又不能压制扼杀

"运动员实力越强、名声越大，对他们的管理就越难。如苏军中央俱乐部队明星队员查尔·穆哈麦多夫就是这样。他开始在比赛中不服从裁决与裁判争辩，继而在这些争辩中加进了粗鲁话，后又发展到和教练顶嘴，而我则一再姑息迁就，最后，他已经把自己看成是一个大人物，什么球队的成绩、集体的胜利都放在后面，第一位的是他自己，以致猖狂到发生在训练中用肘顶人、在全国大赛中打人等恶劣行为，在这种影响极坏的情况下采取'停赛处分'，特别是全队没有他上

场，在全队的奋勇拼搏下，仍然夺得了冠军深深地教育了他，使他懂得了很多道理。他很想打球，全队也向他伸出了欢迎的手。又如我刚到里加军队体育俱乐部当教练的时候，赫赫当时很出名，是自尊心很强的人。他身高1.95米，是当时里加军队和拉脱维尼亚国家队的中锋，居功自傲，是一个很难管理的人。他藐视我，在训练中装作不懂我的指示，想向全队证明他在队里的威信比教练还要高，因当时我是年轻教练，在很长时间里也拿他没有办法。后来赫赫和后卫加瓦尔斯之间有矛盾，有一次训练赫赫打了加瓦尔斯，当然我立刻让赫赫退出了训练，并罚他在对里加'斯巴达克'那场比赛中'停赛'，全队也都支持我的决定，这场比赛在全队的共同努力下取得了胜利。以后我和赫赫又多次发生了冲突，从那次以后，他开始听我的了，但是，跟抛掉自尊心和荣誉感一起，他的运动技术水平也在逐渐下降，原来的优秀运动员，现在越打越差。由于我的纵容让查尔·穆哈麦多夫错误越犯越大；又由于我的压制，扼杀了赫赫的性格、主动性和自信心。"

4. 严格执行球队纪律，敢管尖子队员

"一个优秀球队必须制定严格纪律并加以执行，特别是要管好队内的尖子队员。苏军中央俱乐部球队1973年去参加全苏锦标赛途中，队中主力之一的叶杰什科在火车上无故摔了两个啤酒瓶子。在重要比赛前夕，叶杰什科的行为使我感到震惊。我向全队声明：取消他的参赛资格。第二天全队避开我，聚在一起讨论了叶杰什科的行为，然后把我找去。队长、团支部书记和其他队员，当着我的面批评了叶杰什科，全队提出了把他留队的请求，他也站起来当面认错并愿意将功补过。我同意了请求。摔两个啤酒瓶子虽是小事，但决不能放过，这不仅在大赛中给全队上了一课，而且能够鞭策叶杰什科。我再强调一遍，我认为在教练工作中是没有小事的。"

5. 注意运动员的情绪变化

在一个团结的球队里，乐观的情绪不是从教练魔术般的语言中产生的，而是来自大量的每日每时经过周密考虑的队内工作。如果忽视或者没有觉察到队员是在不好的情绪中训练，这就是教练的过失。要查明情绪不好的原因，用语言上的安慰和行动上的帮助来提高队员的积极性，这是教练的任务。

6. 延长队内老队员的运动寿命

教练员们要经常考虑球队新老队员的比例，尽量延长这些老队员的运动寿命。年轻队员在体力上比有经验的队员占优势，但只这一点对于球队取得成绩来说是不够的。而球星们受欢迎，他们的名字如此为观众所熟悉，以至球迷常常专门到体育馆去看他们，正是因为他们的出色表演给球队带来了胜利，给观众带来了愉快和美的享受！并且还能把自己熟练的技巧和丰富的经验传授给年轻的队员们，加速了队伍的成长。

三、中国"CBA"蒋兴权的成功执教之道

蒋兴权,辽宁兴城人,19岁入选辽宁男篮,23岁进入国家二队。1970年起任辽宁男篮教练;1985年任国家青年男篮主教练,5年中获全国甲级联赛、锦标赛、篮协杯、俱乐部杯赛各两次冠军;1991—1995年任国家男篮主教练,获第16、17、18届亚洲男篮锦标赛冠军、第12届亚运会男篮冠军;1994年率领中国男篮获锦标赛第八名,使中国队历史上首次进入世界前八名。1999年、2000年、2003年又三度出山,率中国队获亚洲男篮锦标赛冠军、悉尼奥运会第十名。

蒋兴权被中国篮协两次授予"新中国篮球运动杰出贡献奖""中国篮球特殊贡献奖"。被辽宁和新疆维吾尔自治区政府授予"十佳教练员"和"献身西部开发,作出突出贡献的优秀教练员"称号。探索蒋兴权指导成功执教之道,我们认为有如下几点:

（一）蒋兴权教练的成功之源

1. 刻苦认真的运动实践

蒋兴权进入沈阳体育学院预科训练时,表现极其刻苦、认真,非常重视速度和投、突结合技术,"金左手""拼命三郎"就是他技术风格和特点的生动写照。他三年直入省一队,四年入选国家二队,可见他是一个十分用心、刻苦、认真的人。

2. 忘我、敬业、沉稳、正派的人格魅力

除了篮球以外,蒋兴权几乎没有什么爱好,他的活动空间仅限于自己的房间及其桌面上的一堆资料。不知疲倦地研究、分析、训练、比赛,整天和队员摸爬滚打在一起。以身作则、率先垂范、性格沉稳、作风正派、疾恶如仇,本身就是一面镜子。

3. 从大松博文那里,切身体会到"三从一大"

1964年11月,日本著名教练大松博文率队第一次访华,他带来的魔鬼训练,给中国体育带来了冲击波。当时还是队员的蒋兴权随着辽宁男篮一起看了大松博文的公开课和比赛,在训练场上的情形他至今仍记忆犹新:"在比赛前两小时,我们都是休息的时候,但日本队居然进行两个小时的大运动量训练,之后照样比赛,照样赢球!这在当时我们是根本没有想到的。"从此,在蒋兴权的脑子里就始终留下大松博文"从难、从严、从实战出发,大运动量训练"的情景,并始终在自己的工作实践中倡导执行。

（二）蒋兴权教练的管教之道

1. 以人为本的建队理念

"建队一定要有长远的战略眼光,重视人的培养;短期行为,应付比赛,只想要成绩,不想下功夫的球队,不会有发展前途。"他"迷信"训练,不迷信球星,

"训练搞好了，队员自然就有了心气"，反映了他"以人为本、系统训练、打好基础、稳步提高"的建队观念。正是这种理念使他无论到天津、新疆和辽宁等队执教，都使这些队伍的技术水平和成绩迅速得到提高，从而受到篮坛业内人士一致的赞誉。

2. 大胆起用新人，"以新促老"迅速提升队伍实力

2002 年蒋兴权执教新疆广汇队，大胆起用了当时名不见经传的吕晓明、龚大明、徐国翀、买吾兰·吐尔逊等队员，夺取了甲 B 冠军并晋升甲 A；2004 年赛季即率队冲至甲 A 第五名。2005 年赛季，执教已临降级边缘的辽宁盼盼队时，又大胆起用初出茅庐的杨鸣、边强、刘相韬、田雨、刘欣然、孙明等一批年轻队员，不仅登上了北区冠军的宝座，而且还率队夺得甲 A 第五名。

3. 建立以防为主，以快、准为主的技术、战术风格

强调防守，以防为主，促进进攻。"队员都喜欢进攻，平时多练防守，比赛的关键时刻才能顶得住，才能有更多的反击机会。"防守训练是提高全队整体实力和战斗作风的主要手段，打比赛"一是靠防守，二是靠整体"，防守上去了，战斗士气就高，可充分调动全队的积极性和凝聚力。

4. 身正为范，严格管理

蒋兴权说的"土法上马"实际体现了"严格要求、严格管理"训练指导思想，继承了"以严治军""严师出高徒"的传统管理观念。他的特点是身正为范，敢抓、敢管，"其身正则不令而行"。出了名的"铁腕"式管理，从思想、生活、训练、比赛上都突出一个"严"字，有时严得似乎不近人情，但他总是殷切地关心着弟子们的成长，"严"字当头，使个人和球队产生了质的飞跃。蒋兴权诸多"突破"足迹勾勒出的传奇旅程，无不归结于"严格""认真"。

5. 坚持认真贯彻"三从一大"训练原则

蒋兴权的务实、求实、实用主义，体现在训练上就是"从难、从严、从实战出发，进行大运动量训练"。球队没有节假日、没有周末，春节也不休息，别人一天练 3 个小时，他练 5 个小时，天天如此，持之以恒。实践证明，合理的大运动量是可以适应的，队伍一旦适应了高强度和大负荷，不仅可形成顽强拼搏的战斗作风，而且能弥补能力和战术上的许多不足。

6. 知己知彼，百战不殆

有人称蒋兴权是中国篮球的"活字典"，因为他对"CBA 太熟悉了""老蒋对各队情况了解之透彻达到了让人难以想象的程度"。在他的资料中不仅记录着每个队的打法特点，甚至连对方重点队员的运球动作和行动习惯都很清楚。因此，他的备战非常具有针对性，单刀直入，扬长避短，战术简单、实效，总是能扼制对方的有效发挥。知己知彼，百战不殆，一把钥匙开一把锁，是老蒋取胜对手的

机密之一。

中国篮协的综合评价：蒋兴权有丰富的执教经验，敢于严格要求和大胆管理队伍，训练中"严"字当头，进行大运动量训练。他了解亚洲及世界篮球运动的发展趋势，并掌握亚洲和世界有关队伍的技术战术情况。

四、美国著名教练约翰·伍登的成功执教之道

约翰·伍登是美国 NCAA（全美大学生篮球协会）享誉最高的著名教练之一，他二进美国篮球名人堂（1961 年以优秀球员身份进入，1973 年再以优秀教练身份进入）。在大学就读期间，于 1932 年获全美大学联赛冠军队成员，三次荣获大学生联赛"最佳后卫"称号。第二次世界大战后他执教 UCLA（加利福尼亚州立大学洛杉矶分校），把校球队提升为全美大学生联赛的顶尖级球队。在 12 个赛季共赢了 665 场比赛，荣获 10 次冠军（有 7 次是"7 连贯"，并在 4 个赛季是以连胜 30 场比 0 的优胜战绩战胜对手，而完美地结束联赛夺得冠军）。1972 年被美国《体育画报》评为"年度体育名人奖"。2003 年他原执教的加州州立大学洛杉矶分校将该校的体育馆命名为"约翰·伍登体育馆"，全美 NCAA 大学生体育协会专门设"约翰·伍登奖"，奖给那些在联赛中涌现出来的优秀大学生球员。先后发表了六本专著：《实用篮球运动》《组织领导能力》《个人最佳》《成功的金字塔》《超级胜利》《一对一》。

（一）教练员首先必须是教育家，他必须具备以下十条：

①熟悉并精通篮球专业

②自身具有较高的文化教育水平

③掌握教学训练的教法技巧

④热爱自己的篮球专业

⑤自律，并教育队员严格遵纪守法

⑥具备组织工作的能力

⑦良好的人际关系

⑧与同行和运动员始终保持稳定的相互关系

⑨对同事热情

⑩有自我提高、自我修养的强烈愿望

（二）一位教练在训练和比赛中应当知道

问题不在于"做什么"，而在于"怎么做"；比赛中是无机密可保的，即使有秘密也是暂时的，转瞬即逝没有熟练的基本技术，任何战术都是无效，全队团结融洽，才能充分发挥集体的力量，而篮球运动必须要整体训练有素。

（三）设计一个运动员成功的金字塔

要求运动员知道："勤学苦练""始终不渝""热情"是成功基础的基础；"运

动技能""集体精神"是心脏;"坚定性""信仰"是重要的。因为前进的成功之路不会一帆风顺,所以这两点位于成功之巅的左右两侧(见图2-1)。

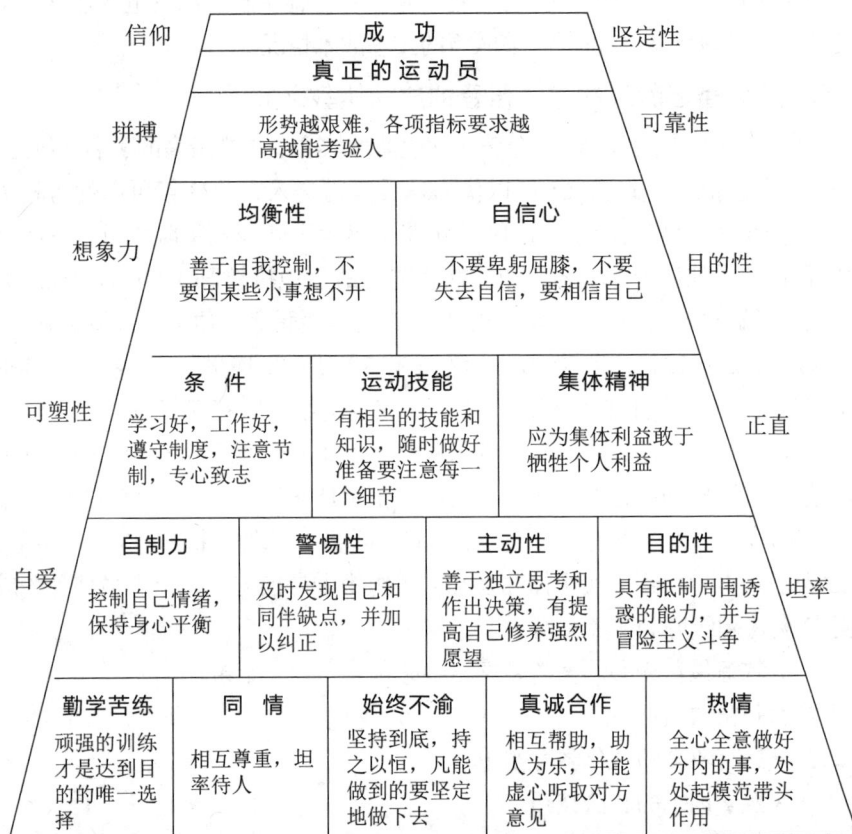

	成　功	
信仰	**真正的运动员**	坚定性

拼搏　　　形势越艰难,各项指标要求越　　　可靠性
　　　　　高越能考验人

想象力　　均衡性　　　　　　　自信心　　　　目的性
　　　善于自我控制,不　　不要卑躬屈膝,不要
　　　要因某些小事想不开　　失去自信,要相信自己

可塑性　　条　件　　　运动技能　　　集体精神　　　正直
　　　学习好,工作好,　有相当的技能和　应为集体利益敢于
　　　遵守制度,注意节　知识,随时做好　牺牲个人利益
　　　制,专心致志　　　准备要注意每一
　　　　　　　　　　　个细节

自爱　　自制力　　警惕性　　　主动性　　　目的性　　　坦率
　　控制自己情绪,　及时发现自己和　善于独立思考和　具有抵制周围诱
　　保持身心平衡　同伴缺点,并加　作出决策,有提　惑的能力,并与
　　　　　　　　以纠正　　　高自己修养强烈　冒险主义斗争
　　　　　　　　　　　　愿望

勤学苦练　　同　情　　始终不渝　　真诚合作　　　热情
顽强的训练　相互尊重,坦　坚持到底,持　相互帮助,助　全心全意做好
才是达到目　率待人　　　之以恒,凡能　人为乐,并能　分内的事,处
的的唯一选　　　　　　做到的要坚定　虚心听取对方　处起模范带头
择　　　　　　　　　地做下去　　意见　　　　作用

图2-1　运动员成功的金字塔

五、埃弗里·约翰逊的成功执教之道

在NBA2005—2006赛季势头表现得非常强盛的小牛队,在绰号叫"小将军"的年轻主教练埃弗里·约翰逊的执教下,取得了常规赛13连胜的骄人战绩,也创下了本赛季NBA最高纪录,在NBA常规赛西区与马刺队排名第一名和第二名。埃弗里·约翰逊的童年是不幸的,所幸的是,他的父亲是一位正直善良而又充满父爱的人,父母两人非常恩爱,对9个子女管教很严,正是在这种严厉的教导下,埃弗里·约翰逊才有了一个积极与光明的人生。他开始喜欢棒球,他的篮球天赋和潜能是被新奥尔良拉菲特区的篮球教练拉米尔发现的。几年后便进入圣·奥格高中,并成为校队的主力,还夺得了州联赛冠军。后又进入南部大学队打球并迅速拔尖,他在大三、大四成为NCAA联赛中的"助攻王",并被评为西南赛区最

佳运动员和联赛的 MPV。至今，他依然保持着一些 NCAA 联赛的纪录，如单场比赛助攻次数最多、赛季场均助攻次数最高和大学生涯场均主攻次数最高。当他获得了这些足以证明他实力的荣誉后，这位身高只有 5 英尺 11 英寸（1.78 米）、没有特长却极具领袖能力的小个子，将自己的梦想放飞到了篮球的最高殿堂——NBA。

埃弗里·约翰逊的 NBA 之旅充满着曲折和坎坷。1988 年他被西雅图超音速以自由球员身份签下。1990—1992 年，他辗转于圣安东尼奥马刺、丹佛掘金、休斯敦火箭，开始在马刺队打球，但在 1990 年被马刺解约。约翰逊是一位在精神与肉体上都永不放弃的球员，他生存最大的本钱就是拼搏。从哪里跌倒就从哪里爬起来，就是他与生俱有的个性。数周后，马刺队再次与他签约，这是因为大卫·罗宾逊想要他作为球队组织后卫，向总冠军发起冲击。而他们最终在 1998—1999 赛季圆梦，戴上了一枚 NBA 冠军戒指。1993—1994 赛季他在金州勇士队待了一年。最后几个赛季他来丹佛掘金和金州勇士队效力，然后在 2004—2005 赛季前以教练兼球员的身份和达那斯小牛队签约，但在赛季开始前决定退役并致力于助理教练工作。

在 16 年的职业生涯里，他每场平均上场 25.3 分钟，得 8.4 分，5.5 次助攻，抢 1.7 个篮板。他以在季后赛里场均 3.34 次助攻的出色表现结束了职业生涯。在 2003 年，埃弗里·约翰逊成为 NBA 历史上第 75 位参赛达 1000 场的球员，并随后进入"奈·史密斯篮球名人堂"，他也是名人堂中唯一一位身高不足 6 英尺的球员。他的成功执教之道有以下四点：

（一）放弃"重攻轻守"，倡导"以守促攻"的理念

小牛队的战术在 2005—2006 赛季有了质的改变。"小将军"既继承了老尼尔森的进攻，又巧妙地移植了波波维奇的防守功力，从而达到"以守促攻"。本赛季小牛场均得分 99.5，排在联盟进攻榜第 9 名，每场平均让对手只得到 92.9 分，排在联盟防守榜第 6 名。更让人佩服的是小牛是全联盟唯一进攻和防守都排进前十的球队。老尼尔森在小牛队当教练时更多的是依靠直觉，而约翰逊为小牛队灌输防守概念的第一个方法就是观看比赛录像，他给球员拆解防守的每一个细节，当队员有了理性认识后，就在训练和比赛中坚决贯彻实施。特里介绍说："在埃弗里的系统中，每个人都有防守的责任。他给我们定了八条规定，比如他常喊的一个词就是 Contain，意思就是提醒你注意球的流向。"在常规赛当湖人输给小牛后，记者采访了菲尔·杰克逊，他冷静地回答说："相比上一场，他们（小牛）本场比赛的防守做得更好，在我的印象中，这不是他们一贯的风格，他们的战术体系有了变化。"步行者队主教练卡莱尔的话更有代表性："达拉斯在防守上的凶猛程度是显而易见的，他们现在无论是防守，还是抢篮板球都很连贯，他们现

在是一支讲究自然流的球队，这就是改变。"小牛队的"以守促攻"这一改变使得面貌焕然一新，给球队带来了冲击总冠军的希望。取得 13 连胜后，埃弗里·约翰逊说："我要求我的队员时刻不能忘记防守。我们的防守做得不错，队员很好地执行了防守战术，我想我们的连胜还能继续。"

（二）倡导多人上场打球，个个都具威胁

如今的小牛队，沿袭了老尼尔森的多点开花，时刻保持着场上有三个得分点，能最大限度地确保小牛队的进攻万无一失。小牛队的阵容配备特点，是每一个队员上场都可以得分。如果说活塞队是靠"先发五虎"打球的话，小牛队则是靠"先发＋替补来打球"。小牛队进攻还有一个特点，不像有些球队过于依靠主力队员。

（三）靠能力赢得老板和球员的信任与支持，提高小牛队板凳的深度

在 2004—2005 赛季，老尼尔森因故缺席 13 场比赛，这期间小牛队的比赛都由代理主教练的埃弗里·约翰逊指挥，在 13 场比赛中率队取得 9 胜 4 负的好成绩。不但得到老尼尔森的赞赏，而且还得到俱乐部老板库班和球员的高度信任。库班满意地说："我信任 A·J，信任耐利的判断。看到 A·J 的表现和球员们对他的信服程度，我决定接受耐利的辞职。"就连一向和教练不和的斯塔克豪斯都说："他清楚地了解我们每个人的特点，根据场上局势派上最合适的五个人。"他就是靠自己的能力赢得了老板和球员的充分信任和大力的支持。媒体报道说："没有库班，他不可能在板凳席上拥有阿姆斯特朗、斯塔克豪斯、范霍恩、迪奥普和德文·哈里斯这样的一流球员。"诺维茨基可以算得上是小牛队的得分老大，但老大身边还有两位优秀的得分手，这是诺维茨基的幸运，也是小牛队的幸运。诺维茨基说："我们的板凳深度绝对是全联盟中数一数二的。"一点不假，霍华德目前状态如日中天，投篮、突破、罚球全部拎得起。替补席上，除了斯塔克豪斯，德文·哈里斯和范霍恩也是绝对恐怖的"板凳匪徒"，没准哪场球就能拿个 20 来分。

（四）"学会做人"得到了媒体和"银狐"哈里斯的鼎力相助

约翰逊上任后，除做到"总结、继承、借鉴、创新"和认真揣摩运筹帷幄之道外，他很注重"做人之道"。如尊敬两位恩师波波维奇和老尼尔森，师生关系十分融洽；友爱诚挚对待众多队友，受到球员们的拥护和爱戴；友善礼貌结交媒体和球迷，受到他们的欢呼和支持。达拉斯媒体喜欢"小将军"，也很替他的全明星教练处子秀担心，为了能让他顺利地完成这个并不擅长的任务，当地的《星电讯报》给小将军贡献了五个贴士（建议）：1.确保每位队员都能上场打球；2.尽可能公平地分配球员的上场时间；3.最后五分钟要让本场最热的球员打；4.享受全明星的气氛；5.相信你教练的直觉。他在开始执教小牛队时，经常会为裁判的每一次判罚而暴跳如雷，此时他的另一位老师、素有"银狐"之称的哈里斯就会劝他迅速冷静下来。

第三章　篮球训练理论与方法

第一节　篮球训练概述

一、篮球训练的概念

篮球运动训练是竞技能力的提高过程，即指在教练员的指导下和运动员的参与下，为不断提高和保持运动员的技术水平而专门组织的教育过程。在我国，篮球训练不仅在国家、省、区、市以及企业等高水平运动队和职业性俱乐部中开展，而且在各级各类学校和社会体育群体领域中也开展业余训练，只是训练的目的、要求各不相同。

二、篮球训练的目的和任务

篮球运动训练的目的就是通过教育过程不断地提高运动员的全面综合素质和运动技术水平，促进身体形态、机能协调发展，并在比赛中创造出优异的运动成绩，为国争光。为达到上述目的，篮球运动训练必须完成以下任务：

第一，促进身体素质的发展，改善身体形态，提高有机体的机能。

第二，提高运动员篮球专项的技术、战术素养和水平，掌握篮球运动的理论知识。

第三，提高运动员参加篮球训练和比赛的良好心理品质。

第四，贯彻综合素质教育，培养篮球运动员热爱篮球事业和顽强拼搏、勇攀世界篮球运动高峰的雄心壮志，团结友爱的集体主义，为国争光的爱国主义精神和优良的体育道德风尚。

三、篮球训练任务与内容

篮球训练的主要内容有思想素质与职业道德、身体训练、技术训练、战术训练、比赛训练、心理训练、智力训练、恢复训练等。具体训练内容的选择，应根据球队的发展方向、训练任务、运动员的条件、训练时间和场地器材等情况来确定。

（一）思想、政治素质教育

在篮球训练的过程中，要把提高学生和运动员政治思想、素质和职业道德品质及敬业精神教育放在重要的位置，作为培养人才不可缺少的基本内容，并结合篮球运动特点、学生或运动员的实际比赛任务，贯穿于训练工作的全过程，以便使受训者在德、智（篮球知识技能）、体方面得到全面发展。使他们具有明确的政治方向、高尚的道德风尚、刻苦的敬业学习精神，为集体、为祖国勇攀高峰，争取荣誉。具体内容既要有针对性，还要重视综合性，克服竞技运动训练中容易出现的单纯技能能力训练的片面性。

（二）身体训练

身体训练是指运用各种身体练习，有效地影响人体各组织、器官机能、代谢及形态结构，从而达到促进健康、提高竞技能力目的的训练。

1. 身体训练的内容

篮球运动中的身体训练包括一般身体训练和专项身体训练。

一般身体训练是指在篮球运动训练中，运用多种非专项身体练习的手段，进行旨在增进运动员身体健康，改善身体形态，提高各器官系统的机能水平，全面发展各项运动素质，为专项训练打下基础的训练。

专项身体训练是指在篮球运动训练中，采用与篮球运动特点相似的方法进行力量、速度、耐力、柔韧、灵敏、弹跳素质的专门训练。

（1）速度训练

篮球运动所要求的速度，是在短距离内能迅速发挥的最快速度，并能控制重心，及时变化。因此，篮球运动员的速度训练，应以提高各种情况下的起动速度、快跑的速度、变化方向、变换动作和各种曲线跑的技术和频率，以增加跑的强度为主。速度素质训练采用的方法有时间感觉训练法、重复训练法、比赛法和游戏法等。

（2）力量训练

篮球比赛的对抗性越来越强，身体接触越来越频繁。强壮和力量就成了占据主动和优势的重要因素之一。因此，篮球运动员必须具有很好的绝对力量和爆发力量。一般力量训练的方法有静力性（等长）训练法、动力性（等张）训练法、等动性训练法、退让性训练法、超等长训练法、组合训练法。

随着力量训练方法的发展，根据力量素质成分的需要，可将各种力量训练方法进行组合，并采用相应的负荷安排。这些训练方法有最大力量训练法、快速力量训练法、反应法、力量耐力法、电刺激法等。

（3）耐力训练

篮球运动具有比赛场次多、比赛时间长、速度快、奔跑距离长、动作重复次数多、对抗强度大等特点，要求运动员具有在较长时间内保持高强度工作的能力，所以篮球运动员必须达到较高的耐力水平，尤其是专项的速度耐力。耐力训练的方法有：有氧耐力训练法、无氧耐力训练法、肌肉耐力训练法等。

（4）柔韧训练

运动员在篮球比赛中的快速奔跑、起停与跳跃、转身、跨步、空中动作的变化、地面位置的争夺与控制，都要求运动员的各关节、韧带和肌肉具有大幅度伸缩变化和抗强拉伸的坚韧程度，特别是肩关节、躯干、髋关节、膝关节及踝关节的灵活性，更是篮球运动员必备的柔韧素质。柔韧训练的方法主要有主动性训练法和被动性训练法。

（5）灵敏训练

篮球运动是在极其快速和复杂多变的情况下进行的，它要求运动员具有反应速度快、应变能力强和动作灵活多变的能力。通过对灵敏素质的训练，可使大脑皮层的灵活性及神经过程的相互转换能力都得到提高。因此，在训练中，应建立多种多样的动力定型，这样才能使运动员具有随机应变、针对不同情况迅速做出各种不同反应的能力。灵敏素质的训练，应与其他素质的训练结合进行。

（6）弹跳训练

弹跳力是篮球运动员的一项重要的身体素质，弹跳力强，不仅可以增加争夺空间的能力，而且有助于掌握高难的技术动作。篮球比赛中，争抢篮板球、抢断球、跳投、盖帽和补篮、扣篮时，既要跳得高，又要跳得及时和连续跳，这是争取空间优势所必备的条件。提高弹跳力的训练方法有：发展下肢力量以伸膝肌、伸踝肌为主，注意提高股后肌群的力量和伸展性的方法；在提高伸膝肌、伸踝肌的向心收缩力量和速度的基础上，加强其离心收缩力量的方法；在力量练习中采用大重量少次数的方法；用速度练习改善肌肉机能同时提高股后肌群的力量和伸展性，提高起跳技术的训练方法。

2. 身体训练的基本要求：

第一，在多年训练过程中，要合理地、全面地、有计划地安排身体训练。

第二，身体训练要和篮球技术、战术、恢复、心理训练相结合。

第三，身体训练要根据篮球运动专项特点、训练对象、训练时期、比赛要求、训练条件等具体要求，进行科学合理的安排。

（三）技术训练

篮球技术是篮球战术的基础。任何正确战术意图和先进战术配合的实现，都要求运动员必须掌握一定数量和质量的技术动作做保证，只有技术掌握得扎实、熟练、全面，才能保证战术的多变性和高质量。

1. 技术训练的内容

篮球技术内容繁多，形式多样，主要有进攻和防守两大类。每一类技术中，既有基本技术（单个技术），又有组合技术和位置技术。技术训练的基本方法有心理训练法、讲解示范法、完整与分解练习法、重复法、变换法、组合法、间歇法等。

2. 技术训练的基本要求

第一，技术训练要运用现代的科学理论知识和技术手段。随着篮球运动的发展，新的技术不断代替旧的技术，在训练中要不断地提高训练的科学化水平，从而使运动员的竞技能力得到充分的发展。

第二，技术训练要全面安排，突出重点，发展个人技术特点。技术全面，就是要求运动员全面掌握各种技术。在掌握全面技术的基础上，还要培养运动员的技术特长。

第三，基本技术训练应贯彻始终。基本技术是掌握复杂技术和创新的基础。因此，运动员应该长期、系统地坚持基本技术训练，使基本技术与高难技术结合起来，不断提高技术水平。

第四，要充分利用运动技术间的积极迁移。在技术训练中，应根据技术动作结构的相似性和难易程度，安排技术练习的先后顺序，使其产生积极影响，促进新技术的形成。

第五，技术训练要与战术训练相结合。技术训练要以战术训练为背景，要适应战术的具体要求，运用战术局部配合的各种练习方法、手段，提高技术动作质量并培养战术意识。

第六，技术训练要适应篮球比赛规则的发展变化，严格按照规则规定进行训练。

第七，技术训练应遵循从易到难、从简单到复杂的原则。先练习单个技术动作，再进行组合技术练习，然后根据运动员的特点和位置分工，进行专门的位置技术练习，逐步形成和发展个人技术特长。

（四）战术训练

战术训练是指根据本队的训练目标和实际，在选择与设计战术打法的基础上，按战术基本结构、组织形式、配合方法进行系统的练习、运用和提高的一种教育过程。战术训练的目的是使运动员具有一定的战术素养，熟练、全面地掌握各种基础配合和整体战术配合阵势与方法，达到在实战中能应用的目的。

1. 战术训练的内容

篮球战术的训练内容包括进攻和防守两大类，每类战术中有基础战术配合和全队战术配合，每种战术可以在全场和半场范围内组织进行，每一个战术又有很多的战术阵形与方法。

2.战术训练的基本要求

（1）要树立正确的以辩证唯物主义为指导的战术指导思想

战术指导思想是制定战术的准则。战术训练要正确处理高度和速度、进攻与防守、内线与外线、局部与全局、个人与整体的关系。在设计战术方案时，既要根据战术的发展，又要结合本队的实际情况。通过战术训练，建立本队的战术体系，形成本队的战术风格。

（2）要十分重视培养运动员的战术意识

比赛中的情况瞬息万变，要求运动员根据临场情况的变化，及时、准确地观察判断，并迅速、果断地决定自己与同伴合理配合的行动，这就需要通过训练和比赛培养运动员机动、灵活的战术意识。

（3）要把基础战术训练同整体战术训练结合起来

把基础战术训练与多种应变性战术结合起来才能适应比赛中战术变化的要求。

（4）战术训练要与身体训练、技术训练、恢复训练、心理训练、智力训练相结合，要在战术训练中不断提高训练的水平。

（5）战术训练应该遵循从易到难、从简到繁的原则，合理地安排战术训练内容的顺序

一般来说，先练进攻，后练防守；先练局部战术配合，再练全队战术配合；全队战术训练先采用完整演示法，后用分解法，再用完整法，这种训练过程有助于整体地掌握战术。

（五）比赛训练

比赛训练是指组织竞争性的、有胜负结果的、以最大强度完成练习的一种训练。比赛训练的目的在于在对抗条件下形成正确地进行比赛的能力。通过比赛训练促使运动员最大限度地动员自己的力量，提高战术意识；改善个人技术及与同伴的配合；培养运动员沉着、冷静、机智、果断的品质和顽强拼搏的精神。

1.比赛训练的形式与内容

篮球比赛训练有教学比赛、检查性比赛、适应性比赛等。篮球比赛训练的方法一般有以下几种：

第一，采用"加分"或"扣分"的手段，鼓励或限制运动员在比赛训练中运用某些技术。

第二，限制比赛规则中规定的时间。

第三，采用模拟某一比赛对手的方法进行比赛训练。

第四，采取战术"暗号"的方法，提高运动员的战术变换能力。

第五，采用调配比赛阵容的方法，设计不同的上场阵容。

第六，模拟比赛关键时刻的打法。

2. 比赛训练的基本要求

第一，比赛训练的目的要明确，要求要具体。

第二，比赛训练的过程中，要使运动员进入"角色"，并全力以赴。

第三，教练员在比赛中要具体指导，并做好技术、战术统计和录像工作。

第四，比赛训练后，要善于运用统计资料进行分析研究，让运动员从个人和全队的角度进行全面总结。

（六）心理训练

心理训练是指有意识地对篮球运动员心理过程和个性心理特征施加影响，帮助运动员学会调节自己心理状态的各种方法，使之能更好地参加训练和完成复杂比赛任务的训练过程。心理训练的目的是培养运动员具有适应篮球比赛和训练中所需要的各种心理品质，克服在训练和比赛中出现的各种心理障碍，激起运动员从事训练和比赛的良好动机，提高自我控制、集中注意力和防止各种干扰的能力。使运动员能在训练和比赛的各种困难条件下，具有积极的、适宜的、稳定的心理状态，从而保证训练的成果在比赛中表现出来，创造优异的成绩。

1. 心理训练的形式与内容

篮球运动心理训练有一般心理训练、准备参加比赛的心理训练和比赛中的心理训练。在安排心理训练时，必须考虑它们之间的条件和相互依赖的关系，才能圆满地完成心理训练的任务。

心理训练的方法很多，在篮球运动训练中，主要采用的有模拟训练、放松训练、自我暗示训练、集中注意力训练、生物反馈训练、系统脱敏训练等。

2. 心理训练的基本要求

第一，要想获得良好的心理训练效果，必须激发运动员心理训练的需要，自觉地投入心理训练。

第二，要科学地选择和运用心理训练手段，处理好心理训练中的各种反应，以便及时调整和巩固心理训练效果，防止发生副作用。

第三，必须根据运动员的个性特征进行心理调理训练，这样才能获得良好的心理状态。

第四，对运动员进行心理训练的任务、内容、方法、要求的安排，都要由易到难、由简到繁，逐步深化，不断提高，这样才能收到良好的心理训练效果。

第五，心理训练必须与身体、技术、战术训练及思想政治教育等有机结合起来进行，只有这样心理训练的目的才能实现。

（七）智力训练

智力训练是指在运动训练的过程中，有目的、有计划地提高运动员智力水平的训练。现代运动训练越来越多地吸收和应用其他科学技术，这就要求运动员具有较高的智力水平，只有这样，才能学习和运用先进的科学技术去提高训练水平。篮球比赛既是运动员比体力、比技术的过程，又是运动员斗智的过程。特别是在两队势均力敌的情况下，对运动员的智力要求更高。智力对比赛胜负的影响越来越大，运动员在比赛中的分析判断、战术运用、应变能力、战机的掌握等都是斗智的过程。因此，智力训练已成为现代训练中不可缺少的组成部分，是提高训练质量的重要一环。

1. 智力训练的形式与内容

智力训练有理论知识教育和各种能力培养。理论知识教育的内容主要有体育教学、运动训练的基本原理，专项理论（包括专项技术、战术分析、训练法、裁判法等），专项基础理论知识（包括人体解剖学、生理学、运动医学、运动生物力学、运动生物化学等）。各种能力的培养，包括观察能力、记忆力、想象能力、思维能力、分析问题与解决问题的能力等。

智力训练可以采用多种方法进行，如写训练小结、训练日记、比赛分析报告、赛后小结，组织自学、讨论、讲课等，都有助于运动员智力的发展。教练员在训练过程中进行智力训练，要注意基本概念、基本知识和基本理论的传授。在训练实践中，要启发运动员，创造活跃的思维条件，培养运动员分析和解决问题的能力。要善于在训练结束时进行归纳总结，使运动员形成概念，找出事物的规律。同时，还要提出问题让运动员思考和归纳，做出判断性结论，从而发展他们的智力。

2. 智力训练的基本要求

第一，提高运动员对学习理论知识和发展智力意义的认识，使他们自觉积极地配合教练员进行智力训练。

第二，智力训练应列入训练计划，以保证有目的地发展运动员的智力水平。

第三，应逐步建立智力测定与评价的标准和制度。

（八）恢复训练

运动员在训练和比赛后，能否迅速而充分地恢复，直接影响着运动水平的提高。因此，加强对训练和比赛后的恢复训练，是极其重要的。恢复训练，是指使用合理的恢复手段，加速消除运动员体力和精神上的疲劳，使机体活动能力得到恢复与提高。

1. 恢复训练的形式与内容

恢复训练有身体恢复和心理恢复。身体恢复包括能量物质的恢复、心血管功能的恢复、呼吸功能的恢复、肌肉系统功能的恢复、神经系统功能的恢复；心理恢复主要是心理能量的恢复。恢复训练的方法主要有：

（1）教育学方法

包括训练中练习的合理间隙，运动负荷大中小的合理安排，训练结束前所采用的轻松、愉快、富有节奏性的练习，以及合理的作息制度和文娱活动等。

（2）医学生物学方法

包括营养、理疗（按摩、热敷、淋浴、桑拿）、药物等方法。

（3）心理恢复方法

包括肌肉和呼吸放松训练、集中注意和言语暗示训练。

2. 恢复训练的基本要求

第一，根据训练负荷的大小、性质和特点，安排不同的恢复训练时间。

第二，要有针对性地使用恢复训练的方法与手段。

第三，根据超量恢复、恢复的异时性原理等，在恢复训练过程中要注意区别对待和循序渐进。

第二节　篮球训练理论与原则

一、篮球训练理论

篮球训练理论，是以发展运动员的竞技能力、提高专项运动成绩为目的，研究运动训练过程的规律、相应的原则和训练方法的一种专项性理论。篮球训练理论研究的具体内容概括起来就是"练什么、怎么练、练多少"。练什么，就是根据篮球运动员竞技能力和运动成绩的诸因素确定训练的内容。怎么练，就是根据确定的内容，运用多学科知识、训练的物质条件，筛选出适合运动队和运动员特点的最有效的方法与手段，合理地安排各项内容的比例和程序。练多少，就是合理确定训练过程中的运动负荷问题，解决负荷的定向、定量、节奏、负荷量和强度的配合、最大负荷以及负荷后的恢复等。

（一）周期训练理论

周期训练理论，是训练安排和制订训练计划的基础。周期训练理论的提出源于人们对运动训练规律的深刻认识，其依据是训练适应性的形成规律、竞技状态发展规律、疲劳与恢复规律。周期性运动训练过程以循环往复、周而复始的方式进行，每一个循环往复不是简单的重复，而是在前一个循环的基础上不断提高训练的要求，从而使运动员不断提高竞技能力与水平。周期性是运动训练的基本规律之一，它的实质在于系统地重复各个完整的训练单元，包括训练课、小周期、中周期、大周期。以周期为基础来安排训练就能把训练任务、方法和手段系统化，并能保证其连贯性。

1.训练适应原理

（1）训练适应的定义

由运动而产生的有机体与施加负荷的外环境不断取得平衡的过程叫作训练适应。

（2）训练适应的特性

普遍性：训练适应的普遍性是指机体在形态、机能、运动素质、技术、战术和心理过程等方面都能发生训练适应现象。

特殊性：机体对训练适应的特殊性表现在不同性质的运动负荷，可以引起特殊的适应性变化。

异时性：机体由于运动训练而产生适应性变化需要一定的时间，而机体各个方面的训练适应现象出现的时间也有所不同。机体在机能上的适应性变化往往先于结构的适应变化。

连续性：机体各方面训练适应的形成具有连续性。由于机体在形态机能、运动素质、技术、战术、心理等方面的适应具有异时性的特点，便导致了机体全面适应以渐进积累的方式而形成。机体对某一运动负荷形成了训练适应之后，机体的反应会越来越小，最终这种负荷便不再能引起竞技能力的提高。为了使机体各方面的训练适应进一步发展，就要不断增加运动负荷。负荷提高后，机体又能产生一个新的适应过程，使竞技能力进一步提高。

2.竞技状态的形成原理

（1）竞技状态定义

运动员获取优异成绩的最适宜状态叫竞技状态。

（2）竞技状态的形成与发展

竞技状态的形成与发展是一个连续的发展变化过程，主要包括以下几个阶段：第一阶段，初步形成竞技状态阶段。此阶段又分为两个小的阶段，前一个阶段为"形成竞技状态前提条件阶段"，前提条件包括有机体机能水平不断提高，运动素质得到全面发展，专项运动技术、战术的形成和心理素质的初步形成。后一个阶段为"初步形成竞技状态阶段"，这一阶段形成竞技状态的前提条件是发展具有了专项化的特点，彼此有机、和谐地结合起来，形成了一个完整的统一体，基本上形成了竞技状态。第二阶段，发展和保持竞技状态阶段。这一阶段的主要任务是进一步发展和保持竞技状态，并使运动员在参加重大比赛前，通过赛前调控和热身赛等手段，达到最佳竞技状态。第三阶段，竞技状态暂时消失阶段。此阶段中竞技状态暂时消失，运动员进入调整、恢复阶段，并为进入下一次竞技状态周期做好准备。

（二）训练调控理论

1. 超量恢复原理

（1）超量恢复的定义

在运动后的恢复过程中，被消耗的能源物质含量，不仅能恢复到原有水平，而且在一段时间内还出现超过原有水平的情况，叫超量恢复。

（2）超量恢复理论在调控中的作用

超量恢复是对未来重复进行较大运动负荷时，能源物质再一次耗尽的一种预防性、保护性机制，是机体对运动负荷产生训练适应的第一阶段。它对训练调控具有重要的理论意义和实践意义。在运动训练中，这一理论已经得到了广泛的运用，如间歇训练的间歇休息时间的掌握，就是根据恢复原理和规律，选择反应的时间，使间歇休息中，物质能得到一定程度的恢复，既能保证刺激强度，又能为进一步运动提供物质保证。

2. 应激性原理

（1）应激的定义

应激是人体对于外部强负荷刺激（包括生理刺激和心理刺激）的一种生理和心理的综合反应，它是指当有机体受到异常刺激时，身体就会引起一种紧张的心理状态，这种状态称为应激。在运动训练中，运动负荷不可能始终停留在一个水平上，要想不断提高运动竞技能力，就要不断地提高运动负荷水平，打破机体对原有负荷的平衡状态，达到一个新的负荷水平。在稳定一段时间后，再增加负荷，如此循环往复，从而达到提高训练水平的目的，这是"超量负荷原理"，而这一原理的生理学基础就是应激学说。

（2）应激在训练调控中的作用

应激学说应用于运动训练中，不单是为了防御机体的衰竭过程发生，避免过度训练，更重要的是在于对运动负荷后恢复期中如何改变酶的活性和细胞的通透性，从而对恢复过程进行调整，以加强合成代谢，加速适应的过程。

运动应激提高人体机能的适应过程一般包括机体能源储备能力、机体调节能力和机体防御能力等。

3. 恢复性原理

（1）身体机能恢复的异时性

这种异时性主要表现在以下几个方面：①不同能源物质的恢复速度不同。篮球运动活动是以 ATP — CP 和乳酸系统为主的。②不同器官的恢复速度不同，首先是大脑和神经中枢的恢复，其次是心血管系统的恢复，最后是肌肉和心理的恢复。③不同的运动负荷恢复的速度不同。负荷越大，恢复越慢，负荷强度比负荷量恢复得快。④不同训练水平的运动员恢复的速度不同。训练水平越高，恢复速度越快；反之，越慢。

（2）恢复在调控中的作用

根据恢复过程的规律，在运动训练实践中会出现两种不同的恢复类型。一种是完全恢复，指负荷后人体机能恢复到或超过原有水平时进行下一次训练。完全恢复用于下列训练过程：①协调和注意力集中训练；②最大力量训练；③反应和速度训练；④技术训练；⑤比赛练习。另一种是不完全恢复，指负荷后人体机能已大部分恢复，但尚未达到原有水平时进行下一次训练。不完全恢复用于下列训练过程：①速度耐力训练；②力量耐力训练；③专项耐力训练；④意志力训练。

4. 运动负荷训练原理

（1）运动负荷训练的特征

运动负荷是指运动训练中运动员有机体承受运动刺激并由此产生的机体内部生理效应和心理效应的一系列变化的应答过程。运动负荷训练的特征，是给运动员的负荷能冲击自身的"生理权限"，最大限度地挖掘其内在潜力。具体表现在下面几个方面：①负荷水平的极限化；②负荷量度的个体化；③负荷内容的专门化；④负荷内容的定向化；⑤负荷水平的动态化。

（2）运动负荷的科学调控

运动负荷具有以下几个共同的特征：①运动负荷内容的目的性与选择性。任何负荷结构都有它一定的目的性和功能特点，根据训练任务和目的来选择。②运动负荷调控的综合性。同一个总负荷可以由不同的量和强度组合而成。③运动负荷的个体性。由于运动员的生理机能、素质、技术和战术要求的不同，他们所承受负荷的能力也不同，因而安排的运动负荷应具有明显的个体性特点。④负荷量度的定量性与等级性。负荷的表示有两种方法，一种是以大、中、小等定性方式表示，另一种是以具体的定量方式表示。在训练中，为了提高负荷调控的精确性和科学性，越来越趋向各负荷量度的定量化。⑤负荷的动态性。运动负荷是一个持续的过程，这与训练过程的持续性直接有关。运动负荷表现出的动态性有以下几个特征：负荷的连续性与系统性、负荷的节奏性、负荷的周期性。⑥负荷的可监控性。运动负荷的定量化特点表明了运动负荷的可监控性，训练计划中要求有反馈调控，所以必须确定各训练过程的监控指标与训练水平的评定指标，建立相应的负荷监测。

二、篮球训练原则

篮球运动训练原则是运动训练过程客观规律的反映，是运动训练实践普遍经验的总结，是进行运动训练必须遵循的准则。

（一）自觉性和积极性原则

同篮球教学过程一样，训练过程要注重思想政治教育，启发运动员训练的自觉性和积极性，使运动员深刻认识并自觉主动地参加训练，积极地进行训练思考，创造性地完成训练任务。在训练过程中，教练员要把教育运动员深刻认识训练的目的放在重要位置，通过启发教育和采取各种有力措施，不断提高他们的自觉积极性，促使运动员刻苦地进行训练。

（二）一般训练与专项训练相结合原则

是指在运动训练过程中，应根据专项的特点、运动员的训练水平和不同训练过程的任务，把一般和专项训练结合在一起进行合理安排，从而使其协调发展。一般训练是指在运动训练中以多种多样的身体练习以及训练方法和手段，来提高运动员各器官系统的机能，全面发展运动素质，改进身体形态和一般心理品质。专项训练是指在运动训练中以篮球专项的技术动作、战术方法，提高篮球专项运动所需的器官系统的机能，发展篮球专项所需要的心理品质。

（三）合理安排运动负荷原则

篮球训练运动负荷不同于篮球教学运动负荷，在训练过程中，要根据训练任务、对象水平与要求，科学合理地在各个训练环节中提高运动负荷量，直至达到最大负荷要求。为此，首先对运动负荷的安排要根据训练任务和对象水平，以及每个练习目的、要求、负荷来考虑。在训练过程中，运动负荷要经过加大、适应、再加大、再适应这样一个逐步提高的过程。

（四）全队训练与个人训练相结合原则

全队训练是指在训练中，根据全队必须掌握的技术、战术，组织全队进行旨在提高队员之间技术、战术组合和在对抗下配合能力的集体练习与竞赛。个人训练是指在篮球训练过程中进行个人技术等方面的训练。由于运动员的个体特征，如年龄、性别、身体条件、承担负荷的能力、技术水平和心理品质的不同，以及不同位置的分工和职能，对运动员提出了不同的要求，训练要根据运动员的个人特点，有针对性地确定训练内容，选择训练方法、手段和安排运动负荷。

（五）训练与比赛相结合原则

训练与比赛相结合是指在篮球运动训练过程中，技术、战术的训练要符合竞赛实际的需要，通过训练与竞赛，发现问题，促进技术、战术水平的提高。从训练与比赛的关系来说，训练的目的是为了比赛，练为战。训练的任务是创造条件、改变条件、变换环境、增强实力。通过比赛让运动员取得实战经验，提高运用技术、战术的能力。从比赛中提高竞技能力，也是一种重要的训练手段。

第三节　篮球训练步骤与方法

一、训练步骤

（一）技术训练的步骤

1. 单个技术训练

篮球技术是由大量的单个技术动作组成的。单个技术训练的目的主要在于掌握、提高单个技术的动作技能。单个技术是掌握复杂技术和创新的基础，运动员应该坚持进行单个技术的训练，不断提高技术水平。

2. 组合技术训练

篮球组合技术，是指两个以上单个技术动作有机衔接所形成的各种特殊的技术群的总称。在进行组合技术训练时，要从实战出发，分析和提炼比赛中出现的各种复杂情况，设计不同的组合技术练习手段。掌握各种组合技术，为在对抗条件下运用技术打好基础。

3. 位置技术训练

篮球比赛中队员的位置分为中锋、前锋和后卫，不同位置的队员在比赛中承担着不同的职责和攻守任务。教练员必须根据队员的位置和攻守任务，有针对性地强化位置技术训练。

4. 攻防技术的对抗训练

篮球技术训练的主要任务不仅是形成动作技能，更重要的是学会如何在比赛条件下运用已形成的动作技能达到一定的战术目的。为此，必须有计划、有要求地进行攻守技术的对抗运用训练。在掌握单个技术、组合技术及位置技术的基础上，学会在攻守对抗的情况下克服对手的阻挠和制约，达到及时、准确、合理地运用技术的目的。

（二）战术训练的步骤

1. 基础战术配合训练

篮球比赛的战术形式繁多，但都离不开基础配合。基础配合是全队攻防战术训练的基础，只有熟练地掌握和运用这些基础配合，才能在运用全队战术时更加灵活、机动，更有效地发挥战术的作用。

2. 全队战术配合的衔接训练

在局部基础配合的训练有了一定基础的情况下，可以进行战术配合的衔接训练，包括局部战术配合的衔接训练和全队战术配合的衔接训练。局部战术配合的衔接训练，就是将局部的基础配合进行组合训练。在这种训练中，要强调主次配合的衔接、进行过程中的连接性和变化。全队战术配合的衔接训练，就是在局部战术配合训练有了一定的基础后，所进行的全队完整战术训练。通过这种训练，提高全队配合的整体观念，明确在全队配合下自己的行动，以提高行动与配合的合理性和攻击性。

3. 战术配合的综合应变训练

在掌握两个或两个以上全队战术的基础上，需要进行各种战术综合变化的组合练习，提高运用战术的应变能力。一方面要提高进攻与防守战术的转化能力，另一方面要掌握综合运用战术的能力。

4. 战术配合的比赛训练

战术配合的比赛训练是检验战术训练水平的重要手段，具有很强的对抗性。通过比赛训练，可以发现战术配合训练中存在的问题，提高队员的运用能力。

二、训练方法

（一）重复训练法

重复训练法是指不改变动作结构和运动量，在相对固定的条件下，重复练习某一动作或某一战术的方法。如定点、定距离连续跳起投篮若干次；连续跳投 20 次为一组，间隔 1 分钟再投，练习若干次。前一练习为连续重复训练法，后一练习称为间歇重复训练法。

（二）变换训练法

变换训练法是指在变化的条件下进行反复练习的方法，如变换动作的要求（动作速度、幅度、距离等）、变换动作的形式（原地传球、跑动中传球）、变换动作组合（原地接球跳投、移动中背向篮板接球转身跳投）、变换训练的环境（馆内、露天、气候变化、高原训练）、变换训练器材（用小篮筐、加重球）、变换运动量（同一训练时间不断增加运动量或强度，或运动量时大时小）等。变换训练法又分为连续变换训练法与间歇变换训练法两种。

（三）间歇训练法

间歇训练法是指重复练习之间按严格规定的间歇时间休息后再进行的方法。如篮球比赛的总时间是 40 分钟，分成 4 节，要求运动员在快速中进行比赛。每节中间休息 3 ~ 5 分钟。随着训练水平的提高可以逐步提高要求。各种练习间歇时间长短，取决于训练的目的、训练的强度、运动员的训练水平和身体状况。

（四）循环训练法

循环训练法是指根据训练的具体任务，按预先设计的带有一定顺序的练习，运用循环练习的方式周而复始、循环往复地进行练习的方法。

（五）模拟训练法

模拟训练法是指用一种模型去模拟另一系统，并借助模型，通过训练实践进行方案比较的一种"逐次逼近"最佳化的训练方法。主要适用于赛前训练。

（六）比赛训练法

比赛训练法是指组织竞争性的、有胜负结果的、以最大强度完成练习的一种训练方法。包括教学比赛、检查性比赛、适应性比赛等。目的在于调动运动员训练的积极性，提高技术、战术、身体训练水平和实战能力，发展心理素质以及检查手段的方法。

（七）综合训练法

综合训练法是指把重复训练法、变换训练法、循环训练法等各种训练法结合起来运用，或者在一组训练中安排各种技术训练、灵敏训练、力量训练等多种内容的训练方法。

第四章　篮球基本功训练

第一节　篮球基本功概述

一、基本功的概念

篮球基本功是指各类繁多的篮球技术动作中有共性的、基础性的、关键性的技能。它存在于各项基本技术之中，在比赛中通过运动员运用技术、战术的实战过程表现出来，所以它是篮球运动员必须掌握的基本技能。

万丈高楼平地起，关键在地下基础坚实。优秀篮球运动员之所以能达到世界级最高竞技水平，就在于他们首先是一个基本功底深厚的运动员。可以说基本功扎实的运动员才能攀登世界篮球竞技高峰，形成自己的技术特长，也才能延长运动寿命。

篮球基本功可分为手功、脚功、腰功、眼功，它们之间既是相辅相成互相关联的，同时各自又相对独立，具有个性和形成自己规律的特点。

二、基本功的作用

（一）有利于全面掌握篮球技术

由于篮球基本功是篮球技术中带有共性的技能，它与各类复杂的篮球技术有着直接关系，所以从复杂的事物中找到共性的内容，也就是抓住了事物的关键。具有较好的基本功训练的基础，必然会为掌握各类篮球技术起到积极的促进作用。而熟练地掌握各类的篮球技术，是组织多种多样战术所必须具备的条件。比赛的双方是通过各自不同的战术方法来达到相互制约战胜对手的目的，而要实现战术目的，关键是提高掌握基本功和各类技术的质量。

（二）有利于形成特长技术

基本功是掌握全面技术的基础，而特长技术是在掌握全面技术的过程中逐渐形成的。只有在具备全面技术的基础上形成的特长技术，才能在实战中根据自己的特点和球场的变化，创造性地应用和发展创新各种变异性的动作，显示出灵活多变的威力。

（三）有利于避免运动性创伤

篮球运动是一项对抗性较强的项目，比赛中出现一些创伤是很难避免的。但从实践中可以发现，一个有着扎实基本功功底的运动员，由于他们在基本训练中掌握技术结构合理、身体的灵活性和协调性都很突出，在比赛中可以运用灵活的脚步动作避开冲撞。在确实遇到难以闪躲而被冲撞时，在倒地的瞬间他们也可以运用协调、灵活的自我保护动作来减缓撞击的力量，避免或减轻伤害程度。

第二节　篮球基本功训练的内容

一、手功

手功是篮球运动员在掌握和运用传、接、投、运、抢等基本技术时，双手对球体的大小、重量、软硬度、弹性等的特殊适应能力，以及控制球和支配球的能力，特别是手指、手腕的集中爆发用力的能力。在现代篮球比赛中，高难度的投篮、绝妙的传球和多变的运球技术，要求运动员手控制的能力要强，支配球的方法要多，运用与应变的技巧要高，这就需要有扎实的手上基本功。为了有助于探讨篮球运动员手上基本功训练的科学体系、内容和方法，在总结国内外优秀教练员和运动员对手上基本功训练的实践经验的基础上，可把手的基本功归纳为"三功""五类""十八式"。"三功"即指功、腕功、臂功；"五类"即传、接、投、运、抢五类手上攻守技术动作；"十八式"即寓于"三功""五类"动作之中的仰、翻、转、抖、拨、弹、点、抄、展、摆、屈、勾、拍、推、抓、拉、打、挑等技术环节。其中手指功的感应力和弹拨动作、手腕功的灵活翻转动作、手臂功的柔韧展摆动作，以及它们的专门力量，则是手上基本功的关键环节。

由于"十八式"中像手腕功的仰、翻、转、抖、屈，手指功的拨、弹、点、抄，手臂功的展、摆、屈等，在运用中并不是以单一的动作出现，而是伴以指、腕、臂三部位的几个环节相结合衔接，才能做出传、接、投、运、抢等不同的技术动作，而且有时各技术环节在快速衔接中其分辨度又甚微，如手指的弹与点，手指与手腕的屈、抓、勾等，所以我们把"十八式"技术环节分为六组，即仰、翻、转，抖、拨，弹、点、抄，展、摆、屈、勾，拍、推、抓、拉、打、挑。

（一）仰、翻、转

仰、翻、转是属于手指、手腕和手臂紧密衔接不可分割的技术环节，通常又与手指的弹、拨、抄、点，以及手腕的仰、屈、展等技术环节组成不同方法的接、传、投、抢等完整动作。它体现在双手胸前传球、运球推进时的仰腕翻转抄球和推点传球、双手脚前投篮、行进间单手或双手的低手投篮、单手反手投篮、双手抢球等技术动作中。翻、转动作以双手胸前传球的翻、转动作为例，传球时要以手腕外翻带动前臂转动，即翻腕时大拇指迅速弹压，给球以初速度，同时手腕主动向前伸展，前臂内转，肘关节根据传球的距离向出手方向做不同幅度的伸展动作。

翻腕时要有力，前臂转动时关节要前送，指、腕、臂各部位在翻、转过程中要连贯、柔和、一致。

（二）抖、拨

抖、拨是手腕与手指部位两个不同的技术环节。抖是指投篮或传球时手腕短促用力的爆发性动作，它微妙地寓于手腕与前臂的翻转动作之中，是内含的用力动作。拨是投篮和传球中手指出球时的特殊用力方法，是比较明显的一种表象性的用力动作。抖腕的快速有力为指拨动作奠定了发力的基础，而手指快速柔和的弹拨能力，有助于加快抖腕的速度。所以说抖与拨是紧密衔接的广泛寓于传球、投篮、盖帽、跳球、变向运球等各种完整动作之中的重要技术环节。而手指的弹拨更起着调节力量、控制和支配球体运动的关键作用。

抖腕时腕关节要外柔内紧。抖腕时发力要突然，动作幅度要短促、刚劲有力，以使腕部抖动带动前臂转动。

（三）弹、点、抄

弹、点、抄是三个手指部位的技术环节，广泛应用于传球、投篮、补篮、跳球、抢篮板球等动作之中。在具体完成动作过程中，通常与手腕的翻、转、抖、屈，手指的展、拨、推、拍，以及手臂的屈、展、摆等技术环节连接成各种完整的攻守动作，如运球中的弹点传球、翻腕摆臂抄手传球、弹点补篮和跳球弹拨等。

弹与点两个技术环节区别甚微，紧密相连而不可分割，往往又与指拨连贯在一起，组成投篮和传球的最后出手动作。按动作的运动规律来说，拨弹动作在前，靠手指屈伸的弹力给球力量，而点的动作是弹击动作的后继，主要是当球离手前一瞬间用食指、中指指端部位，加力点球使之加速运动。而抄接球和抄传球时，手指要尽量张开，以扩大与球体的接触面，有助于单手控制球，同时前臂与手腕转翻要迅速，以带动整个手臂的充分伸展。

注意手指由自然弯曲到快速伸展，要既柔和又有力。球离手指指端一瞬间要主动弹点球，以求加速和调节球体运动。妙手接传球时要注意手指、手腕的抓勾与手臂的屈收或挥摆动作有机结合。

（四）展、摆、屈、勾

展、摆、屈、勾是四个由指、腕、臂各部位关节参与活动的技术环节，也都是传、接、投、运、抢等各类手上动作的技术基础。如抢篮板球、跃身抢断球和投篮时手指的拨、弹、点等动作，都要求臂、腕、指各部位关节和韧带的充分伸展，以扩大控制球和控制空间的面积。而运球中的方向、高度、速度、距离的变化，既要靠手指与手腕的屈伸，又要靠手臂灵活地做不同速度和幅度的屈伸动作来合理调整。在投篮出手一瞬间，手腕柔和前屈与手指弹拨，更是调节球体运动的重要因素。

展、摆、屈、勾四个技术环节通常以成串动作来反映。它们的共性是肩、肘、腕、指各部位关节的柔灵性和协调性。展时关节要放松，尽量使手臂展开伸直。摆时要靠手回展开伸直后肩肘关节的高度灵活性，既要摆得快又要摆得宽，以使手臂伸展后的制空面大。屈收时主要靠上述手部四个关节有力而快速地收缩，相比展与摆而言，屈收时的关节处于稍紧张的状态。勾时主要靠指端的控制力，与指根部位的关节及手指、手腕前屈后与前臂形成的钩形角度，角度愈大，手指和手腕的韧带就拉得愈长而关节相对愈紧张。其中展与摆的动作幅度和速率、屈与勾的力量与角度，对完成上述四个技术环节的质量起着决定性作用。

（五）拍、推、抓、拉

拍、推、抓、拉也是四个由肩、肘、腕、指各部位关节参与活动，由手指体现控制与支配球能力的技术环节。主要应用在运球变化速度、高度、节奏、方向、落点等过程中。例如：拍是一切运球技术最基础的动作，推是运球加速推进的关键，抓与拉是改变方向和节奏的主要环节。因此，正确熟练地掌握上述四个技术环节，又能与手指的拨、弹、点、抄等协同运用，有利于全面掌握传、接、投、运、抢等各类技术动作，也就能更好地促进手指感应力和控制与支配能力的提高。

拍击球时手指要自然弯曲，以手腕柔和屈伸，带动肘关节和前臂转动，并以手指指根以上部位拍击球的不同部位；推球时手腕要稍仰起，并主动向运球前进方向送腕，以带动肘关节和前臂前移，使推击球的力量加大、速度增快；抓与拉是靠手指末节的用力抓球和手腕自然弯曲的动作将球勾抓住，并与前臂快速拉收及脚步移动相配合，来调节运球前进的速度与方向。所以在用手指与手腕勾抓球时，要注意及时改变手指触球的部位，并相应减慢移动中的前冲速度。

（六）打、挑

打、挑是防守中常用的两个攻击性较强的手上动作，例如对运球或原地持球队员，以及投篮队员进行干扰和破坏。

挑球时要结合短促快速的箭步移动靠近对手，同时迅速伸臂，用手指与手腕屈伸的动作（掌心向上，用手指屈收挑球；掌心向下，用手指、手腕屈压打球）将对方手中的球打掉。

打、挑球时判断要准确，移动要突然，展臂要快速，指、腕动作的幅度要小而有力，并不失平衡。

二、脚功

脚功是指在完成篮球各种移动的基本技术的过程中，最基本而有关键性的脚部和腿部的动作技能，它是一种转移身体重心、变化速度和身体方向的脚步的控制能力，也是双脚自由支撑和改变身体在地面与空间的位置，维持身体平衡的特殊技能和能力的总称。

篮球运动虽然是一项展示多类手上动作的技艺，但现代篮球运动已是一项全方位的动态性活动，在比赛攻守对抗中争夺主动权的主要手段是速度。高强度下的高速度攻防依靠扎实的脚上功夫。速度是竞技运动的一个标志，提高移动速度则是提高全面速度的基础。兵家说"兵贵神速"，篮球比赛中同样只有利用自身速度来制约对手的速度才能取得比赛中的主动权，只有脚上基本功多样而扎实才能在进攻时摆脱对手的防守，在防守时才能控制对手的移动速度，而不被对手甩掉。尽管现代篮球运动在高度上非常重视保持制空的优势，但事实证明只有在比赛中将高度与速度相结合，高度才能显示出更大的威力。篮球运动在竞赛中要求的速度最突出的特点是：不同的步法、不同的频率、不同的节奏、不同的方向、不同的姿势，要求起动快、急停快、变向快、起跳快、转身快。在攻守对抗中，双方在速度上争夺的只是一肩半步的优势，脚步移动的快慢很关键。由此可见，脚上功夫是关系到能否掌握全面攻防技术的基础性和全面性的问题。

从篮球技术结构来看，几乎所有的篮球技术都是由脚步和手法这两个关键部分紧密结合构成的，但脚又是手法的基础。正如习武人所说："脚不稳，事则乱。"脚步动作正确熟练与否，不仅影响着手上的动作质量和变化能力，而且更影响着各项技术之间的衔接效果。可以说，脚步动作是篮球技术的基础，具有灵活快速的步法，才能掌握快速、灵活的技术。脚步基本功包括蹲、蹬、转、跨、跑、跳。

（一）蹲

蹲是指运动员在球场上屈膝、弯腰的蹲身姿势。保持正确的攻守姿势，是比赛中争取时间、抢占地面与空间位置、随机变化行动和维持身体平衡的重要保证。

蹲的姿势应是两脚左右（或前后斜线）开立约同肩宽，用脚掌内侧着地。两膝微屈稍内收，膝关节与脚尖方向基本一致。抬头含胸上体略前倾，眼睛环顾四方。两臂自然屈肘置于体侧，身体重心的投影落在两脚之间。这种姿势实质上是既能保持稳定的身体重心，又能快速移动、转移身体重心的一种最佳准备姿势。在训练中，首先应把降低重心和转移身体重心放在主要位置。一名篮球运动员如果身体重心降不下去、重心转移迟缓，他就很难适应篮球比赛中快速、多变的战术要求。要想保持身体在快速多变跑动中的稳定性，只有在低重心的情况下才可以实现。转移重心是改变动作、决定变速变向的关键环节，在篮球技术中，身体重心的转移分左右转移、前后转移、上下转移。

例如：通常防守持球突破和运球队员时，双膝弯曲度略大些，重心要低，脚距应稍宽，上体前倾角度要大些；防守投篮队员时（特别是处于防内线的投篮队员时），膝屈度则稍小，重心略高，脚距更有针对性，上体应稍挺直；通常在进攻中做运球或持球突破时，膝屈度稍大，重心要低，脚距也应稍宽；在外围做投篮动作时，膝屈度则稍小，上体略挺直，重心可稍提高，两脚的距离既要考虑到投篮攻击，又要有利于转换移动动作。在做双脚一步急停接球后，运用交叉步或顺步突破时，身体重心主要是左右转移的。然而无论做任何一个攻击动作，蹲身姿势都不能过死，脚掌和踝、膝等腿部各关节，要始终保持富有弹性的机动状态，以利于应变地向不同方向、位置迅速起动和转移身体重心，变换动作。

（二）蹬

蹬是寓于跑、跳、停、转、滑等各类移动步法中的一个微妙的内含性技术环节。它是一切移动步法起动的发力基础。蹬地时要充分运用下肢的力量给予地面作用力，地面又给人体一个大小相等、方向相反的支撑反作用力来推动人体的各种位移。它是位移的决定性动作环节，是各种移动步法的发力基础。蹬地虽然只是脚掌最后对地面施加力的动作环节，但它需要整个下肢（髋、膝、踝各关节、肌肉的工作）以及腰胯和全身的协调配合来加大蹬地对地面的作用，并获得地面的支撑反作用力克服人体重力和惯性力，保证人体重心的迅速转移和各种位移的变化、脚的不同部位的用力，影响人体重心转移和位移的方向，蹬地力量的大小决定人体运动速度的快慢。如：比赛时由于要随时改变跑动的方向达到攻守战术的目的，在变向时双脚蹬踏用力主要是前脚掌内外侧的侧蹬动作，在侧蹬时身体向内倾斜的角度越大，身体重心也就要越低，在弯道上的内侧脚用的是前脚掌的外侧蹬踏地面，而外侧脚用的是前脚掌的内侧蹬踏地面。

（三）转

转是借助支撑腿与摆动腿协同蹬碾地面而转动身体改变位置的一种专门性动作，也是在篮球攻守技术中运用最为广泛的动作。利用身体的转动来改变身体方向作为完成下一个动作的过渡手段。转时要求既快又稳，转动得快从理论上讲是缩短旋转的半径，所以在转动的过程中，髋、膝、踝关节都要保持一定的弯曲度，降低重心，保持稳定，不可上下起伏波动。必须特别注意要运用前脚掌作为转动的轴，不可以用脚跟做轴。

转动技术动作难度较大的是，快速跑动中急停前转身折回跑（也称往返跑），对这样一个最基本的转体动作，也不能忽视技术规范细节的要求：在急停转身前的第一步，上体稍向后仰，同时身体重心下降，脚转向 50～70 度，而在第二步踏地时已完成 180 度转体，面向返回方向。

（四）跨

跨步动作是在抢前占位的急停变向中经常运用的步法。它是指两腿之间跨出去的角度、幅度及速度。在实战中，为争取攻守的主动权，双方争夺的是时间和空间。在此时间上要夺得优势，就必须起动要快、变向要快、急停要快、持球突破要快等，这在一定程度上取决于"跨"。如果跨不出去、跨得太小或太大、跨得速度太慢，都不能很好地完成这些技术。如边线踏步单脚急停接球后顺步突破的衔接动作，以及在各种情况下抢前跨步接球与后转身突破等，这些技术动作的质量都取决于：第一是接球后重心要低，跨步要有一定的幅度，跨得出去；第二是动作衔接要紧密，要有速度的变化，只有这样才能在实战中占有一肩半步的优势。

（五）跑

跑是比赛中争取时间、争抢空间、改变身体方向位置、摆脱或控制对手，以及协同组成攻守战术配合的主要手段。跑动中两膝自然弯曲，身体重心自然降低，上体稍前倾，用全脚掌或前脚掌着地。两臂要自然协同快速摆动，眼睛要环视球场四周。

篮球运动由于受场地面积的限制和战术组织的要求，在攻守对抗过程中，较长距离的直线跑动是很有限的，而绝大多数的情况是快速起动、快跑、急起、急停、曲线跑、变向跑、侧身跑、转体跑，相当多的情况是6～8米弧形线上的跑动，这是篮球运动在竞赛中的一个突出特点。所以为适应这些多种类型的跑，篮球运动员在场上跑时重心不宜太高，而相对要保持较低重心，平稳地跑动。

（六）跳

跳同样是比赛中争取时间、控制空间与地面位置的重要移动手段。特别是现代篮球比赛，空间争夺与空间配合十分激烈和微妙，运动员跳起制空能力的强弱，既是衡量专项体能训练水平高低，又是预测能否掌握与运用高超技术展开全面抗衡能力的客观标志。在比赛中必须要求运动员连续不停地、不加犹豫摆动地起跳去争夺空间优势，有时又要求运动员不加助跑地、原地单脚或双脚向上方或向侧方起跳去争夺空间优势，有时又要求运动员在起跳后腾空或飞越时完成各种技术动作，这些都是篮球运动本身的特点所决定的，因此，跳在基本功中是不可忽略的。

三、腰功

腰功是指在各项篮球技术中，用腰部动作控制身体平衡和掌握身体重心转移去完成各类相关篮球技术的能力。腰是支持人体运动的主干，它起着联系上体与下肢、进行整体活动的枢纽作用。也是调节人体各部位综合用力、控制身体平衡、转移重心的重要环节。特别是随着现代篮球比赛对抗强度的不断提高和高空技术与战术的进一步发展，要求运动员在掌握运用技术、战术和抢占地面位置和争夺时间与空间优势时，都要依赖于腰腹部强劲的爆发力、柔韧性和灵活性。

腰功可归纳为伸展、收屈、扭转等动作。

（一）伸展动作

伸展动作是腰、胸、腹、背综合用力使上体自由向前上方伸展的专门动作。伸展能力对一名篮球运动员来讲具有特殊的重要作用，这是由篮球运动项目的特点决定的。因为众多的技术动作都对运动员的伸展能力提出了较高的要求，如高空篮板球争夺和空中扣篮、防守中抢断球、各种投篮和接传球技术动作，没有较好的伸展能力就很难达到技术动作的规范要求。

（二）收屈动作

收屈动作是腰、腹、背综合发力收腹、含胸、弯腰的动作。它与腰的伸展能力有同等重要作用。腰腹部的伸展与收屈能力对扩大地面与空间的控制范围，提高各种攻守动作的爆发力和柔韧性，都起着决定性作用。如抢篮板球的运动员在做各种技术动作时，躯体最大限度地伸展和收屈，既要伸得出去又要收得回来，是体现篮球运动技术较为突出的特点。再如在接球的瞬间跨出一大步，此时身体的有关部位肌肉要放松达到伸展的要求，但在接球后，腰腹要迅速收屈降低重心，双腿弯曲，保持稳定的基本姿势，为下个技术动作做好准备，并迅速过渡到下个技术动作。腰部的收屈与伸展是相互交替的过程，它在调整、维持身体平衡和衔接技术动作中具有主导作用。

（三）扭转动作

扭转动作是靠腰、背部突然发力扭动上体，使身体前后左右变移方向和位置的动作。人体的任何转动，在脚掌蹬踏地面的同时，必须用腰腹扭转带动身体，尤其是后转体，运用腰腹力量显得最为突出。而转体动作在篮球技术中运用得最为广泛，基本功的质量在很大程度上是取决于腰腹的技能的。

四、眼功

眼的基本功是指运用眼角余光扩大视野的能力。表现于视野广阔、判断及时和了解全场情况的程度。它反映出篮球运动员的一种特殊的观察能力。观察得准确、范围大、内容多，得到的信息准确，就越有助于决策。眼的基本功可分为瞄视、扫视、环视、虚视。

（一）瞄视

瞄视是篮球运动员必须首先掌握的一种最基础的短距离迎面视察物像的视觉技能。它的特点是视物距离较近，并相对固定，正面对物像。主要运用于定位、定点投篮时对篮圈、篮板的瞄准，或应用于对近身攻防队员的观察。

根据比赛中运动员瞄视的特点，可以分为瞬时瞄和定时瞄两种形式。

瞬时瞄：是一种极短时间内不眨眼的迎面视察法。它主要运用于比赛中持球与不持球队员，在大强度、高速度对抗条件下，一经捕捉到投篮时机后，瞬时对视物（球篮、篮距、对手、同伴）作出完整准确的视察判断，并果断决定自己投篮方式、出手角度、速度、力量、抛物线等投篮技术的合理运用，以及其他生理与心理行动上的调整应变。而这种由最初对对象的瞄视观察判断，到最后做出投篮行动决断的全过程，只是稍纵即逝的一瞬间。

定时瞄：是一种相对有一定时间去注视物像的迎面视察法。通常用于罚球和获得充裕时间从容投篮时。由于定时瞄视察视物的时间较长，视速反应相对缓慢，物像就较清晰地集中在两眼的视网膜上。为此，对初学者和青少年进行视觉训练时，可从定时瞄开始打下瞄视基础，掌握瞄视要领，并逐渐对球场上不同位置、角度和距离的视物（人、球、篮）建立起牢固的视觉条件反射，不断提高视觉反应速度。

瞬时瞄和定时瞄的区别在于瞄视时间的长短和决断行动的速度快慢。

（二）扫视

扫视是篮球运动员一种特殊的视距较远、视速反应较快的视觉技能。随着现代篮球运动攻守转化速度的全面提高，在几秒钟内往往出现两个以上攻守回合，因此，在攻守转化的一瞬间，运动员扫视观察能力的强弱，便直接影响攻守转化的速度。扫视观察速度快、判断准，能及时做出反应行动，那么必然有助于攻守转化速度的提高。尤其是当突然改变视察方向和视察对象时，扫视观察便成为运动员瞬间捕捉攻守战机和观察物像的主要手段。

例如：在由守转攻一瞬间，转攻的队员为了迅速地组合并布置力量，就必须通过每名队员快速地直线平面扫视，来协同掌握转防对手的撤防布置和他们各自的行动踪影，以此及时相应做出自己的进攻方向、移动路线、协同配合的形式和结束进攻的点与面的接连的选择。扫视观察技能对中锋队员具有更重要的战术意义，由于他们相对占有一定的身高优势，又身处近篮区，扫视观察能力便成为他们能否以身高优势去为全队创造更多攻守优势的重要保障。

再如：从由攻转守来说，扫视观察还是瞬时掌握对手进攻动向、缩短撤防布置时速、及时采取防守对策和达到全面瓦解对手进攻设想的关键。尤其是在采取全场紧逼时，扫视观察判断的反应能力，是及时控制对手和变防守中被动为主动的重要保证。扫视快、视野宽、判断准才能对被防对手的行踪看得清、连得紧、控制得严。

（三）环视

环视是篮球运动员在比赛过程中运用最多，并最富有攻守性的一种以两眼视轴共轭地迅速移动视线，环顾视物的视觉技能。它的视察特点是：主要依靠两眼视轴共轭过程中的眼角余光，在同一时间内环视多点和多面，而这种环视观察，仅仅把物像的形影和衣服的色彩作为视觉反应的依据。因此，环视广泛被运动员运用于攻守的过程中。

例如：在防守无球的进攻队员时，为了避免因转体扭头导致不能遵循"他、球、我"三兼顾的防守原则，因此，绝大部分时间内应采用眼角余光去环视物像，借以调整防守位置和行动。同样，进攻队员无论在做传、投、运、突动作，还是在做不持球进攻的跑位、摆脱、空切、掩护、接策应、冲抢等攻击行动，也主要依靠环视观察来捕捉战机。正如某些运动员进行传球助攻时，为了避免暴露助攻目标，也总是以余光环视主攻目标，以眼球正视佯攻方向以迷惑对手，从而形成一点多面的视野范围，以便捕捉更多的助攻机会。

（四）虚视

虚视是基于上述三种观察技能的一种综合性的应变性视觉技能。即借助眼睛的斜、转、睁、眯等动作，与面部、腰部、手部、脚部的各种动作结合，使对手真假难辨，从而主动制造出种种攻守机会。如进攻时"视东击西，视人袭球"、防守时"视前防后、观上堵下"等，这便是有声有色的眼睛假动作攻击。然而这一视觉技能的形成，除了进行必要的专门性训练外，更多的是靠运动员积累比赛中的经验。

第三节　篮球基本功训练的方法

一、手功训练

（一）双手、单手持球翻转练习

1. 双手胸前持球

肘自然下垂，上臂靠近胸两侧，运用肘关节做轴；前臂轻微向前推动时，双手手腕翻起；当前臂向后收回时，双手手腕复原。运用前臂的反复前后推拉，练习手腕关节的翻动的灵活性。

2. 双手头上持球

手腕翻起，运用上臂向上伸展推动前臂，同时手腕借用手臂力量翻起，轻轻地将球推出，高手10～20厘米，然后双手仍在头上接到球，继续反复练前面的动作。

3. 两臂侧平举传球

手心向上，右手持球，主要运用手指、手腕力量将球从头上轻轻传到左手，在传球用力时，肘关节一定要伸直，强制运用手腕、手指力量将球传出。

4.单双手对墙传球

面对墙50厘米站立，运用单手或双手持球，球高过头部，迫使手腕翻起，主要运用手指、手腕力量轻巧地向墙上连续传球。

5.单手持球滚转

将球托起过头，运用手指、手腕左右转动力量，使球在手掌上左右滚转，左右手交替做。

（二）运球练习

1.变速运球

身体重心下降，手臂伸直，只限运用手指、手腕轻巧快慢结合地变速运球。球的反弹高度限制在5～20厘米。

2.左右推拉运球

先在原地用右手运球，球的反弹高度在50厘米左右，运用手腕力量向左推球，然后即时转动手腕将球拉回到原地，球在左右移动过程中始终控制在体前80厘米的范围内，运用手腕的连续翻转将球控制在体前左右移动。

3.体例前后推拉运球

开始用右手在身体右侧运球，然后手腕仰起推球向前，再迅速屈腕将球拉回原位。

4.胯下左右手运球

两脚分开比肩稍宽站立，重心下降，右手体侧运球，手臂向体后绕，同时运用手腕翻转动作将球通过胯下反弹到身体的左前方，左手接球后继续在身体左侧运球，而后左手臂向体后绕，运用左手腕的翻转动作将球再通过胯下反弹到身体的右前方。

5.行进间左右手交替运球抄球

跑动中用右手在身体右侧运一次球后，随着身体向前移动，迅速用右手将球抄起，交给左手做同样的动作，左右交替进行。注意运球不宜过高，抄球要快。

6.原地左右手向左右两侧大跨度地运抄球

原地持球，两脚左右开立，呈基本姿势，左手在身体左侧运球一次后迅速将球抓抄回来交给右手在身体的右侧运球，右手做同样的动作，左右反复交替做。要求运球时尽力向身体的左右伸展，抓抄球时要利用手指、手腕、前臂依次蜷曲的动作将球收回到胸前交另一只手。

（三）传球练习

1.背后传球

两腿平行站立，右手持球，右手臂向体后摆动，运用手指、手腕快速转动的力量，将球从背后经过头上方传至体前左手的位置，左右手反复连续做。在将球引向背后传球过程中，不能有弯腰的动作；在球出手的刹那要求运用手腕的转动和手指力量，使球由背后传向体前。

2. 头上双手传球

双手持球，臂伸直高举头上，传球时两臂不要弯曲，更不要向后摆动，将全身力量集中于手指和手腕，运用手指和手腕的快速抖动将球传出。

3. 单手直臂传球

右手持球，直臂侧上举，肘关节要伸直，不要弯曲，不要向后摆动，运用手指和手腕快速抖动的力量将球传出。

4. 其他传球练习

五个人一组，每人持握一个球，其中四人各相隔50厘米呈扇形站立，另一人面对扇形队相距5米居中站立。练习时，居中者快速交替轮转向前面的四人做双手胸前或单手胸前传接球。要求传球时夹紧手臂，只允许用手腕抖动和手指弹拨的力量将球传出。

在快速运球过程中，向固定或不固定的目标做弹点传球或抄手传球，如沿球场四周快速运球中，向场中央做弹点和抄手传球。

（四）打、挑等其他练习

双手托住球的底部，将球轻轻抛起后，左右手交替用食指、中指、无名指向上挑弹球至胸前或额前上方。也可以双手持握球后，直臂前平举或上举或下垂，用两手食指、中指、无名指快速交替弹点球。练习时手与球的距离要不断变化。

自己或同伴向高空抛球后，原地或移动中跳起，尽量伸展手臂用手指和手腕勾抓球。练习时，接球和抛球者要互相协同配合，尤其是接球者更应注意选择有利于练习摆、展、屈、勾等动作的位置、角度和时间，以求体会细微动作环节，真正做到手臂摆幅大、展得开、屈收快、勾得牢。

在4米范围的场地上，四周各挂一个吊球（或各站一名持球队员），居中站一防守队员，按教练员的特殊要求，向四个方向移动，进行打、挑球练习。打球后迅速返回原位。

组成特定的练习形式进行打、挑球练习：例如一人连续跳起投篮，另一人防守，伺机跳起做打球练习。也可以一人运球上篮，另一人在跟防中或打运球时的球，或打伸臂举球时的球，或打投篮出手后的球。

用重球或杠铃、哑铃等重器材定时、定量做手腕与手臂的专门性力量练习，并结合各部关节做仰、屈、推、摆、翻、转等柔韧性练习。器材的重量、练习的速率和重复的次数，要根据不同技术环节的生理结构和技术结构特点进行合理的调整。

单手或双手抓捏硬度大、弹性较足的小橡皮球，或定时、定量连续用手指抓放铅球和沙袋。练习时手臂可以随意屈伸，抓放球的部位可以忽高忽低。

二、脚功训练

（一）转移重心练习

身体重心的转移与比赛中的任何一个行动都有着非常密切的直接联系，是解决起动速度最关键的问题。

1. 左右转移重心

两脚原地平行站立，距离比肩宽20～30厘米，重心下降，上体前倾，腰部放松，头抬起，两臂自然张开，肘微屈，利用两脚掌的蹬踏做重心的左右移动，同时特别注意运用腰髋带动身体转移重心，重点体会腰髋带动和两脚蹬踏的协调用力感觉。在左右蹬踏的重心移动中，身体重心要保持在一个水平线上，决不能上下波动。左右转移的速度不要过快，要掌握快慢不同的节奏。

2. 前后转移重心

取原地两脚前后站立姿势，身体重心下降，上体微前倾，两臂自然张开，可依据教练员快慢不同的节奏，运用脚掌蹬与踏和腰髋带动的力量向前、后转移身体重心。训练中重点体会快速起动时重心由后脚脚掌移向前脚脚掌协调用力的感觉。

3. 上下移动重心

两脚平行站立和前后站立交替运用。此项练习要求身体重心下降到大小腿（膝部）弯曲的角度在90度以内。同样，遵照教练员的信号节奏，利用蹬踏脚掌、提腰、收腹上下移动重心。腰腹的快速屈伸是训练中重点解决的问题，同时身体重心的下降要达到最高要求。

以上这三个练习是基本功中的基本功，基础中的基础。从练习的形式上看都极为简单，但就是要在"简练之中见真功"。能否在不同的节奏中将蹬踏和腰、腹、髋的力量非常协调地运用到突然起动的动作中，这是显示脚功深浅的一个重要标志。

4. 双脚跳停结合左右转移重心

在慢速地向前跑动中做双脚跳停动作，跳起高度高于地面10～20厘米，在跳起短暂的腾空时间要特别注意提腰动作，落地要求像一个弹簧，两脚掌着地时，要利用踝关节、膝关节和腰腹的力量缓解落地时的冲击力量，两臂自然张开保持身体平衡。落地后重心保持在两脚中间，然后做左右转移重心，并结合突然起动动作。

5. 两步急停结合转移重心

在慢速跑动中利用两步急停动作缓解向前的冲力和调整身体的平衡。在双脚落地时，呈前后站立姿势，身体重心在两脚之间，然后前后转移重心，可结合在不同速度下做起动急停练习，体会重心转移。

（二）降低重心练习

1. 横跨步单脚急停降重心

两脚原地分开平行站立，左脚用力蹬踏，右脚向右跨出一步急停，单脚急停的难度较大，因此，在练习中必须重视急停动作规范的要求：①左脚发力蹬踏右脚向右跨出，腾空时要提腰展臂，为平衡落地创造条件；②单脚落地时，提腰和收腹动作的协调，以及脚掌、踝关节、膝关节力量的运用，是一个完整的系列的组合技巧，目的是把单脚落地时的冲击力量减缓到最低程度；③为使落地后重心稳定，便于衔接下一个技术动作，要求身体重心下降，最佳重心的高度应是膝关节弯曲到接近 90 度；④在右脚落地的同时左脚要跟上，以便保持身体平衡，然后右脚用力蹬踏，左脚向左跨出一步，技术要求与前同。

2. 跑动中捡地面球

在一个直径 6 ~ 8 米的圆周上，等距离地放置 3 ~ 4 个球。要求在慢速跑动中屈膝降低重心，捡起地面上的球，然后再将球放回原位。继续向前跑动捡、放其余的地面球。在逆时针跑动中，捡球时左脚在前右脚在后，要求右膝距地面20 ~ 30 厘米，以降低身体重心。

3. 跑动中接地滚球

教练员站在一个直径 6 ~ 8 米的圆周中心手持球，队员在圆周上按照规定的速度跑动，教练员传出在地面上滚动的球，队员接球的技术动作规范与练习 2 同，接到球后用单手或双手把球传给教练员。接传球动作均在跑动中进行。

（三）蹬转练习

1. 踝关节蹬转训练

双手叉腰，两腿分开直立，宽度与肩相同。开始做提踵动作，要求双脚跟尽力向上提起，身体重心置于前脚掌上。在提踵动作做到一定数量后，转变为双脚跟向外转动张开，然后再向内收回。此动作主要是训练踝关节的灵活性，是各种变向动作中最基本的蹬转动作。

2. 转体

两脚分开站立，约比肩宽20 ~ 30 厘米，重心下降，上体稍前倾，两臂微抬起，利用蹬踏和腰髋的力量，带动身体在原地以前脚掌为轴左右转动。在向左转动后，左右脚尖同时指向左前方，身体重心要求达到最低限度。

3. 转体跨步

预备姿势与前相同，首先以左脚为轴，右脚掌蹬踏向左前方跨出一大步，其次仍然利用左脚为轴，右脚再利用脚掌的蹬踏和腰腹向后收缩的协调力量后撤到原位。此训练的重点要求是：①脚掌在原地转动中的轴心作用；②后撤步时腰腹与蹬踏的协调配合动作。变换轴心反复练习。

4. 后撤步

两脚平站，重心下降，两臂抬起，重心移到左脚，同时右脚蹬踏，利用腰腹的带动力量，右脚向后撤步，然后右脚蹬踏，利用腰腹的带动力量，左脚向后撤步。左右脚连续交替进行，重点要求做好左右脚在蹬踏时与腰腹力量运用中的协调配合动作。

5. 侧滑步结合变向跨步

开始向右前方做右脚在前左脚在后的侧滑步，然后右脚做侧蹬送髋，同时左脚向左前方跨出一大步，形成左脚在前右脚在后的滑步动作。在滑动两三步后，左脚再做侧蹬送髋动作，同时右脚向前方跨出一大步，继续做滑步动作，一直连续反复做下去。重点要求是左右脚的侧蹬与送髋的协调配合。

6. 交叉步转体

两脚平行站立，开始右脚向左前方交叉跨出一步，此时以左脚掌为轴，在地面转动。当右脚在左脚的左前方着地后，变为轴心，此时左脚抬起向右脚的右前方跨出一步，以右脚为轴，在原地转动，而后反复进行。

（四）跑的练习

篮球运动，由于受场地、规则等限制，队员在比赛中的跑动具有非常突出的特点。速度是比赛中争取主动权的最主要因素之一，而在篮球场上表现速度的最大特点，是利用急起、急停、变速和变向等多种的跑动形式来争夺攻守的主动权。

1. 曲线跑

曲线跑是篮球实战中最主要的一种跑动形式。它的技术结构特点是：在弯道跑动中，外侧脚是用脚前掌的内侧蹬地，而内侧脚是用脚前掌的外侧蹬地，身体向内倾斜的角度是依据弯道的大小而改变的。

练习时可在场地内设置一定数量的障碍物，障碍物之间的距离可以根据队员的训练水平而定，可以选择等距离或不规则距离以增加训练难度。

2. 小"∞"字跑

每人在地面设间距为两米的两个点，要求在两点之间做"∞"字形式的跑动，主要是训练队员在短而快的频率中变向跑动的技能。

3. 变向加速跑

（1）由后退跑变向前加速跑

（2）由横滑步变向前加速跑

教练员手持球站在 A 点。队员与教练员保持一定距离，做后退跑或做横滑步等动作，在看到教练员抛出的球后迅速转变向前急速起动去接反弹球或空中球，接球的难度由教练员掌握。在急速起动技术动作中，要注意后蹬送髋的腰腹协调用力动作。

4. 交叉跨步跑

此练习主要是训练左右脚掌外侧蹬踏的能力。开始时，右脚向身体左前方跨跳，利用右脚掌的外侧着地，随之运用右脚蹬踏，左脚向身体右前方跨跳，利用左脚掌外侧着地，然后再运用左脚蹬踏，右脚再向身体左前方跨跳，反复进行。

5. 多种变向跑

重点要求是转变方向中运用倒蹬、后蹬的同时与腰、髋、腹协调用力的技巧。在转变方向时，脚尖和膝关节必须指向跑动的目标，否则容易拉伤、扭伤腿部肌肉。

由 A 点起跑至 B 点做放松慢跑，在 B 点做侧身变向加速；

由 B 点至 C 点做加速跑，在 C 点做后转身变向；

由 C 点至 D 点做加速跑，在 D 点做后转身；

由 D 点至 E 点做后退跑，再由 E 点至 F 点做弧形侧身加速跑；

由 F 点至 G 点做左右脚连续变换交叉步，在 G 点做后转身；

由 G 点至 H 点做连续后撤步，到 H 点转身；

由 H 点至 I 点做两次往返跑（见图 4-1）。

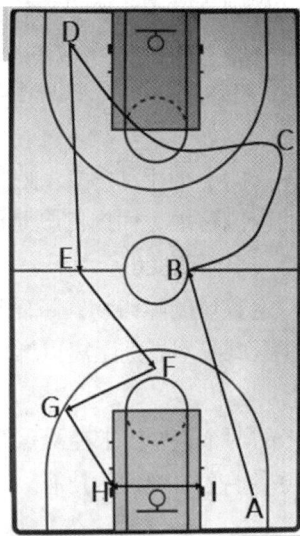

图4-1　多种变向跑

（五）跳的练习

原地双脚或单脚连续起跳摸高。

教练员与运动员面对面站立，距离 3 ~ 5 米，教练员向运动员前、后、左、右传高吊球，运动员借助一两步滑步向不同方向起跳，用单手、双手接球或击球。

教练员传球可采取从定向到不定向、从不连续到连续的办法来加大难度。

两人跳起空中接传球，传球距离可逐渐增加。

队员排成一路纵队，助跑单脚或双脚起跳空中接抢篮板球后，立即将球向篮板抛去，下一个队员重复以上动作。

三、腰功训练

（一）伸展练习

1. 左右伸展

两腿分开比肩宽站立，下蹲时膝部成 90 度角，向右侧伸展时，左腿蹬直，左脚掌紧贴地面，这是最关键的要求，同时要求胸部能接触到膝关节，要达到最大限度的伸展程度。左右侧反复进行练习。

2. 上展下屈

两腿分开站立与肩同宽，下蹲后双臂抱膝，快速站起，两臂高举，腰腹做到最大限度的伸展，同时脚跟提起。下蹲与站起的节奏要适当，重点要求是伸展的幅度大。

3. 持球伸展

两腿分开站立，手中持球，再向右跨出一大步，右手持球向右前方做伸展动作，此时左腿伸直，脚掌紧贴地面，右膝成 90 度角。然后右腿收回原位，左腿再向左侧跨出一大步，右腿蹬直，脚掌紧贴地面，左手持球向左前方做伸展动作。在向左右做伸展动作时，要求做到最大限度的伸展，要把腰、腹、臂尽力伸展开，左右变换动作，不要求速度，最主要的是要求伸展动作的质量。

（二）转动练习

1. 协调转体

以左脚掌为轴心，右脚向前迈出一步，在右脚掌落地时，利用右脚掌的蹬踏和腰腹带动的协调力量，向后撤回右脚，重点体会脚的蹬踏和腰腹协调用力的技巧。在反复做一定数量后，改以右脚掌为轴，左脚向前迈出一步，利用左脚掌的蹬踏和腰腹带动的协调力量，向后撤回左脚。左右脚交换练习。

2. 空中转体

两脚原地站立，两臂抬起，肘微屈，下蹲做原地双脚踏跳，在空中利用腰腹力量转体 180 ~ 360 度。落地时，注意运用提腰收腹的动作。在空中转体的难度可以逐渐增加，空中左右转体的动作要交替进行。

3. 跨跳转体

两脚原地平站，两臂抬起，肘微屈，下蹲做起跳准备。起跳时左脚跨向右前方，利用腰腹力量带动，在空中向右前方转体 180 度，落地后再次起跳时，利用腰腹力量带动身体，右脚跨向左后方在空中转体 180 度。反复做。

四、眼功训练

眼功的训练一般都是结合基本技术和战术训练进行，如运球进攻的运动员，要及时把球传到有利于进攻的同伴手中，这就要求运球队员的余光视觉范围大。又如防守时无论是防守持球人或防守无球人，都要用余光来环视观察周围的情况，了解人—球—篮的区位，以便破坏对手的掩护或保持正确的防守位置。所以在练习各项基本技术时，教练员都可以根据该项技术的特点，在运动员余光视觉范围内制造一些情况，如运动员在运球时，可在尽可能大的范围内，让同伴或对手变换位置，让运球运动员及时传球给同伴，或说出变换位置后同伴的名字等，以扩大眼角的余光视觉范围。

五、基本功训练中应注意的事项

在基本功训练中应注意以下几点：

要严格要求，动作正确规范。

要突出重点，反复磨炼，常练不懈，持之以恒，精益求精。

要有强度、数量要求，但要避免伤害事故。

要在年度训练计划中有明确目的、指标，系统地进行安排。

要在把握世界篮球运动发展趋势和本队实际的基础上，与基本技术紧密结合进行训练。

要与身体训练相结合。

要与作风培养相结合。

要重视在启蒙教学初期狠抓基本功练习，练习中既要注意趣味性，更要重视扎实、实效性。

第五章　进攻理论与方法

第一节　篮球进攻技术概念

概念：比赛中为达到一定进攻目的而采用的专门动作方法的总称，是篮球比赛中常见的动作规范和组合变化形式的总和，是进行篮球活动和参加篮球比赛的基础。包括无球技术、获得球技术、支配球技术、投篮技术和一对一技术（见图5-1）。

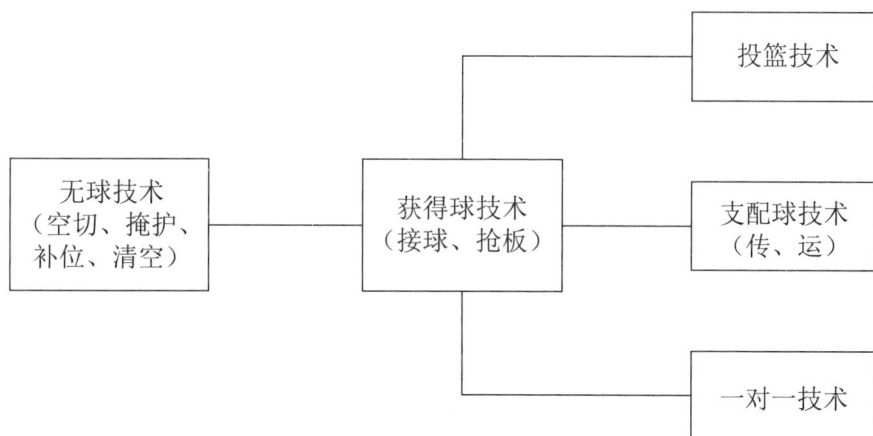

图5-1　篮球进攻技术

内涵：以手脚运动为基础，以控制球和支配球为主要争夺手段，以一对一为基本进攻对抗形式，以投篮得分为最终目的的进攻对抗性技术系统。

第二节　无球进攻技术

无球跑动能力对于任何类型的进攻来说都是至关重要的。球员在一对一防守时必须有能力找到空位；球员必须有串联、掩护和利用掩护的能力。掌握这些能力需要有稳固的基本功、对比赛防守的正确阅读和反复练习。球员在场上的大部分时间是无球跑动，这是事实。球员没有拿球就要争取获得空间。

一、空切基本功

优秀的空切球员有能力在任何时候、面对任何防守的情况下找到空位。获得空间后球员还要有能力继续推进团队进攻或者自己轻易投篮。成为一个出色的空切手需要坚实的基本功和正确的技术运用。空切手应该培养以下正确习惯：

得分点（Scoring Spot）：当切入和寻找空间时，哪里才是接球的最好位置？球员寻求在得分点接球。得分点就是球场上你可以有效投篮得分的开阔区域。我经常看见球员在离篮筐 30 英尺（约 10 米）的地方空切接球，但在那里他们并不能有效投篮得分。在你希望接球的地方接球，而不是在防守球员希望你接球的地方接球，这是重中之重。

姿势（Stance）：运动的姿态将会给你优势，保持膝盖轻微弯曲，双脚与肩同宽，背部挺直，重心稍微向前倾。打无球是个脚下活，需要突然变向和变速，以及吸收身体撞击的能力。保持低重心运动姿态，从而达到保持身体平衡和最大化运动能力的目的。

准备（Setup）：开始假装向一个开阔的区域跑动。如果你希望获得一个高重心的开阔空间，假装跑动时降低重心；如果你希望获得一个右边的空间，先假装向左边跑动。一个成功假动作的关键是要用整个身体欺骗对手。如果假动作做得不够真，那么对手是不会上当的。假动作迈出去的那一步要短而有力，然后快速将重心和目光转移到另一个方向。确保假动作迈出去的步子要短，以保持对身体平衡的控制。简短的假动作可以让你摆脱防守，长的假动作会让你自己失去平衡。空切时假动作做得好，可以让你一开始就建立对防守的优势。

冲刺（Sprint）：当通过假动作获得优势后，再通过一个冲刺完成空切。观察所有出色的无球球员，你会发现，他们做完假动作后就立即快速去接球。如果不能及时到达你想要去的位置，那么一开始通过假动作获得的优势也就没有价值了。

展示双手（Show Hands）：向传球球员伸出双手，十指向上，让他看见，这样他就有传球的目标。展示双手是告诉队友说你正处于空位，这样也让你做好了接球的准备。

看球（See the Ball）：无球跑动的一条黄金法则是永远要知道球在场上的位置。如果你不知道球在哪儿，不知道持球队友在做什么，那么就很难做出正确的空切跑位。看着球也可以减少失误，因为你时时刻刻都可以准备去接队友的传球。

说话（Speak）：如果你想要球，直接说！如果你处于空位，直接用一个坚定的语气叫持球队友名字，并说出你在场上的位置(例如迈克尔！球！你的右边！底角！）。

变速（Cut Slow and Then Co）：进攻球员控制着比赛，因为他们知道什么时候开始、停止和变向。所有防守球员可以做的就是预测进攻球员的下一步。我发现许多球员速度非常快，但在摆脱防守时却没那么容易。为什么？因为他们一直很快。我告诉球员要变速，一直用相同的速度，防守球员很容易就猜到你的下一步。突然变速会让你难以预测，也可以让你创造出空间。

拉开空间（Spread Out）：无球跑动的另一个基本准则就是空间。与你最近的队友之间的距离保持在 4.5 ～ 5.5 米。如果没有拉开空间，那么一个防守球员就可以同时防守两个进攻球员。在场上为自己和队友创造空间，这永远都不会错。

二、一对一摆脱动作

无球一对一摆脱防守的能力是任何类型进攻的重要部分。接下来，我们讲讲摆脱防守获得空间的基本动作。

（一）V 形空切

V 形空切是无球球员获得空间的最好跑位动作。叫作 V 形空切是因为球员跑动空切的路线是字母 V 字形。执行 V 形空切时先进入低重心运动姿态，在场上贴着防守球员向低位移动。内侧脚站定，突然出其不意变向，起身冲刺，伸出双手目视持球队友准备接球。用一个坚定有力的语气呼叫队友的名字，并告诉他你在场上的位置（见图 5-2）。

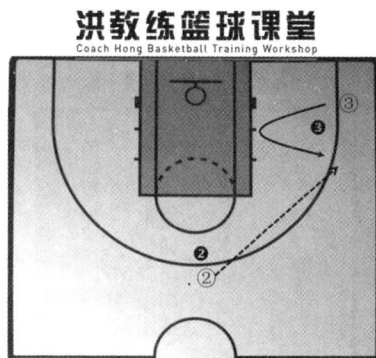

图5-2　V形空切

尽管这项训练没有防守球员，但两名进攻球员应该用比赛的速度训练，良好的习惯就是这样养成的。我在训练中反复说的一句话就是"你在训练的时候怎么做，在比赛时就怎么做"。

（二）L形空切

在防守球员贴身防守的情况下，L形空切可以更轻易地获得空间。叫作L形空切是因为球员的跑动路线像英文字母L。执行L形空切时在阻区先进入低重心运动姿态，然后贴着防守球员慢慢沿着禁区朝肘区走，绕过防守球员身体获得一个处于防守球员和侧翼之间的内部位置。一旦你获得了内部位置，冲向侧翼，伸出双手目视持球队友准备接球。用一个坚定有力的语气呼叫队友的名字，并告诉他你在场上的位置（见图5-3）。

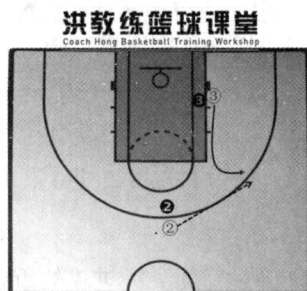

图5-3　L形空切

球员在每次空切时都应该变速。他们应该在何时启动、停止和变向上让对手不可预测。

（三）侧身弧线空切

在防守球员贴身防守的情况下，侧身弧线（队友掩护）空切获得空间最具威慑力。执行侧身弧线空切时在外线先进入低重心运动姿态，然后贴着防守球员变速变向冲入油漆区，伸出双手目视持球队友准备接球。用一个坚定有力的语气呼叫队友的名字，并告诉他你在场上的位置（见图5-4）。

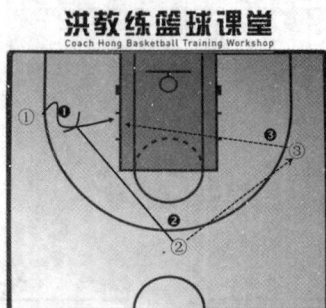

图5-4　侧身弧线空切

（四）后门空切

后门空切是对付过度强硬防守的上佳办法。当你与篮筐之间没有防守球员，或者防守球员的眼睛没有看着你时，你就可以使出一个出其不意的后门空切。后门空切通常只用在 V 形空切和 L 形空切之后。如果你以高重心空切，防守球员进入持球手与你之间，以切断传球路线，那么你就应该再使用一个后门空切。要执行后门空切，先进入低重心运动姿态，伸展外侧手，就像准备要接球一样。你必须通过大喊，向你的对手"兜售"后门空切。当你伸展外侧手，用急迫的表情向队友大喊要球。当防守球员失去内侧位置，你就可以突然变向冲向篮下，你的持球队友通过击地或者高抛给你传球，你在内线拿到球就可以完成一个高命中率的内线投篮（见图 5-5）。

图5-5　后门空切

当球员在执行后门空切变向这一动作时，我指导他们要"站定—推进"。我想要他们一只脚站定时不仅仅是停住，而是像用脚猛戳地板一样有力。这样防守球员更容易被骗，然后提高重心，你也可以低重心完成向篮下的冲刺。

三、一对一背身动作

最好的背身单打球员通过无球跑动为自己和球队创造高命中率投篮的机会。他们不断从球场一侧向另一侧空切跑动，以获得一个对防守球员的优势位置，在这个位置上他们能够轻易接到传球，完成高质量传球。这通常被称作从阻区到阻区的空切。在这里我将讲两种非常高效的阻区到阻区空切的动作。

（一）假动作——跑动

当从一个阻区向另一个阻区空切以寻求低位单打机会时，试着使用假动作——跑动这一系列动作。先从弱侧的阻区开始，弱侧是指球场上无球的一侧。当在弱侧时，降低重心，进入运动姿态，然后做一个假动作，再向另一侧的阻区空切。

　　一旦做完假动作，立即向有球一侧的阻区冲刺，伸出手要球，告诉持球队友你在场上的位置。在有球一侧阻区获得一个极佳的位置，防守球员在你身后。保持这个位置，直到持球队友将球传给你（见图5-6）。

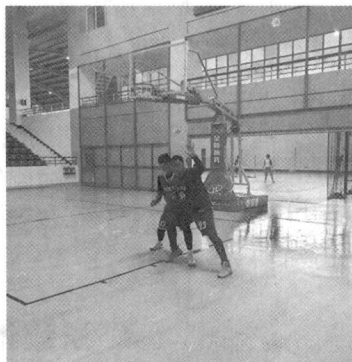

图5-6　假动作——跑动

（二）游泳动作

　　游泳动作源自橄榄球场。当防守球员非常有侵略性时，用身体对抗来阻止你，从一个阻区向另外一个阻区空切，你就可以使用游泳动作。当执行一个游泳动作时，你最初的焦点应该是保持低重心的运动姿态，从而在身体对抗后能保持平衡。当身体接触发生后，或防守球员用强有力的手臂阻止你向前运动时，你应首先将防守球员的手臂挡开，另一只手用游泳的动作绕过防守球员的身体，以获得有利的位置。如果防守球员用左手放在你胸前阻挡你前进，用你的右手挡开他的左手，然后用你的左手做游泳动作摆脱防守。

　　如果防守球员用右手放在你胸前阻挡你前进，那么用你的左手挡开他的右手，然后用右手做游泳动作摆脱防守。

　　一旦做完游泳动作，立即向有球一侧的阻区冲刺，伸出手要球，告诉持球队友你在场上的位置。你应在有球一侧阻区获得一个极佳的位置，防守球员在你身后。保持这个位置，直到持球队友将球传给你（见图5-7）。

图5-7　游泳动作

四、掩护

掩护就是挡住有球或无球队友的防守者，帮他们摆脱防守获得空位。在我讲最常用的一些掩护类型之前，让我们先看看正确掩护的基本动作。

设立掩护然后冲刺：方向对成功的掩护来说很重要。球员在掩护时不要带上防守自己的球员，这样就能创造一个暂时的二对一优势，为掩护球员和切入球员创造得分机会。如果你想要为持球队友掩护，先假装远离球，然后再冲向持球队友为他掩护。如果你为队友掩护想让他从你左侧过，先假装向右走，然后再冲向队友为他做掩护。永远都要冲过去为队友掩护。假动作让你领先一步，冲刺让你先到达为队友掩护的地点。

分开双腿：当冲过去为队友做掩护时，用一步急停，就是我们通常所说的"跳停"。做掩护要求你吸收防守球员的身体撞击。当你突然停住后，分开双腿，与肩同宽，这样能更好地保持平衡和控制身体，双手交叉放在身前，保护腹股沟。这种强力的姿态对防守球员来说是一个较难绕过的障碍。

停留：保持掩护动作，直到队友从身边走过。如果当你站定掩护后再移动挡住防守球员的线路，裁判会判你犯规。你必须站着不动，队友会等待时机利用你的掩护，从你身边走过。防止非法掩护的一个好的方法就是让掩护球员掌控节奏。掩护球员站定做好掩护动作，随后对队友说"走"，队友再从掩护球员身边走过。

回去进攻：掩护球员的背应该指向他希望队友切入的区域。例如，掩护时，调整好角度，背对篮筐，这样切入的队友就有更好的得分机会。一个准则就是，掩护球员背对高命中率得分的区域而不是有防守球员的区域（见图5-8）。

图5-8　正确的掩护

（一）有球掩护

有球掩护就是为持球的队友掩护。有球掩护在近几年变得越来越受欢迎，因为它很难防守。有球掩护为持球球员和掩护球员都创造了得分机会，同时也会造成错位，因为防守球员有时被迫防守和他们不同位置的球员。有球掩护后最常用的两个动作就是内切和外切。当持球队友绕过掩护、掩护球员的防守者失位时，那么掩护球员就可以使用内切。作为掩护者，如果你和篮筐之间没有人，掩护完后立即转身面向持球队友，全力向篮筐空切，手臂伸展要球。持球队友向你击地传球或者高吊传球，你接球后完成内线投篮。和内切对应的是外切。当持球球员利用完掩护，而掩护球员的防守者选择留在内线保护篮筐时，掩护球员就可以用外切。当这种情况发生时，掩护结束后你立即转向持球队友，往外撤几步，同时伸开手臂要球。持球队友向你传球，你随后完成一个中远距离投篮。

（二）下掩护

下掩护是处于侧翼的球员为底线附近的队友做掩护，挡住防守球员，使队友能摆脱防守跑到高位跳投的一种战术。空切球员在通过掩护时降低重心用内侧脚做假动作假装要从一个方向通过。空切球员通过掩护球员时要紧紧贴着掩护球员，内侧肩膀贴着掩护球员的臀部穿过，保证自己是第一个通过掩护的球员，从这点开始，空切球员和掩护球员串联起来，阅读防守然后做出相应的动作。

绕圈：如果空切球员的防守者紧跟着空切球员通过了掩护，那么空切球员应该紧紧贴着掩护球员绕一圈再回到内线，寻求内线投篮机会。同时，掩护球员也应做出相应的反应，转身面向持球队友，后退几步到底角，寻求外线投篮机会。

直线空切：当持球队友希望只传一次球就完成进攻时，直线空切最常用。空切球员在通过掩护时直接跑向侧翼准备接球。掩护球员随后转身面向侧翼，以获得一个轻易传球的优势位置。

后撤步：如果空切球员的防守者做假动作，从掩护下通过，就像等待空切球员绕圈回到内线一样，那么空切球员就应该后撤步。空切球员在围着掩护球员绕圈企图切回内线时，在掩护球员身后突然停住，随后变向，退两步远离空切球员，寻找一个中距离投篮的机会。这种情况下，掩护球员应该转身面向篮球，直接向篮下切入，成为进攻的第二选择。

（三）背掩护

背掩护是在防守球员身后设置的掩护，经常让防守球员出其不意。当一名进攻球员占据一个内线位置后，例如低位阻区，迅速跑位为外线队友设立一个背掩护，持球球员在切入前先做一个假动作，然后迅速通过掩护直接向篮下切入，以获得一个高命中率内线投篮机会。在切入球员通过掩护后，掩护球员拉到高位准备投篮，成为球队进攻的第二选择。

五、补位——接应持球的队友或者和队友间保持足够间距

补位：补位是球员在球场上一种相对被动的移动策略，但对于球队的整体进攻来说，它也是非常重要的。补位意味着当持球队员未能攻击，而需要马上转移球，让球再运转起来的时候，要通过队友的补位来创造传球的接应点。补位的另一个作用就是让外围进攻队员之间保持合适的间距。教练尤其要注意不断提醒处于弱侧的进攻球员要保持间距，因为他们总是会无意识地往篮下扎堆，堵住了队友的突破和空切路线。

六、清空——给切入或突破的队友创造足够的空间

清空：听起来很简单，但如果希望球员能在球场上本能地做到这一点，就需要教练不断地强调和训练。清空三秒区的好处在于腾出足够的空间，方便持球人的突破或无球人的空切。球员需要有意识地去观察场上其他队友正在做什么，来选择清空的时机和路线。

第三节　获得球技术

获得球技术包括接球和抢进攻篮板球技术。无球技术是获得球技术的前期技术。

一、接球

作为一个出色的接球手应该练习以下基本功。

姿势：为做好下一步动作，先进入准备姿势。膝盖弯曲，背部挺直，双脚与肩同宽。手肘弯曲置于身体两侧，手掌朝向传球手，十指指向天花板。

展示双手：让传球球员看见你的双手很重要。最好的接球位置位于你的投篮手一侧，高度在肩膀位置。这个位置可以让你在接球后迅速出手投篮。如之前提到的，两个手掌朝向传球手，十指尽可能张开并指向天花板。

说：你总是应该跟传球手说三件事：（1）传球队员的名字；（2）球（用一个强烈而自信的语气要球）；（3）你在球场的位置（例如：詹姆斯，球，零度角）。交流能够帮助传球手找到你。

看：在接到球之前眼睛一直看着球。看着球在空中的飞行，直到球与你的手产生接触。许多传丢的球就是因为接球手眼睛没有看着球。

吸收传球：在接一个高速传球前，确保你的手指是张开的，手腕和手臂保持柔韧性，以吸收传球的冲击力。双手接球后，让球靠近身体，而不是手掌、手腕和手臂都很僵硬。

主动接球：当你被对手紧密防守时，使用手掌和脚步主动去接球。当传球还在空中时，冲向球并张开双手接球。总是想着要在场上不停移动位置，从而保持对球的控制。当你抓住球时，把球拿到你投篮手一侧的身体旁，对球进行保护。

接前先看：最好的接球手在接到传球之前就知道他将把球传向哪里，他们总是试着比对手先想一步。为了培养这种特殊的球场视野，你必须在接球之前先观察场上形势。在接球前扫一眼篮筐和中场，这将为你的球队下一步动作获得一两秒的优势。

接球手动作要领：接球时什么是重中之重呢？这是个重要的问题。下面这个清单将告诉你应该按步骤完成哪些动作才能为球队创造机会。

①让自己身体正对篮筐，为自己寻找得分机会。

②如果自己没有得分机会，看看球场中央，是否有机会向罚球区有投篮机会的队友进行穿透传球。

③如果没有穿透传球的机会，就把球交给你第一个看到处于空位的队友。

④按照这个清单的内容做动作，以确保不会错过任何得分机会。

二、三威胁

接到传球后，进入一个三威胁姿态，这可以让你成为一个更有效率的进攻球员。从这个姿势，你可以快速传球、投篮或者运球。为了进入这个姿态，你要让身体正对篮圈，降低重心，保持运动姿态，膝盖弯曲，双脚与肩同宽。双手于身前靠投篮手一侧紧紧握住球，投篮肘弯曲，高度低于球的高度（见图5-9）。球离你的身体越远，你要面临的防守威胁就越大。将球紧靠身体，弯曲手肘，目的是释放更大的力量同时保护球。你的眼睛应该看着篮圈附近的区域，而不是某个队友或者某个方向。这让你能用余光看见整个球场，这将让你有更多处理球的选择。

图5-9　三威胁姿态

三、进攻篮板动作

正如我之前所说，进攻篮板球可以让你的球队拥有更多持球的机会，更多的持球意味着更多的得分机会，更多的得分意味着更多的胜利。对防守球队来说，没有什么比努力防守迫使对方投篮不中，但篮板球被对手抢下更令人沮丧的了。作为一个进攻篮板手，你的最初目标就是在球被投出前观察球的位置和球场上的形势。这种视野会让你在抢篮板球时领先一步，因为球在空中飞行的时候你就动起来了，而不是等到球砸中篮筐。球出手后还在上升中，抢进攻篮板球的球员就应该避免与对手身体对抗，直接向篮球所在的方向切入、起跳，在最高点拿下篮板球，将球放到下巴的下方，保护住球，落地时双脚张开，保持身体平衡。如果与防守球员发生身体接触，立即试图摆脱防守，与防守球员分离。卡位可以，但不要长时间卡位。下面让我们学习几种进攻篮板技术，学习如何不被对手卡住，从而摆脱防守。

（一）假动作——抢板

当切入内线以重新获得内线位置抢篮板时，先做一个假动作，特别是当防守球员试图用后转身卡位挡住你时。在球被投出前，观察篮球的位置和场上形势。在投手将球投出后，立即向球飞行的方向移动，然后直接冲向你的对手。从那里，你可以选择假装从对手右边切入，而后却实则从对手左边切入；你也可以选择假装从对手左边切入，实则从对手右边切入。一旦做完假动作，立即冲向篮球，伸出双手，高高跃起，在最高点将球拿下，把球放到下巴下方以更好地实施对球的保护，落地时双脚张开，保持身体平衡。

（二）后转身摆脱

当切入内线以重新获得内线位置抢篮板时，就可以使用后转身摆脱动作。当防守球员用身体接触来阻挡进攻球员切入时，后转身摆脱动作最为实用。使用后转身摆脱动作时，需在球被投出前，先观察球在场上的位置和场上的形势。当球出手还在飞行时就开始启动，然后直接冲向防守球员。当与防守球员身体接触时，绕着防守球员后转身360度。例如，如果防守球员用前臂撞击你的右肩，那么你就向左边转身。转身后，立即冲向篮球，伸出双手，高高跃起，在最高点将球拿下，把球放到下巴下方保护住，落地时双脚张开，保持身体平衡。

（三）直切

当切入内线以重新获得内线位置抢篮板时，就可以使用直切动作，当防守球员用前转身卡位阻挡进攻球员切入时，或者没有防守球员在进攻球员和篮筐之间时，直接切入最为实用。使用直接切入动作时，需在球被投出前，先观察球在场上的位置和场上的形势。当球出手还在飞行时就开始启动，找准空当立即直接冲向篮球，伸出双手，高高跃起，在最高点将球拿下，把球放到下巴下方保护住，落地时双脚张开，保持身体平衡。

　　在训练过程中，防守球员并不是真正在防守，而是训练的工具。防守球员应该对进攻球员的动作作出反应，假装被假动作、后转身骗到。

第四节　支配球技术

支配球技术包括运球技术和传球技术。

一、运球技术

　　运球是个必须掌握的技能，你不需要找到体育馆，也不需要队友或者篮筐来提高你的运球技能。你只是要一个篮球、一块硬的地面和一种努力工作的精神。我的经验告诉我，全世界有许多运球好手，但擅长持球推进的不多。作为一名优秀的持球推进手，你必须擅长运球，但并不是所有运球手都是持球推进手。在运球这一章节，我的重点在于训练可以持球推进并突破防守的技能。运球突破技术能让你和你的球队处于有利位置。能带球突破防守的球员能够为自己创造更好的投篮机会，提高队友的投篮命中率，赢得犯规以及抢到更多进攻篮板的机会。这就是成为一个出色控球手的好处。我发现有些教练花大把时间把球员训练成投手，但他们却没有教会球员运球和突破的基本技术。首先，我将讲述运球训练的基本要素，以便大家理解和记忆；其次，我将帮助你们打磨技术，让你们在球场上运用技术获得胜利并控制比赛；最后，带上篮球跟我一起来学习运球吧！

　　（一）合理控制运球，而不是让球控制你

　　有用的运球可以击穿防守、缓解压力、创造机会，但是运球过多也会导致更多的失误、更低的投篮命中率以及挫伤队友士气。合理运用控球，不要运球过多。怎么做呢？学会带着目的去运球，在比赛中，运球的目的只有四个。

　　1. 得分

　　如果你眼前开阔，看到一片无人区域，或者具有优势，你可以运球然后摆脱防守得分。

　　2. 创造更好的传球角度或缩短传球距离

　　如果你的队友距离比较远，没有合适长传的机会，或者你需要一个更好的角度传球，通过运球帮助你完成这次传球！

　　3. 缓解防守压力和摆脱困境

　　如果遭遇包夹或者面临巨大的防守压力，通过运球创造空间摆脱困境。

　　4. 带球推进

　　如果队友没有准备好接传球，通过运球把球带到前场。

（二）保持运球状态不要停球

如果你参加一场青年队篮球赛，你会发现你处于一个疯狂和令人激动的场景。这些运动员尽管还在学习当中，但他们在赛场上就像打 NBA 总决赛第七场一样。你将不可避免地看到这一幕反复上演：约翰尼接到传球后不假思索就立即开始运球，然后更糟糕的情况发生了，约翰尼在没有想好下一步如何处理后就停止运球，导致他处于非常不利的位置，然后出现失误。一旦你开始运球，就应该保持运球状态，直到你找到下一步处理球的方法。处理方式包括直接得分或传球制造得分机会。没有想好下一步就停球将会让你陷入非常不利的境地。所以，一旦你决定开始运球，就要想到尽量不要失球。

（三）学会双手运球

左右手都能同等熟练地运球也是一个必须掌握的基本技术，如果你想要成为一个出色的控球手，你必须双手都能运球。如果你只能一只手运球，那么你的选择就会减少一半。用你的身体挡住防守球员，护好球。向右边运球就用右手，向左边运球就用左手。当进行这章的训练时，必须双手都训练。如果你想要在真正的比赛中运好球，这是必须要做的。据我观察，如果你训练更弱的那只手，那么你更强的那只手也会得到加强。所以，如果你只训练一只手，那就一定要训练更弱的那只。训练的目的在于，不要有运球弱侧手的存在。

（四）保持身体蜷曲

打篮球要降低重心，几乎整场比赛都如此。只有当你投篮、抢篮板球以及试图封盖对手投篮时，你的身体才会完全舒展开来，即使这些动作也是从低重心姿态开始的。无论是进攻还是防守，你几乎要始终保持膝盖弯曲、臀部下沉、双脚与肩同宽。想象一下，响尾蛇是致命的杀手，但它如果没有蜷曲身体，威胁也就不大了。如果你运球时身体没有蜷曲，没有降低重心做好上篮、投篮和传球的准备，你对防守球员也没有威胁。如果你保持身体蜷曲，你将会变得更快、更强，会更好地保持平衡。你的重心应该降到多低？这要看你身前对手球衣的号码来判断，你的球衣号码应该比他们的都低。重心降得更低的球员一般都能赢。通过蜷曲身体可以获得优势，对防守球员构成致命的威胁。

（五）用手指控球：吸收球反弹力

要完全控制好球，必须确保手掌不和球接触。球员用手指和指尖控制球，尽可能张开手指，才能够最大可能地控制好球。在任何时候，手掌和球之间都保持两指的距离，当手指接触到球时，手如同一个吸盘，能够轻易吸附和掌控球。

（六）提高运球能力

我告诉球员运球时要用力，恨不得在地板上砸个坑。NBA 全明星克里斯·保罗（Chris Paul）说过，他运球很用力，如果他运球时突然把手撤开，球会弹到球馆的天花板。当今最好的控球手都有些共同之处：他们用整条手臂的力量加快运球，而不只是手腕。只用手腕运球你只能是一个普通的控球手，而你应该并不想要普普通通，你希望出类拔萃。

最好的控球手运球时手肘打开的方式和他们投篮和传球时一样。你在投篮、传球和运球时手肘应该完全打开。试试无球时假装完成一个投篮动作，球离开手的时候停住，这时候你的手肘应该是最大限度展开的。把自己想象成一个拳击手，用你的运球去摧毁防守。拳击教练会告诉拳手们要彻底完成击打动作，不是打击目标，而是击穿目标。

运球时手肘完全张开，大力击球，击穿防守。你应该大力运球的原因有以下几个：

①球的快速运转将提升你的速度。

②你将更好地控制球，因为球在你的手中时间更长。

③运球能帮助你更快地阅读防守和对防守做出反应。

（七）护球

保护球对于一个控球手来说至关重要。你的第一责任就是确保球权在自己或者队友手中，养成用非运球手护球的习惯，用非运球手将篮球和防守球员分开。当防守压力过大时，也可以用整个身体将防守球员与篮球隔开。

（八）培养球场视野

如果你不能发现球场上的机会，比如处于空位的队友和轻松上篮的机会，即使你运球再出色也无济于事。球员在场上必须有开阔的视野，不仅要阅读当前的防守，还要阅读下一级的防守。目光向前是不够的，你必须有效利用你的视野。我告诉球员要始终能看到球场中央或是篮筐，这样他们的余光就能看到整个球场。

（九）基本运球技巧

所有控球手都需要从防守球员那里创造空间。本节讨论的 5 个运球基本动作将会帮助你缓解防守压力，自信从容地处理好球。创造空间的基本方法如下：

· 变向。

· 变速。

· 使用向后运球。

以下清单将会帮助你理解这 5 个运球动作。

1. 急停

当你快速运球推进，防守球员站好位或者是往后退时，急停是一个很常用的运球动作。当进行运球急停时，遵循以下正确的动作顺序。

· 迎着防守快速运球推进。

·突然停止前进。

·进行原地运球。

·在身体外侧运球，而不是在体前运球。

·用非运球手护球。

·目光直视篮圈。

·暂停。

·突然加速运球过掉防守。

2. 后退运球

当防守球员对运球球员施加巨大的防守压力时，运球球员通常使用后退运球来创造空间。当进行后退运球时，遵循以下正确的动作顺序。

·进入运球姿态，用身体将篮球和防守球员隔开。

·沉肩，将内侧肩膀指向防守球员胸部。

·将下巴指向内侧肩膀，目光留在场内。

·大力低重心运球（球反弹高度在膝盖以下），运球点在后脚之后的位置。

·向后运球两下。

·撑开身体挡住防守球员，思考处理球的方式。

3. 体前变向运球

当你运球在场上推进，而防守球员阻挡了你推进的线路时，体前变向运球是一种常用的运球技巧。但体前变向运球也是容易造成失误的，因为在身前交换运球手正好把球暴露给了防守球员。只有当你和离你最近的防守球员依然至少有一臂空间时，才可以使用体前变向运球，记住这点很重要。当进行体前变向运球时，遵循以下正确的动作顺序。

·大力低重心运球，运球点在膝盖之外。

·以低于膝盖的高度将球运向另外一只手。

·从膝盖外侧运球，将球运向另一侧膝盖外。

·用非运球手护球。

·将重心落在内侧的那只脚上，突然发力过掉防守球员。

4. 胯下交替运球

当运球在场上推进，而防守球员阻挡了你推进的线路时，胯下运球是另一种常用的技巧。与体前变向不同，胯下运球在防守球员离你很近的情况下也可以使用，因为当你在胯下运球时，你的身体起到了阻挡防守球员的作用。当进行胯下运球时，遵循以下正确的动作顺序。

·保持大力低重心运球，运球点在膝盖外侧。

·停止，转换成坐姿，分开双腿。

·左右手在胯下交替低重心运球，篮球在两腿之间穿过。

·用非运球手护球。

·重心降到内侧脚上，突然发力过掉防守球员。

5. 背后交替运球

当运球在场上推进，而防守球员阻挡了你推进的线路时，背后交替运球是另一种常用的技巧。当防守球员紧贴时，也可以使用背后交替运球，因为这时身体已经很好地将篮球与防守球员阻挡开来。当进行背后运球时，遵循以下正确的动作顺序。

·保持大力低重心运球，运球点在膝盖外侧。

·在背后双手交替低运球。

·用非运球手护球。

·重心降到内侧脚上，突然发力过掉防守球员。

（十）打开防守球员的大门

打开防守球员大门的关键就是主动出击和做出反应，作为一个球员，必须两者兼备。

主动出击：迈克尔·乔丹曾经说："防守球员就是我的玩偶，我想要他们干什么他们就干什么。"在出击模式中，运球手通过做出进攻动作对防守球员发起攻击，从而获得有利形势。例如，通过进攻动作调动防守球员（向左或向右），打开防守球员的大门，创造通往篮圈的空间。你必须有对防守球员的进攻动作，这些动作可以促使防守球员做出某个特定的反应，你从而可以获得完全的掌控。

做出反应：运球的速度很重要，但你阅读防守和对防守做出反应的速度同样重要。如果他们先采取行动，我们就需要利用他们的防守攻击性并有效做出正确回应。例如，如果防守球员的手放得很低，那么他的重心就很低，你的回应就是直接投篮。很多时候，最好的动作并不仅仅是一个动作，而是一个正确的回应。

第一步：在将你的出击和反应的钥匙插进防守球员的大门后，你必须学会如何建立对防守球员的优势，打开防守的大门。无论你使用什么进攻动作，你必须运用前脚、肩膀以及篮球在第一步上击败防守球员。这需要你在跨越防守球员攻击篮筐的第一步中采用低重心、大步伐的跨步。如果你第一步击败对手，那么你就获得了优势，打开了通往篮筐的大门。

（十一）关上防守球员的大门：摆脱或卡位

当进攻球员通过进攻动作摆脱防守时，"关上防守球员的大门"这句话经常被用到，任何进攻动作最完美的结局就是进攻球员获得并保持一个位于对手和篮筐之间的内部位置。可以通过摆脱防守、获得位置和冲击篮筐等方式获得内部位置。

摆脱：一旦你出色的第一步击败了防守，下一步就要通过摆脱来关上防守的大门。你的双脚将给你自由，球会帮助你从防守球员那里获得空间。你可以从一个球员一次运球覆盖的区域来判断他的爆发力。出色的突破手懂得利用他们所创造出来的打开防守球员大门的机会，迅速摆脱防守获得的优势。这将会增加下一波防守的压力，为持球球员和他的队友们创造得分机会。

位置和通向篮圈：这项技术通常叫作2个P。这项技术无关速度，是进攻球员和防守球员通向篮圈的两个步骤的竞争。第一步是沿防守球员侧向朝篮圈方向迈出，第二步则使进攻球员完全摆脱防守球员。例如，运球球员右脚朝着篮圈方向、贴着防守球员的脚向前迈出一大步，紧接着左脚跟上，获得一个位于篮圈和防守球员之间的内部位置。这项技术把防守球员甩在了身后，进攻球员获得了内部位置，关上了防守的大门。当使用该技术时，比赛节奏会变慢，这让持球球员有更多时间正确阅读防守和做出正确的反应。

（十二）急停同时保持平衡

球员必须有突然停住并同时保持平衡的能力。我曾经观察过一名职业球员的脚步运用，他突然而又精确地停住，我可以闻到他鞋底燃烧的味道。急停是一项被低估了的技术，它可以减少失误，帮助你更好地控制平衡并做出下一步动作。一共有三种急停动作。

1. 一步急停

一步急停也叫作跳停。为了完成这种急停动作，球员跳向空中（不要跳太高），双脚同时落地，并保持平衡。

2. 两步急停

为了完成这种急停，球员在运球过程中左脚或者右脚突然先停住，另外一只脚随后跟上。

3. 多步急停

为了完成这种急停，球员在全速运球前进的时候突然变成小碎步，然后停住，保持平衡，保持运球状态。

（十三）场上指挥官：交流

假设你在某一时段是球队的控球后卫，你负责带球推进，通过完成向侧翼的队友传球来开始进攻，有一个问题出现了，当你运球时队友并不处于空位时你怎么将球传到侧翼？这时需要运用一个被隐藏和忽视的技能：声音。一个出色的场上指挥官会给队友指令，如挡拆、切入和手递手传球等。找到你的声音！

场上成功交流的基础：

叫出你队友们的名字。

尽早并经常性交流，使用提示。

明确表达你要传递的信息。

说重点而不是念标题。

声音洪亮，语调自信。

保持眼神交流。

（十四）掌控节奏

当我们看到 NBA 球员打球时都极具天赋和创造性，很有节奏感。这种掌控节奏的能力在很多教练看来是一种天赋，是后天学不来的。但据我观察，球员们的动作和对时间的把握都有一个共性。是什么让这些球员如此难以防守？他们懂得什么时候要慢下来。他们使用大幅变速，特别是在运球和加速时，这让防守球员失去平衡。他们的极快和极慢的节奏让人出其不意，当防守球员还意想不到的时候，他们已经突然以投篮、传球或上篮等方式击溃了防守。

（十五）精练

1. 全场（运球）见线折返跑

学员站位于篮球场地端线外呈准备姿势，教练发令后学员快速跑至罚球线，急停转身起动快速跑返回到端线；急停转身起动快速跑至球场中线，急停转身起动快速跑返回到端线；急停转身起动快速跑至前场罚球线，急停转身起动快速跑返回到端线；急停转身起动快速跑至前场端线，急停转身起动快速跑返回到端线共 4 个来回。

学员持球站位于篮球场地端线外呈准备姿势，教练发令后学员迅速用右手运球至罚球线，急停转身起动用左手运球返回到端线；急停转身起动用右手运球至球场中线，急停转身起动用左手运球返回到端线；急停转身起动用右手运球至前场罚球线，急停转身起动用左手运球返回到端线；急停转身起动用右手运球至前场端线，急停转身起动用左手运球返回到端线共 4 个来回。

2. 视频：全场（运球）见线折返跑

学员站位于篮球场地端线外呈准备姿势，教练发令后学员快速运球绕过标志桶，绕过第五个标志桶后快速运球到油漆区，运球后转身上篮，到左边端线后排队等候，待后面的队员全部完成后快速运球绕过标志桶，绕过第五个标志桶后快速运球到油漆区，运球后转身上篮，回右边端线后排队等候，待后面的队员全部完成后重复练习（见图 5-10）。

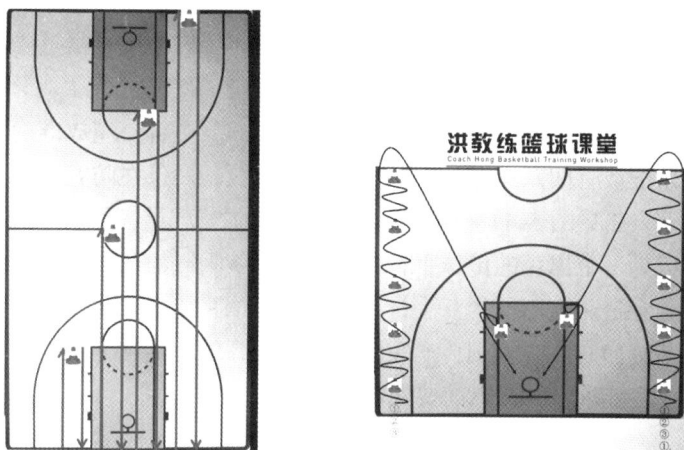

图5-10　全场（运球）见线折返跑

二、传球

名人堂教练约翰·伍登（John Wooden）曾说"投进一次篮需要 10 只手"。这种无私的打法帮助他带领加州大学洛杉矶分校队夺得 1964 年到 1975 年 12 个赛季中的 10 个全美冠军。传球能力是所有出色进攻球队的基础。精准的传球可以减少失误，提高投篮命中率，提高球队士气。传球好的球队不担心由谁来投篮得分，谁来助攻得分，他们只是简单地为了获得更好的进攻位置而传导球。本部分我们将讨论个人传接球技术，以及成功球队中有关于传球的重要理念。

正确的姿势和基本功对成功传球至关重要。让我们回顾一下传球时如何正确发力。

手肘向内：手肘保持朝向自己身体一侧，位于球的后方，这样可以保证直线传球。出色的投手保持手肘朝向内侧，以保证准确的投篮，这同样适用于有目标的传球。

用脚步保持平衡：为了保持良好的身体控制，传球的同时向前迈出一小步，如果你是右手主导球员，右脚迈出一小步；如果你是左手主导球员，左脚迈出一小步。平衡和身体控制对于保证准确的传球尤为重要，同时也可避免走步和被断球。

直线传球：两点之间直线最短。当进行空中传球时，不要传弧线球。慢传球和弧线球容易被断，然而直线球则容易到达接球队员手中。直线传球时手肘完全打开呈直线，手腕往外推球，就如同要将球砸向队友。手肘提供传球力量，手腕发力使球后旋。

击中目标：无论是传球穿透防守还是向处于空位的队友传球，都需要很高的

79

精准度。球员传球正中目标可以降低失误的风险，提高投篮命中率。在我的篮球课堂中，我经常见到不当的传球导致糟糕的投篮。传球的质量很重要，因为传球的质量同时也影响着投篮的质量。

传球路线：传球路线是进攻球员为了穿透防守、更容易完成准确传球而创造的空间或者角度。有四条穿透防守球员的传球路线，两条在防守球员肩膀上方，两条在手臂下方（见图5-11）。即使是最出色的防守球员，也只能同时防守两条路线。为了成为一个出色的传球手，必须掌握"欺骗"的艺术，从而打开这些传球路线。为了穿透防守球员的双手，打开一条传球路线，记住先做假动作，然后再传球。假装传向右侧，实则传向左侧；假装传高球，实则完成一个低传球。我在篮球课堂反复要求："传球前要先做假动作。"

图5-11　传球

三、传球类型

不同的比赛情况需要不同类型的传球，从而把球成功交到队友手中。一个进攻球员必须学会、掌握和明白传球的目的。现在让我们学习如何、何时和为什么要进行以下基本的传球练习。

1. 胸前传球

胸前传球可能是比赛中最常用的传球方式。这种传球方式经常在攻守转换持球推进时使用，在半场进攻，当传球球员与接球球员之间没有任何人时，这种传球也常被使用。要完成一个胸前传球，球员双手紧紧持球置于胸前，手肘弯曲位于身体两侧。习惯右手的球员右脚朝接球队员方向迈出一步，习惯左手的球员则迈左脚。传球动作一气呵成：迈出正确的那只脚，手肘完全打开，手腕往外推，手肘和手腕的力量完全爆发出来。当球传出时手掌朝外侧。完成传球动作后手肘打开，手掌朝外，手指朝前，大拇指指向地面。

2. 击地传球

击地传球通常用来穿透防守，如给向篮下切入的队友传球。当进行一个击地传球时，先做好一个三重威胁的姿势，双手应该紧紧握住球，手肘弯曲位于身体两侧。习惯右手的球员右脚朝着接球员方向迈出一步，习惯左手的球员则左脚迈出一步。传球动作一气呵成：迈出正确的那只脚，手肘完全打开，手腕抖动，手附和手腕的力量完全爆发出来。当球传出时手掌朝外侧。完成传球动作后手肘打开，手掌朝外，手指朝前，大拇指指向地面。球的落点在你与接球球员之间距离的三分之一处，以确保球及时准确地反弹到接球球员手中。

3. 过顶传球

第三种基本传球方式是过顶传球。这种传球用来绕过对手的头顶，或者进行长传，例如快攻时的长传。在进行过顶传球时，首先进入一个三重威胁的位置，将球贴近身体以保护球。如之前提到的那样，先向前迈出一步。传球动作一气呵成：将球举过头顶，手肘和手腕准备发力，注意不要过分打开，将球举到头后上方。当球出手时，大力打开手肘用手腕向前推动。当球出手后，手掌朝外，手指朝前，大拇指朝下。

4. 推传

当防守球员贴身防守时，推传最常被用到。例如，当持球进攻球员遭多人包夹时，就可以用推传解围。推传可以让传球球员在用身体护球的同时从身体两侧将球传出。之前提到的传球方式都是用双手将球推出，而推传是用一只手完成的。和投篮很相似，另一只手只是将球扶住，并引导传球方向。推传开始时，球员进入三重威胁姿态，双手紧握球并将其置于身体外侧。

在用身体护住球的同时，朝接球球员方向迈出一顺步（如果用右手传球就迈右脚）或交叉步（如果用左手传球就迈左脚）。球传出手时动作一气呵成：手肘在球后方弯曲，然后用外侧那只手将球推出，球传出时手肘完全打开。球出手后手掌朝外侧，手指指向目标，大拇指指向地面。

四、团队传球

成功的团队传球需要耐心、无私、球场意识和交流。有效传导球的球队能够调动防守，创造轻松得分的机会。接下来，我们将学习几种能够提高团队传球成功率的重要概念。

穿透传球：任何穿透一层或者两层防守的传球都叫作穿透传球。第一层防守是防守你的球员，第二层防守是防守你队友的球员。给切入篮下的队友传球和给位于阻区的队友传球都是穿透传球的范例。穿透传球能够给队友创造靠近篮筐的得分机会，博得犯规的机会和抢到更多进攻篮板的机会。作为一名优秀的传球手，你应当能够洞察这种机会。只有在你队友接球后很可能完成得分时才尝试进行穿透传球。如果你怀疑队友不能完成得分，那就不要进行穿透传球，只把球传给空位队友就好了。

简单传球：你在很小的时候就应该开始学习分享球和给空位队友传球。一个出色的传球手应该尽量做一些简单直接的传球。几次简单的传球就能创造一个轻松的得分机会，几次轻松的得分就能引导一波得分潮。简单的传球就是把球传给你第一个看到的处于空位的队友。没有必要将传球复杂化。传奇教练鲍比·奈特曾说过"篮球很简单，完成传球，你将赢得比赛"。

再传一次：我听到出色传球球队反复说的一句话就是"再传一次"。为他们不断传球寻找更好的得分机会。他们有好的投篮机会也不投，而是选择继续传球寻找更好的得分机会。他们之间传球的速度很快，进攻球员从球场一端向另一端传球的速度越快，对手就需要进行更贴身的防守，这样就可以为穿透传球和直接上篮创造机会。无私的球队和传球次数多的球队更加难以防守。

第五节　投篮技术

投篮技术包括内线投篮技术和外线投篮技术。

一、内线得分

在靠近篮筐的位置投篮是一项被忽视的技术。尽管上篮是命中率最高的投篮，许多靠近篮圈的投篮也会经常投丢。离篮圈这么近的基本投篮怎么都会投丢？最好的答案是离篮圈近的投篮一般都要面对极大的防守压力，这其实并不是个简单的投篮。事实上，这是一项技术含量很高的投篮。球员经常使用但却并不情愿地进行高对抗性的上篮。为什么他们会选择这种技术含量高和命中率低的投篮方式呢？因为他们并不懂得如何开启得分模式去终结这些投篮。本节我们将讨论进攻的基本动作，帮助你开启得分的窗口，成功完成内线得分。我将这些技术分解在单人训练和一对一训练中。让我们开始吧，让你学会如何终结内线进攻。

（一）终结基本功

当你完成一系列高难度动作后，却错失一个简单的内线投篮时你会感觉非常糟糕。在本节，我将概括内线投篮的必要技术，因而这种情况不会发生在你身上。

身体和球的控制：控制你的身体，不要让你的身体控制你！保持平衡和控制身体的能力对于内线投篮来说非常重要。在篮筐附近完成得分可能需要突然的变向、快速加速、探步、身体接触和对抗。降低重心保持运动姿态，重心位于双腿之间，以保证对身体的控制。为了保证对球的控制，时刻用双手持球。控制住球，别让球控制你。

目视篮筐：要成为一个有效的篮下终结者，从投篮开始到球从篮网底部落下，目光须一直锁定在篮筐上。球员倾向专注于防守球员，而看不到篮筐，但这会降低命中率。忽视干扰，眼睛专注在目标上。

用身体护球：在本节你将学到许多内线投篮动作，但是这些动作都有个相同之处，那就是用你的身体护球。保持你的身体在防守球员和球之间，这很重要。用身体制造一个障碍，防止你的投篮手和篮球被防守球员碰到。

熟练运用双手：用左手或者右手完成投篮的能力是最最重要的，但要掌握这种能力需要极大的耐心和耐力。为了提高得分效率，你的双手必须在离篮圈 3 米的距离就能完成得分。能够熟练运用双手得分可以让你在任何时候都能用身体护球和创造空间，从而开启得分的窗口。用身体护球和寻找空间对内线投篮来说是必备的技术。

篮板正方形：在你上篮或者内线投篮时，篮板上的正方形是个很好用的工具，但你必须要知道瞄准哪儿。篮板上的正方形可以分解成四小块。当你从侧翼投篮或者上篮时，瞄准适当的区域。当你正对着篮圈时，利用这个正方形就比较难了，不用它投篮命中率会更高。

得分窗口：得分窗口是进攻球员在面对防守并试图完成一个更容易和准确的篮下投篮时创造的空间或者角度。你可以有很多方法打开这个得分窗口，比如正确阅读防守。用身体护球、使用出色的脚步和终结技术。在本节，你将学会在常见的防守情况下如何打开得分窗口。

（二）上篮类型

上篮是篮球中命中率最高的投篮之一，仅次于扣篮。正确的终结基本功对于这种较低技术要求且高命中率的内线投篮来说非常重要。让我们来看看几种最常用的上篮动作。

内侧脚上篮：当防守球员位于进攻球员和篮筐之间时，进攻球员可以使用内侧脚上篮。在这种情况下，进攻球员用内侧脚起跳，用外侧手完成上篮，同时用身体保护球。优秀的进攻球员总是会用非触球手和身体保护篮球，创造一个更好的得分窗口重温分解训练，对内侧脚上篮建立全面的了解。

运球后持球走两步。第一步是外侧脚，第二步是内侧脚。第一步是一大步，第二步是一小步，目的是保持对身体的控制。第二步落地后进入一个低重心的运动姿态，随后朝向篮筐起跳，用外侧手上篮，球瞄准篮板正方形的正确位置，同时用身体和非触球手保护球。在这个过程中，眼睛看着球，直到球从篮网穿过。

外侧脚上篮：当我看青年球员训练时，我发现教练只教内侧脚上篮，这让我很困惑。比赛中有很多种情况，需要用不同的方式完成得分。内侧脚上篮只有在防守球员占据内部位置，位于进攻球员和篮筐之间时才适用。有时候进攻球员可能位于篮筐和防守球员之间，这种情况下，进攻球员必须用内侧手上篮、外侧脚起跳。这样可以用身体将球和防守球员隔开，防止球被对手从身后封盖。

运球后持球走两步。第一步是外侧脚，第二步是内侧脚。第一步是一大步，第二步是一小步，目的是保持对身体的控制。第二步落地后进入一个低重心的运动姿态，随后朝向篮筐起跳，用内侧手上篮，球瞄准篮板正方形的正确位置，同时用身体和非触球手保护球。在这个过程中，眼睛看着球，直到球从篮网穿过。

强力上篮：第三种上篮方式是强力上篮。内线投篮获得的犯规比其他任何类型的投篮都多。当进攻球员被贴身防守时，强力上篮最常用，同时可能伴随着身体接触、碰撞和犯规。之前讨论的上篮都是单脚起跳，但强力上篮是双脚同时跳。强力上篮可以让球员进攻的终结有更大的力量、更好的平衡和控制。

当结束运球、接到传球或抢下篮板时，球员双脚起跳，落地时进入低重心运动姿态，脚趾和肩膀都指向底线。落地后双脚同时强力向篮筐跳起，完成一个打板上篮。上篮时用身体挡住防守球员，保护住球。

在这个动作期间，眼睛专注于篮筐，直到篮球穿过篮网。

（三）终结脚步

我听一个睿智的教练说："篮球比赛中，你的脚步决定你出手的位置。"这是对的，特别是当你在内线寻找得分机会时。

内侧中轴脚：当防守球员切断你通向篮筐道路时，或者防守球员高举双手时，内侧中轴脚脚步最常被用到。你可以以内侧脚做中轴脚，移动外侧脚绕过防守球员。在脚步上战胜防守球员后，你就可以创造一个得分机会，完成一个更简单和轻松的投篮。

当防守球员非常近，他们高举双手，或者他们切断你通往篮筐的道路时，就应使用内侧中轴脚脚步。开始时进入一个低重心运动姿态，你的身体处于防守球员和球之间。以你的内侧脚为中轴脚，移动外侧脚绕过防守球员的身体。目的是让你的外侧脚、肩膀和球穿过防守。穿过防守后，保持一个低重心运动姿态，随后高高跳起完成上篮。要用外侧手完成上篮，同时注意对球的保护。

外侧中轴脚脚步：外侧中轴脚脚步是另一种减轻防守压力和创造空间的脚步。当防守球员过度伸展身体或者试图封盖进攻球员的投篮时，就可以使用这种脚步。球员以外侧脚为中轴脚，内侧脚向前跨一大步，同时将球举起假装投篮。这种脚步可以从防守球员那儿创造空间，并为进攻球员完成得分提供机会。

当防守球员过度伸展身体或者试图封盖进攻球员的投篮时，就可使用这种外侧轴心脚脚步。球员以外侧脚为中轴脚，内侧脚向前跨一大步，同时双手将球举起假装投篮。这种脚步可以从防守球员那儿创造空间，并为进攻球员完成得分提供机会。

抛投：抛投对于身材矮小的球员来说是一种得分利器。这种得分手段是针对面临篮筐附近高大的防守者的。抛投是一种高弧线投篮，球员将篮球抛出的高度高于防守球员手臂能触及的高度，球随后直奔篮筐而去。一个熟练的抛投手对防守来说是个巨大的挑战。

当你攻击篮筐时，如果协防球员过来保护篮筐，那么你就可以使用高抛。结束运球后向前迈两步，第一步一大步，第二步一小步，随后单脚高高跳起完成抛投。如果你用右脚起跳，那么用左手完成投篮；如果你用左脚起跳，那么就用右手完成投篮。投篮抛物线最高点应该达到篮板顶端的高度，从而让防守球员无法触及，起跳高度要足够高，但不要向前跳，落地时落在起跳位置，以避免带球撞人。

二、外线投篮

我没见过任何不喜欢投篮并看着篮球穿过篮网的球员。你记得你的第一次投篮吗？你记得你第一次在比赛中的得分吗？我记得我的。投篮是一项有趣但很难掌握的技术，特别是远投非常困难。一个优秀的中远距离投手对任何防守球员来说都会造成错位问题。防守一个优秀的投手需要近距离防守，从而能够干扰他投篮。而这种近距离防守也给进攻球员突破创造了机会，因为防守球员对进攻球员突破的反应空间和时间都更少。外线投篮好的球队能够轻易创造更多的上篮、空切和禁区低位单打机会，因为在外线的投手将防守球员吸引到了外线。很强的外线投篮可以让防守变得脆弱。那么怎么成为一个出色的外线投手呢？怎么教球员提高他们的外线投篮技术呢？我制定了一个投篮公式，让数千名球员获得成功：完美的投篮动作＋用比赛时的速度重复训练＋比赛时的防守压力＝比赛时的成功投篮。本部分将分解正确的投篮姿势和如何训练外线投篮。

（一）完美投篮动作的六个步骤

我的成功外线投篮公式是从完美的投篮动作开始的。要成为一个稳定的投手，你的投篮姿势和动作必须始终如一。这种姿势必须成为一种习惯，你必须通过每天高强度的训练形成肌肉记忆。我听到过一个非常恰当的比喻：建立一个始终如一的投篮就像保养汽车，如果你希望你的车能够正常行驶，你就必须定期保养。投篮也是如此，要成为一个出色的投手，需要经常训练每个投篮姿势。本部分将讨论正确的投篮姿势，并列出实用的投篮方法，来改正你投篮动作中的错误姿势。

1.投篮动作的步骤

（1）准备姿势

在接到球之前就应该做好准备姿势。准备接球时膝盖弯曲，两脚与肩同宽，重心在双脚之间。手臂呈 L 形状，手肘向两侧折叠，手掌向外，手指指向上方。

如果用右手投篮，那么右脚在左脚之后；如果你是一个左手球员，那么左脚在右脚之后。接球时，后面的那只脚向前迈一步，前面那只脚不动，两只脚几乎平行，投篮脚（右手投篮右脚就是投篮脚，左手投篮左脚就是投篮脚）比另一只不动的脚稍微前一点点。为了节省投篮时间和准备动作，在投篮手一侧高过肩膀的高度接球。准备动作将帮你加快出手速度，因为你的身体已经准备好投篮了。

（2）手拿球的位置

控制球的能力对每个投手来说都是非常重要的。为了保证对球的控制，将球放置在你的手指和指尖上。任何时候，球只要接触到手掌，你就会失去对球的控制。球和手掌之间应该能放进两根手指。另外，尽可能张开手指，覆盖球的更多区域。手放置在球上的位置也至关重要，投篮手在篮球下方，食指在球中央的正下方。非投篮手放置在球的一侧，控制球的方向，两个拇指形成一个 T 形（见图5-12）。

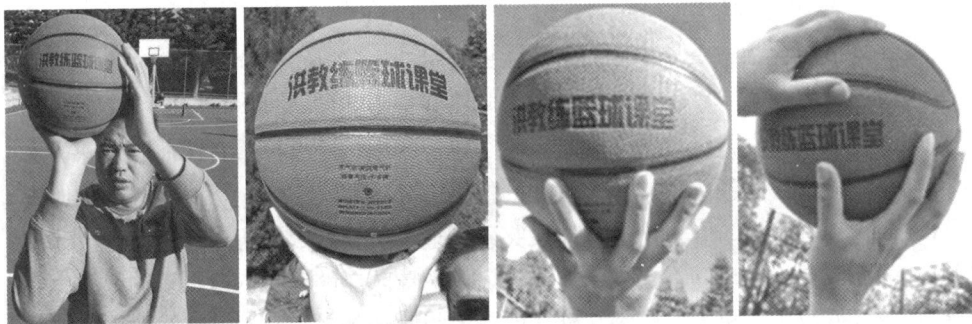

图5-12　手拿球的位置

（3）眼睛看着篮筐

眼睛看着篮筐能够提升投篮命中率。当球在飞行时，你的眼睛也应当看着篮筐而不是球。有一个开阔的投篮窗口也很重要，这样你的视线就没有被阻挡。将球放在投篮手一侧，而不是身体中间，这样就可以保持一个开阔的投篮窗口。

（4）身体控制

为了保证直线投篮，从投篮开始到结束，身体应始终正对篮筐方向。你的所有脚指头、臀部和双肩都应该指向篮圈。重心应该平均分布在脚指头上。如果不能控制身体，投出的球不会直奔篮筐或者弧线不会理想。如果身体向右偏转，投篮将偏右；如果身体向左偏转，投篮将偏左。如果向前倾，投篮将会过长；如果身体向后仰，投篮就会过短。

保持对身体的控制，双脚落在起跳位置，双脚、双肩、臀部都指向篮筐。投篮要一气呵成，手肘和膝盖同时完全打开。

（5）让球升起

球出手后应该像一枚火箭而不是飞机一样向上升，将手肘置于篮球下方以增加推力。如果你投出的球像飞机起飞，那么球飞行的高度就不够。在最高点出手可以极大地提高投手的命中率。

成为可靠投手的一个好方法就是出手时投篮手肘的高度位于眼睛的高度。

让我们说说投篮，手腕负责球的旋转。当手肘做好投篮动作时，看你手肘的皮肤是否皱起，有皱起说明你已经准备好投一个后旋的球。如果你投出的球没有旋转，那么你就没法成为一个稳定的投手。

（6）跟进动作

投篮时手肘完全打开，手腕大力拨动球，球出手后，投篮手的手指指向地面，非投篮手的手指向上方，非投篮手的手掌面向投篮手，而不是篮筐。如果非投篮手在出手时手掌面向篮筐，那么球在飞行过程中就会产生侧旋，投篮会偏左或偏右。

2. 投篮动作顺序

（1）准备动作

·膝盖弯曲，双脚与肩同宽，重心平均分配在两脚上；

·手臂呈 L 形状，手肘向两侧折叠；

·手腕处有皱纹，手掌面向投球手；

·投篮脚在后；

·接球时双脚脚尖正直向前，投篮脚稍稍在中轴脚前面一点。

（2）手拿球的位置

·手掌不可以与球接触；

·投篮手的食指在篮球中间；

·手指尽可能张开；

·两个大拇指形成一个 T 形。

（3）眼睛看篮筐

·眼睛要一直看着篮筐，而不是球；

·投篮视野开阔。

（4）身体控制

·双脚、双肩和臀部从投篮开始到结束，头始终面向篮筐；

·投篮是一气呵成的动作，手肘、膝盖同时打开；

·起跳和落地在相同位置，或者落地稍微向前一点。

（5）让球升起

·手肘在篮球正下方；

·手腕有皱纹；

·出手时投篮手的手肘在眼睛高度。

（6）跟进动作

·手肘完全打开；

·出手时投篮手的手肘在眼睛高度；

·出手后投篮手的手指指向地面；

·非投篮手的手指指向天空，手掌面向投篮手。

（二）中远距离投篮

外线投篮分为中投和远投。中投是指从距篮圈 3.4 米到三分线内的投篮。远投是指在三分线上和三分线外的投篮。自从 20 世纪 80 年代引入三分线以来，批判人士称中投已经成为一项失去的艺术，因为很多球员忽视训练这种没有激情的两分投篮。如果想成为一名出色的投手，在你的射程内不应该有弱点。你必须兼备中投和远投能力，并且能在任何比赛环境中命中这些投篮。投篮前的动作有很多，比如接球投篮、移动投篮、运球投篮等。同时，你将练习中远距离投篮，并学习投篮前的动作。

（三）比赛速度

外线投篮训练公式第二个教学点就是用比赛速度训练，甚至快过比赛速度。斯蒂芬·库里是如今 NBA 最好的投手，也可能是有史以来最好的投手。他面对防守投篮、全速运球后运球投篮和跑动接球投篮的能力都是他人无可比拟的。斯蒂芬说："他们不知道我投篮训练有多刻苦，他们不知道我有多快。我训练时每个动作的速度都比比赛时的速度要快。"用比比赛更快的速度训练很重要。对出色的投手来说，他们在投篮训练时速度再快都不为过。

（四）比赛压力

外线投篮公式最后一个要素就是用比赛时的压力训练。看看名人堂球员皮特·马拉维奇（Pete Maravich）的一个故事：当他年少时，他父亲要他完成罚篮后才可以睡觉。他不是要投出 100 个罚篮或者命中 100 个罚篮，而是要连续命中 100 个罚篮。这对于任何 NBA 级别的球员都是个巨大的挑战，更何况对一个孩子来说。皮特投的每一个罚篮都倍感压力，无论他第一球没投中，或者连续投中 90 个然而第 91 个没有投中，他都必须从头开始。这是在比赛压力下练习投篮的例子。你没有必要像皮特一样连续命中 100 个投篮，但对投篮练习必须要有高要求。训练时的要求越高，比赛时的成就越大。皮特把比赛时的压力放到了投篮练习上，你们应该向他学习。如果练习时没有比赛的那种压力，比赛时就不会做好命中投篮的准备。

（五）罚球

当球员投篮时被犯规，抢篮板时被犯规，或者对方球员恶意犯规或者技术犯规，那么他就可以执行罚球。一个优秀的罚球手的罚球命中率应该不低于 80%。

提高罚球命中率需要完美的罚球姿势和在比赛压力下无数次的训练。

站上罚球线时，罚球脚站在罚球线中间的位置，与篮筐呈一条直线，然后养成罚球前的固定动作习惯。例如，许多球员罚球前会运几下球、转球，做一个深呼吸，然后再向罚篮投出。找到一些能让你更自信和更舒服的罚篮前动作，然后每次罚篮前都做这些动作。罚球时脚不可以越过或者踩上罚球线，这样是违规的，那次罚球机会将会被剥夺。罚球时脚站定就可以避免这样的失误。通过轻微弯曲膝盖为罚篮蓄力，出手时膝盖和手肘同时伸展开来，脚尖踮起。罚篮动作和你之前学的投篮动作有很多相同之处。重温这节前面讲的投篮姿势，确保你的投篮姿势是完美无误的。

第六节 一对一技术

一对一进攻技术是篮球比赛中最基本的技术、战术表现形式，它是在个人掌握篮球技术基础上的综合运用。

一、一对一无球进攻技术

一对一无球进攻技术主要是面向球移动摆脱和穿插移动行动，即内线向外线有球方向移动、外线向内线有球方向移动。另外，还有背球移动摆脱和穿插行动，即内线背球移动摆脱、外线背球移动摆脱。

这部分内容在本章第二节已有详细介绍，在此不再赘述。

二、一对一持球进攻技术

持球队员永远要记住：传球给已摆脱切入或处于前方有利位置上的同伴；没有传球机会则应向中场方向突破，避免把球运向死角；突破过程中及时将球传给策应或拉开的同伴。

我不确定所有的读者都能明白这个篮球术语的真正含义，所以有必要解释一下，突破是指进攻球员运球过了防守自己的球员后，没有其他防守球员来补防，从而有机会直接攻击篮筐或者即使有防守队员来补防，但依旧有机会攻击篮筐的情形。我们的进攻能够有效地破坏对方的整体防守阵形，从而创造出很多突破机会。球员需要意识到这些随时出现的突破机会，并且有很好的运球突破技术。突破后的投篮选择是非常重要的。第一选择当然是直接上篮，但有时候会有防守队员已经很好地站在了你的上篮路线上。这时候，球员需要尽量用急停跳投的形式来完成投篮，而不跑投（跑投主要发生在球员高速的运球突破过程中），因为相比较急停跳投来说，跑投的得分效率较低。进攻球员需要不断完善突破后急停跳投的能力，而最好的练习形式就是5打5的整体练习和模拟比赛。

　　这里主要介绍原地持球突破。原地持球突破也叫持球过人，原地持球突破分为交叉步突破和同侧步（顺步）突破。

　　（一）交叉步突破

　　动作要领：以右脚为中枢脚，从防守者左侧突破时，左脚掌内侧用力蹬地，迅速向前跨步，同时身体向右转动，左肩向着前方下压，在右脚离地之前，右手向右脚的侧前方拍球，然后右脚急速上步超越对方。

　　（二）同侧步（顺步）突破

　　动作要领：以左脚为中枢脚，从防守者左侧突破时，左脚掌内侧用力蹬地，右脚迅速向右前方跨出一步的同时，上体向右转，左肩向前进方向下压，在右脚离地之前，右手向右脚的侧前方拍球，左脚继续用力蹬地，快速上步超越对方。

　　（三）精练：全场攻防技术模拟练习

　　4号队员站位于篮球场地端线外起点位置，教练发令后4号队员用右手向前运球至标志桶做胯下变向，然后换左手向前运球至标志桶做体前变向运球，在中场附近用双手胸前传球给前场的6号队员，向前移动中接6号的回传球行进间左手上篮。投篮后在篮下马上转换成防守姿势，并立即做封堵传球动作，然后运用追击步移动至前场左侧罚球线延长线夹击点，急停做夹击动作（脚必须踩过夹击线外），做完夹击后侧身跑到中线附近十字区域并踩到十字标志线，然后快速起动跑向中场场角做夹击动作，做完夹击后立即后侧身跑到罚球线附近急停，然后用滑步至三分线的腰部，随即运用交叉步加速跑到底角处急停做夹击封堵动作，最后冲抢篮球（见图5-13）。

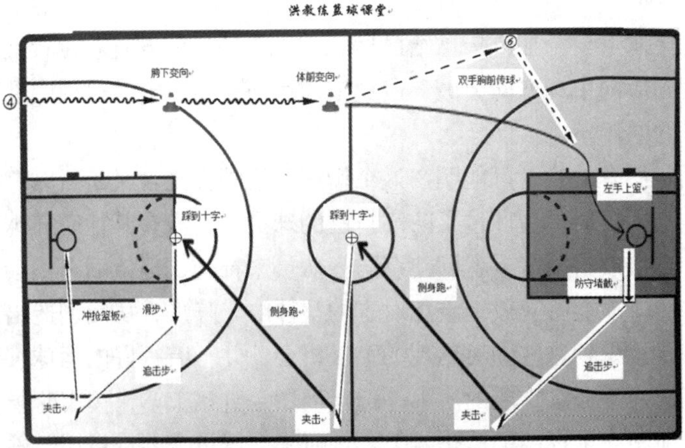

图5-13　全场攻防技术模拟练习

第六章　防守理论与方法

第一节　攻击性防守概念

　　攻击性防守是在常规防守形式下，在有限的时间和空间内，为争夺控球权，根据球的位置，合理运用防守动作，主动出击、迅速调整；它将个人防守技术与集体防守战术融为一体，不断地给进攻者施加压力，迫使进攻远离习惯的进攻区域或将球逼到防守者所希望的区域，即使进攻队员接到球后，也不能流畅地衔接下一个技术动作，并有可能出现失误；从而最大限度地达到阻止与破坏进攻的目的。是具有很强的攻击性、对抗性和破坏性的一种现代防守形式。

　　攻击性防守技术最能体现运动员的体能素质、心智技巧和意志品质及全队协同作战能力。它鼓励队员在合理运用防守技术的原则下，主动加强防守的攻击性，减少对方优秀选手的控球时间，破坏对手固定的战术配合，迫使对手的进攻节奏受到干扰，使投篮命中率和传接球的准确率有所下降，从而创造更多的防反机会。

　　加强对攻击性防守技术的研究、学习，努力发展提高攻击性防守技术能力，对促进篮球技术、战术水平的全面发展与提高具有重要意义。

第二节　攻击性防守技术发展现状与特点分析

一、防守技术的发展现状

　　防守是形成篮球运动对抗的一个重要组成部分。当今篮球运动的防守，在经过开始的自然防守、一般防守、积极防守的几个阶段后，现已进入到一个为争夺每个球、抢占每个有利位置、最大限度地降低对方得分，而在犯规的边缘，近乎肉搏对抗，集体攻击性防守技术阶段。"赢球靠防守"在比赛实践中，已被公认为经典理论（2006 年第 12 届男篮世锦赛西班牙队与希腊队冠军争夺战中，希腊队全场只得到 47 分）。

二、攻击性防守技术特点分析

攻击性防守技术源于常规防守技术，它基于常规防守技术，但它又高于常规防守技术。

（一）在防守理念和态度上

攻击性防守技术，要求有一个完整的防守系统概念和防守策略，是要通过时间的努力、训练才能提高，必须要有耐心和决心。它还需要球队的管理层、教练、队员、整个球队、观众、媒体的共同支持，所有人都清楚自己要做什么，特别是球队的教练员和运动员更要清楚，因为比赛的结果是由他们决定的。攻击性防守技术除对常规防守的预见性（解读进攻能力）、凶狠性（对抗能力）、灵活性（针对进攻，灵活多变合理运用技术、战术能力）、抗挫性（自控与持久能力）的要求之外，更强调的是防守的主动性（不断骚扰攻击）与策略性（充分利用场区、时间和同伴的协同防守）。它的防守理念就是主动攻击，而不是等对手进攻后再被动做出反应。

对防守的态度，决定防守的质量。它和常规防守最大的不同之处在于：更注重集体的防守。这样当与对手交战时，对手会感到他不是在进攻你个人，而是在进攻一个强大的团队。

（二）"对于一件事，重要的不是强调做什么，而是怎么做。"

攻击性防守技术训练更强调了系统性与完整性，提出防守是由进攻开始的，要求加强进攻的成功率和拼抢篮板球，突出攻转守和从防有球到防无球、从防无球到防有球的瞬时转换环节（见图 6-1）。

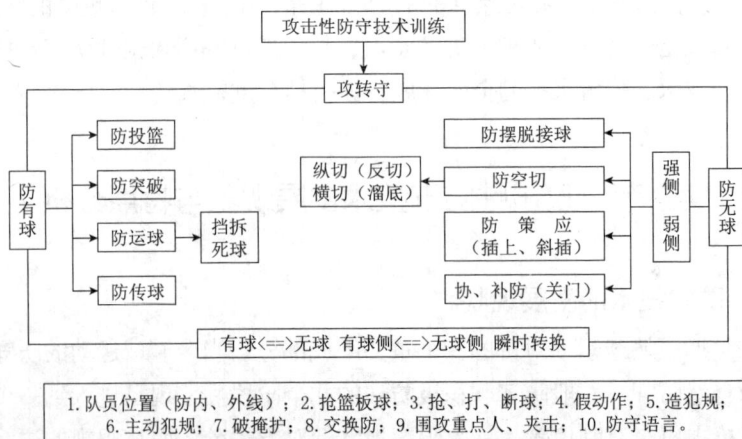

图6-1　攻击性防守技术训练

它首先要求防守队员要读懂球场，明确提出防守的攻击"区、边、点"；油漆区协防位置（见图6-2、图6-3）；它扩大了防守攻击面，缩小进攻方的攻击区域，人逼球动，球动人动，在局部的区域内争取以多防少的优势；它提高了队员防守主动性的意识和全局观念，知道何时、何地、对何人怎么做，减少防守的盲动性。

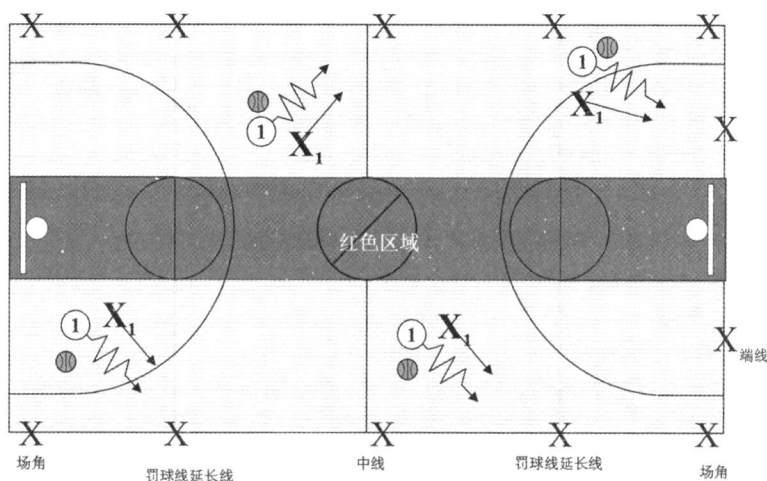

图6-2 协防位置一

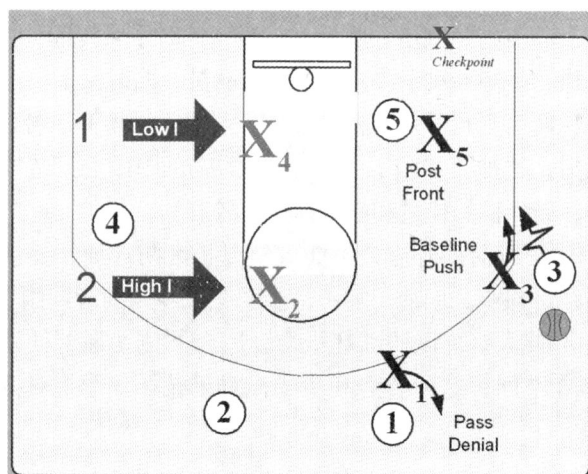

图6-3 协防位置二

（三）防有球队员

1. 主要任务

不断对持球人员施加压力，尽力干扰和破坏对手的投篮，迫使对手运球，封堵其传球、突破，以积极抢、打、断球达到获得控制球的目的。只要是对球，防守可以随时打破位置，主动出击。

2. 基本要求

要迅速接近持球队员，及时抢占对手与球篮之间的位置，保持在能够干扰和破坏进攻的距离。

要观察判断对手的进攻意图，合理地运用防投、运、突、传、抢等技术，不轻易被对方假动作所迷惑。

要及时发现对手进攻的技术特点，充分利用规则、场地、时间等因素，采取有针对性的逼区、逼边、逼点、交换等防守策略和行动。

要养成死球封，投后抢连续防的习惯。

要勇于防，敢对抗，主动发力。

3. 动作方法

（1）位置

当进攻队员触球的一瞬间，防守队员应根据球、区、篮、时间决定与进攻队员的防守距离，并用正确的防守姿势，积极移动阻截和干扰破坏对手的进攻，站位于对手与球篮之间。

（2）姿势与步伐

防持球队员的姿势与步伐，要根据他在场上的位置、距离球篮的远近、持球队员及防守队员自身的特点以及比赛时间等选择。防守移动主要有：

迎上步伐——碎步、跑跳步、前滑攻击步，同时手臂扬起，主要以封、干扰球为主；这种步伐和姿势，对于快速接近持球队员，同时又不失去重心较有利。

平步步伐——两脚平行开立，横滑步，一般双手屈臂高于腰部，便于控制身体平衡和躯干发力；这种姿势和步伐，可增大防守面积，便于左右移动，防对方突破、跨步转身，破掩护的抢过和造带球撞人较有利。

斜步步伐——两脚前后开立，不能太斜以扩大防守面，要求后脚尖和前脚的脚跟站在一条线，撤步、向前（后）滑步、交叉步，前脚同侧手臂根据球的位置伸缩性攻击，不伸大臂，以防破坏平衡，后脚同侧手屈臂伸缩，用以调整身体平衡，增大防守空间；这种姿势和步伐，对于破坏、干扰对方的投、运、传有利。

4. 技术运用

（1）防投篮

尽量将对手逼出有效攻击区，进攻者必须通过摆脱接球，迫使投篮队员改变习惯投篮点、习惯投篮方式及投篮的进攻节奏。防守中要根据对手的特点，针对性地运用防守技术动作，决不轻易跳起封盖。当防守接近球时要看对手持球部位的高低，进攻队员持球低于胸部，防守队员手心随球向下，不让进攻队员舒服举球；

进攻队员持球于胸部，防守队员手心随球向上，干扰和破坏对手的习惯投篮方式；当进攻队员持球高于头部，防守队员手臂上扬，最大限度地影响对手的投篮；防守时采用的步伐完全根据进攻队员所处的位置。封盖其投篮后，一定要养成顶抢篮板球的习惯。

（2）防传球

防传球首先是靠判断；其次看持球人是在运球前、运球中还是运球后传，看球离球篮的距离。对未运球和运球中的封传要谨慎，以干扰、延误为目的；对运球后死球的封传可大胆贴身紧逼；两脚骑跨在对方的中枢脚上，迫使对手向远离球篮的方向转身；封传界外球时，更可手脚并用，连续封跳，尽量迫使对方将球传向进攻威胁相对较弱的一侧；当对方球传出后，要迅速向有球方向"滑跳"收缩，防止对手传切。封传球的手臂要随球移动，干扰对手传球的视线，并可大声呼应分散对手的注意力；可利用防守假动作，场地、规则等因素，根据防守战术，重点封堵，迫使进攻者高吊或反弹传球，但不要犯规。

（3）防运球

根据持球队员所处的不同区域，用积极快速的脚步移动与身体、手臂动作相结合，针对对手特点、利用场边角、点和同伴，最大限度地控制、干扰进攻队员。防守视线是先盯住对手的腰，当对手开始运球时，视线要在球上，防守头不要高于对手的肩。手臂动作有：两臂侧下张，增大防守面积和一手臂在前干扰球，另一手臂侧扬，随时封断球并保持平衡。后一种防守姿势，对防运球队员体前变向也较有效。防守中两腿弯曲，重心放在前脚掌上，脚步灵活组合运用，最好使球始终处在防守队员两脚之间。要迫使运球队员向进攻重点人的弱侧运，迫使其朝边线或端线运，向逼点移动，不要轻易让对手变向走中区。攻击性防运球站位时不要离运球队员太远，相反应该靠近些。这样看来危险，实际有利，因为站位远，进攻队员反而容易变向和走较直的路线突破到篮下。对于许多个人攻击能力超强的进攻队员，在前场防运球时，大多采用以"延误"进攻为主的防守策略，但在有同伴协防的情况下，在时间、比分的要求下，防守队员也会采用"肩触式"（即用肩膀前胸顶靠进攻队员，手臂半屈随球向两侧伸张）的攻击性防守技术防守，利用这种强对抗，不断给进攻者施加压力，逼向区、点。

进攻有假动作，防守动作也要真真假假，张弛有度，没有节奏的变化，反而容易被对手突破。攻击性防守不主张轻易迎前下手打、掏球，以免造成重心失去和犯规。攻击性防守还要学会迅速占领对手运球路线，造带球撞人的防守技术，这在全场紧逼和破挡拆掩护中常用。同时，要记住攻击性防运球动作结束后（球传出、死球），或被对手突破后，要有再连续防守的变化动作，即随球收缩、或继续追球夹击、换防等。

（4）防突破

防突破要努力做到对对手突破的速度、方向加以控制和破坏，减少进攻"单刀直入"。

突破，分原地持球突破和行进间运球突破。防原地持球者，要迅速接近对手，尽量不给对手留太大空间，采用低姿平步，手臂根据球的位置摆放。这样迫使对手增大突破的幅度、降低突破的速度，以便于同伴的协防；同时，还可以控制对手的突破方向；如尚未防到位，就先采用斜前步，近球的前脚和同侧手上扬，迎上时用碎步，控制好重心，重点控制一面，尽量使对手顺步突（因交叉步突相对爆发力与幅度较大）；防进行间突破基本也是采用此防守动作（见图6-4）。对手突破时，根据突破方向，用脚前掌内侧用力蹬地，向斜后撤滑步，此时手臂决不可乱伸，以免犯规和失位，但仍要保持一手臂的半举，以干扰突破队员的传球和投篮（见图6-5）。要提高进攻的能力，学会制造带球撞人，对突破者施加心理

图6-4　防守动作一　　　　　　　　　　　　图6-5　防守动作二

（注：图6-4、图6-5来源于百度图片：www.image.baidu.com）

压力。防底线突破时，一定要提前横跨一步踩住底线，以身体挡住突破队员。对突破队员的防守强度、距离，要根据进攻队员特点、临场手感、时间、比分、犯规次数决定防守策略。在防运球突破中有项防守技术不可忽视，它是由防无球队员的协防，变成换、补防对有球队员运球突破的防守。这项技术的运用最能体现攻击性防守特点，常用在破挡拆掩护、全场紧逼或区域夹击中。它的防运球突破的脚步是以迎上步和碎步为主，迎上防的手臂与身体的动作有两种：一种是以"封闭式"的防法为主，防守时近球侧的脚和手臂在前，当接近球时，以近球侧的脚为中枢脚，根据球的位置做迎前上步，同时防守的另一只手臂也随之对球实行攻击，攻击时的动作不易过大，以防失位和犯规，当防守决定换防时，要大声呼应告诉

同伴，随之过渡到防有球队员的运突中；另一种则带有极大的攻击性与冒险性，这种防守动作是在对方速度较快的情况下，防无球队员充分利用了防有球的同伴、球场区线及运球突破队员的速度和运球队员相对弱的手，而采用的大胆出击。防守动作是以近球侧的同侧手脚，侧身快速出击（侧身至关重要，是避免犯规的重要技术环节），防守的手臂直接奔球而去，身体重心也随之前移，脚步迅速跟上。由于此时运球突破队员的速度较快，又与突如其来的协防队员距离太近，往往造成来不及收球，又不易体前变向，做运球后转身等技术时，又有原防守队员和球场区边线等条件的限制，在匆忙中极易失误。有些自信心强、技术好的突破队员此时仍会采用向外拉一步或仍做后转身的强行运突，这时，防守队员的技术要求是：以球为中心，让近球侧的手脚在前，紧贴球做"圆周运动"，充分利用存在条件，对球连续攻击，以期出现失误。这种技术动作，在协防中锋时也常采用（见图6-6）。

图6-6　防守动作三

（注：图6-6来源于百度图片：www.image.baidu.com）

（四）防无球队员

1. 主要任务

攻击传球路线，尽可能不让对手在有效攻击区内接球，或使对手接球后不能流畅地衔接下一个攻击动作。

2. 基本要求

防守中注意力要高度集中，不断随球调整防守位置、角度，随时抢占"人球兼顾"的有利位置；近球（强）侧充分利用身体，在规则允许的情况下，防守动作凶狠有力，保持对进攻队员实施攻击性防守，干扰和破坏进攻的顺畅。

加强防守呼应，了解球与同伴的防守位置，及时果断地进行协防、补防配合。根据防守战术对重点人进行夹击、换防，要防守"一个半对手"。防弱侧决不能使自己的对手直接切向球，还要积极选位补防，造突破者的带球撞人，准备助守围攻重点人，轮换补守漏防的对手。

加强篮板球的顶抢与保护。

3. 动作方法

（1）位置

位置的选择和抢占是防守主动的重要条件。防守队员要根据对手、球篮和球的位置与距离，以及对手的特点、本队的战术、自身的防守能力进行选位。一般站位于对手与球篮之间且偏向有球一侧的位置上（见图6-7）。

防守的区域分为有球侧和无球侧。根据球的位置，离球近的为强侧，远离球的为弱侧。攻击性防守时，防强侧的选位，要抢在球与接球队员之间，离球越近防得越紧，强侧防内线要抢侧前位或绕前防；由有球侧向无球侧移动时（见图6-8），防守队员在控制自己人的同时，根据球与篮圈的位置，选择占据能协防同伴的位置，在油漆区协防（见图6-9）；使球处在防守视野范围之内，保持球、对手与防守之间的钝三角形关系。

传球距离越长，离对手越远；传球距离越短，离对手越近。在球没过中线之前，后场防守距离球较远时，防守队员应站在罚球线以上的位置（见图6-10）。

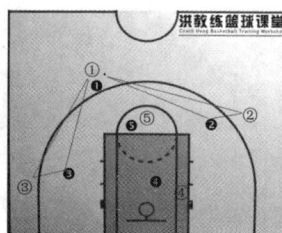
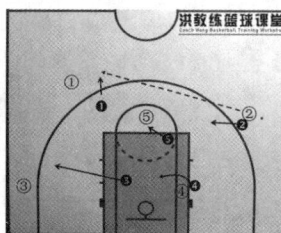

图6-7 防守位置一　　　图6-8 防守位置二　　　图6-9 防守位置三

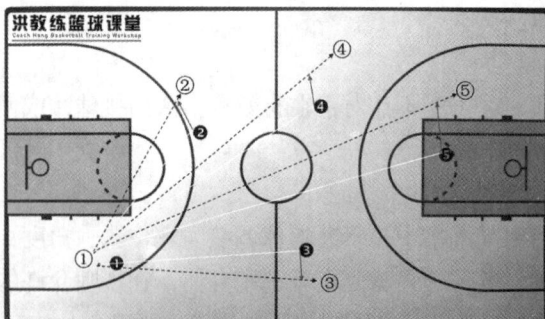

图6-10 防守位置四

（2）姿势与步伐

防无球队员的防守姿势选择，与球和球篮的距离远近有关。防有球（强）侧距离球较近的对手时，常采用"封闭式"防守，即面向对手侧向球的斜前站立姿势。靠近球侧的脚在前，屈膝，重心在两脚之间，便于随时起动，堵截对手摆脱移动的接球路线，同时伸出靠近球侧的手臂，拇指向下，掌心向球，封锁传球路线，干扰对手接球，另一只手臂屈臂"暗力"抵住对手，保持平衡和防对手的反切（见图6-11）。特殊情况下，为了防住重点人，不让对手接球。加强防守攻击性的强度，在远球侧的防守也会采用这种防守姿势。防守队员还要学会合理用身体来堵截和"延误"进攻队员的移动，协助同伴，用假关门、假抢断等动作干扰进攻，不让对手在第一时间里顺利接球，破坏其进攻节奏。

防无球（弱）侧对手时，为了便于人球兼顾和协防，常采用"开放式"防守，即面向球侧向对手的站立姿势。防守时，两脚开立，两腿稍屈，两臂半屈伸于体侧，一手指向球，一手指向防人，密切观察球、人的动向，并随着球和人的移动，调整自己的防守位置，收缩在球与篮下附近（见图6-12）。在全场攻转守的退防中也常用这种防守姿势。

图6-11 防守姿势与步伐一

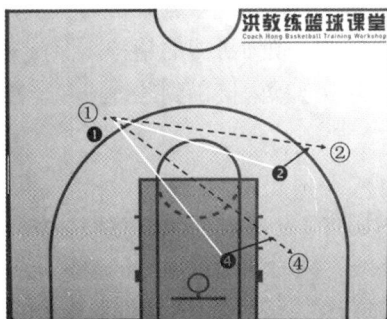

图6-12 防守姿势与步伐二

　　高效率的脚步移动，合理地运用碎步、上步、滑步、撤步、交叉步、小跑等脚步动作，并配合身体动作抢占有利位置，堵截对手的摆脱路线。在与对手发生对抗时，重心下降，两腿弯曲，双脚用力蹬地，扩大站位面积，上体保持适宜紧张度，在发生身体接触的瞬间提前发力，主动对抗。

　　防守位置、姿势与脚步三者间有着密切的内在联系。不同位置、不同姿势、不同动作的有机结合、运用与变化，再加上敏锐的判断力，保证了扩大防守控制面，构成了完整的攻击性防守。

　　4. 技术运用

　　（1）防摆脱接球

　　无球到有球只是瞬时间的转换，只有减少和控制对手的接球次数，才能体现出攻击性防守的威力。因此，自始至终都要保持注意力集中，特别是在疲劳情况下和比赛的紧要关头，更不能松懈。要敢于身体对抗，根据球的位置，始终卡在球与接球队员之间，尤其是被对方掩护延误后，更要积极抢出（见图6-13）或抢于身前断其球路，或紧跟于身后，与同伴协作，"扬手尾追"，再迅速换手抢前防（见图6-14），争取重新夺回合理的防守位置。

图6-13　防摆脱接球一　　　　　　　　　图6-14　防摆脱接球二

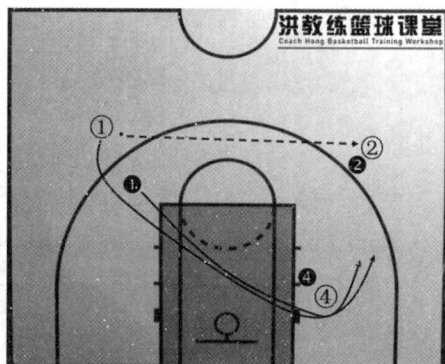

　　良好的防摆脱技术和平时的观察积累有着密切联系，要培养阅读进攻的预判能力，不断提高防守技术，树立顽强拼搏的精神，保持充沛的体力。成功的防摆脱技术，能使进攻队员在2～3秒内接不到球，或只能在进攻威胁较小的区域内接球。

　　（2）防纵切接球

　　进攻队员向球篮下纵切时，防无球队员要抢前移动，及时向有球侧错位防，合理运用身体堵截纵切路线，同时伸出近球侧的手臂干扰对手接球，迫使对手向远离球方向移动。如对手向上摆脱做接球假动作变反切时，防守队员应迅速下滑，正面贴近对手，同时转头换手臂，或采用撤前脚后转身，面向持球队员，换手臂封堵接球，并注意用身体贴紧对手，不让其轻松接球。

（3）防横切接球

进攻队员向有球侧横切要球时，防守队员有两种防守姿势，如果防守处于"封闭式"防守，头要面向防守并迅速侧向球，要用前胸和躯干部位顶住对手，两臂自然张开，向有球侧的手臂稍前，防守脚步基本以后撤横滑为主；如果采用"开放式"防守，要根据对手空切的方向，提前上步卡堵，上步的同时，同侧手臂和背部都要提前主动发力，要凶狠！如果横切队员继续向防守的同侧移动时，防守队员就要以上步的腿为中枢脚，做前转身由"开放式"防变成"封闭式"防，头要面向防守并迅速侧向球，防守姿势同"封闭式"防守。如果横切队员被堵采用变向时，要用背部感觉顶着进攻队员，面向球再横滑一步，迅速将防守重心转移，同时在横滑一步后，以横滑先落地的脚为中枢脚，做前转身由"开放式"防变成"封闭式"防，头要面向防守并迅速侧向球，防守姿势同"封闭式"防。对溜底的空切队员的防守，首先要用攻击步配合手臂及胸部动作尽量发力抢过，如不能抢过就设法穿过，或采用跟防的方法防守；此时，对协防队员的个人防守技术的要求是，用背、髋、腿与脚步共同配合，提前在进攻队员路线上堵截一下，以延误溜底队员的第一接球时间。

（4）防策应（插上、斜插）

进攻策应有阵地配合的高位（外）和低位（内）策应，在全场中有斜插、插中和拉边策应。防策应的技术动作运用，基本按防无球空切的要求做，关键是注意力集中，堵好第一步；在防低位（内）策应时，要侧前、绕前防；防高位（外）策应时，要跟得上，即使没防住，让策应队员接到了球，也要在他接球后竭力封堵，决不让对手轻松得手。在半场阵地高位防策应时，还要掌握破掩护的防守技术。

优秀的防策应技术，最能体现攻击性防守技术本质，那就是决不让对手轻松地在自己想要的位置接到球，要努力将对手挤出习惯的进攻位置。

上述技术运用要点：防空切，注意力集中，不要光顾看球；特别要警惕不要被进攻队员带入掩护中，要加强呼应；防守一定要争取抢身前，迫使进攻队员走身后。

（5）协防（关门）、补防

当对方突破时，无球防守队员要做到：近球侧的向有球侧做协防假关门动作，用近球侧的脚迅速向有球者的前进路线做一关门滑步，同时近球侧手臂也随之挥舞一下，干扰和分散对手的注意力与速度。此时的手臂动作要半屈，举放在肩膀两侧，两腿弯曲，重心及时调整控制好，以防犯规和失位。防守原则近球侧一般不进行补防。

弱侧防守撤向篮下方向，防守的姿势以"开放式"为主。采用这种防姿，既可密集对球的防守，也便于助守其他摆脱防守突向篮下的对手。攻击性防守协防技术有：

①被突后的补防。主要是靠无球侧的补防，补防时要迅速迎上占据有利位置，封堵对手的进攻路线，防守的脚步与速度要控制好，迎前的手臂上扬，另一只手臂微屈控制平衡和防传球。好的补防既阻止了对手进攻，也可能造成进攻失误（见图6-15）。

②补防后的回防。移动进行补防，如果运球队员减速或没到端线逼向点又向回运，这时再回到原协防位置（见图6-16）。

③提前进行夹击。根据对手的特点，本队的战术安排决定，当持球队员进行第一次运球时上前夹击（见图6-17）。

④夹击。当运球队员经过端线逼向点附近时，可以采用造成对方犯规的行动或进行夹击（见图6-18）。

⑤阻断切入。阻止对手直接向篮下或球的方向切入，要迫使切入往罚球弧顶移动（见图6-19）。

⑥补防封盖。当发现同伴顶住对手，进攻者强行起跳时，弱侧防守队员要果断地放开自己防守的人，用跑跳步配合手臂动作，最大限度地伸展身体，进行空中拦截，形成最后一道防线。

⑦顶抢篮板球。当对手投篮出手后，所有队员要用身体挡住对手，不给对手抢前场篮板球的机会（见图6-20）。

图6-15　被突后的补防　　　　图6-16　补防后的回防　　　　图6-17　提前进行夹击

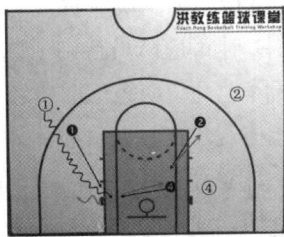

图6-18　夹击　　　　　　　　图6-19　阻断切入　　　　　　图6-20　顶抢篮板球

（注：图6-20来源于百度图片：www.image.baidu.com）

有了好的协、补防守，使防守的攻击性更大胆。要求无球队员补防的同时，更要求漏防队员的再次追防、补防，从而保持了防守动作攻击的连续性、顽强性与对抗性，更突出了防守的强度。

（五）瞬时转换　防有球 <==> 防无球　防有球侧 <==> 防无球侧

比赛中，有许多技术是防有球和防无球共有的，在瞬时是互相转换的，这种转换对防守尤其是对攻击性防守提出了很高的要求。

1. 主要任务

提高在有球与无球之间和在有球（强）侧及无球（弱）侧瞬间转换时的应激与变化能力。采用各种技术手段与基本战术相结合，尽可能不让对手在有效攻击区内接球，或使对手勉强接球后不能流畅地衔接下一个进攻动作，最大限度地干扰和破坏对手的投篮，封堵其运球、传球、突破，并积极运用抢、打、断、捅、追球等技术，以达到获得控制球的目的。

2. 基本要求

防守始终保持高度注意力，不断随球调整防守位置，要有整体观念，通过防守语言提示自己和同伴。对持球队员要充分利用区、边、点、时间，防得紧，逼得凶；对无球队员要防空切，加强对持球防守队员的协防，提高防守一个半对手的能力。

熟练掌握和运用防有球与防无球、防有球（强）侧与防无球（弱）侧的技术，学会灵活运用各种手段的组合技术，提高个人在各位置的防守能力。

要勇敢、有信心、有韧性，力争只让对手仅获得一次投篮机会。学会合理使用主动犯规，只要犯规了，就决不让对方直接得分。

3. 动作方法

（1）位置

以球为主的选位、抢位。

（2）姿势与步伐

合理选用从防有球—防无球—防有球；防有球（强）侧—防无球（弱）侧—防有球（强）侧的姿势与步伐，加快姿势与步伐的组合和调整。

4. 技术运用

（1）队员位置防（防内、外线）

现代篮球运动的全面发展，使队员的位置概念趋于淡化，因此要求队员必须学会、掌握各位置的防守技术。

①防外线。防守队员根据球与球篮之间的距离站位。在罚球弧顶防有球队员要重点防一侧，防守姿势与步伐同防持球队员的要求。重点技术是要防运突，学会防守破坏高位的挡拆。防无球队员要根据球的位置选择球的高位（见图6-21）。

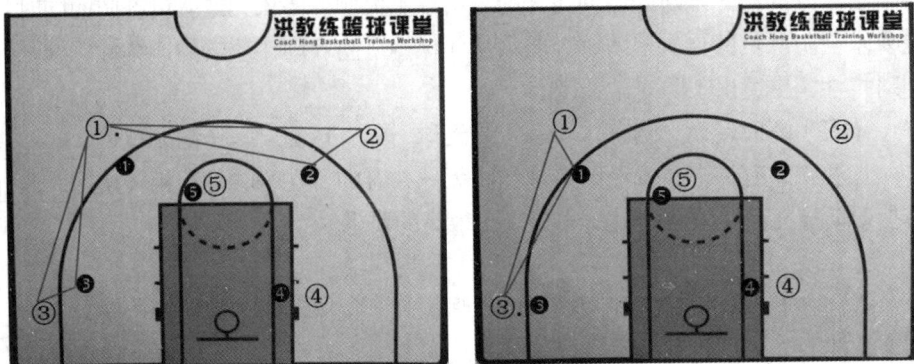

图6-21　防外线

近（远）球侧，球在低位近（远）球侧的协防；对内线的协防选用防无球的原则与动作，当同伴形成夹击时，要轮转错位攻击防守。对内线的夹击要根据时机和战术要求，以及对手的特点进行。在罚球弧顶的外线防守，虽离篮板较远，但也要注意运用抢篮板球的技术，保证防守的连续性、完整性。如在前场防守时，主要运用防运球和防传切及退守抢位的技术动作。防45度的外线队员，在掌握以上技术动作时，还要重点加强防突底线、利用底边线的夹击、造带球撞人、围攻重点人、协补漏防的封盖等技术动作的运用。

②防内线。首先要减少对手在习惯的攻击位置接球。其次是根据球和对手的位置，分低位有球（强）无球（弱）侧和高位有球（强）无球（弱）侧；防内线的脚步动作以滑步、上步、撤步、横滑步、绕前（后）步和转身为主；防守的手臂始终要举起，加大防守控制面；要敢于身体对抗，发挥胸、肩、躯干、背、胯、腿等部位的主动发力。

防有球（强）侧的低位内线防守，尽量要侧前、绕前防，这种防守动作可以阻挠对方的传接球，并减少犯规。如果低位内线落位稍高，防守要站底线防；反之，如果低位内线落位低，防守要站上线防（见图6-22）。防守时，面向防守侧向球，近球侧的前脚与同侧手臂伸在传球路线上，干扰进攻内线的接球，近体侧手臂屈肘贴顶在对方的腰胯上，体重高于或与对手相差不多，可用近体侧肩、胸压靠对手，体重不如对手，就要和进攻队员保持一定的距离，不让进攻队员靠贴压住。绕前防有两种：一种是面对面，要直接用前转身防，防守时要加快重心脚步、手臂的换位，及时调整到人球兼顾的位置；另一种是借助对手要位的向后发力，迅速将远球侧的后脚后撤半步，然后以前脚为中枢，迅速跨后腿与后手臂配合做一个自由泳的"划臂"动作，再用横滑步抢到进攻队员身前；或根据球而抢占另一侧的侧前防守位置（见图6-23）。防高位内线时，要看进攻的落位与篮圈的距离，离篮圈近要逼得凶、抢得狠，以采用侧前防为主；离篮圈远，要根据对手特点，决定侧前防还是身后防。

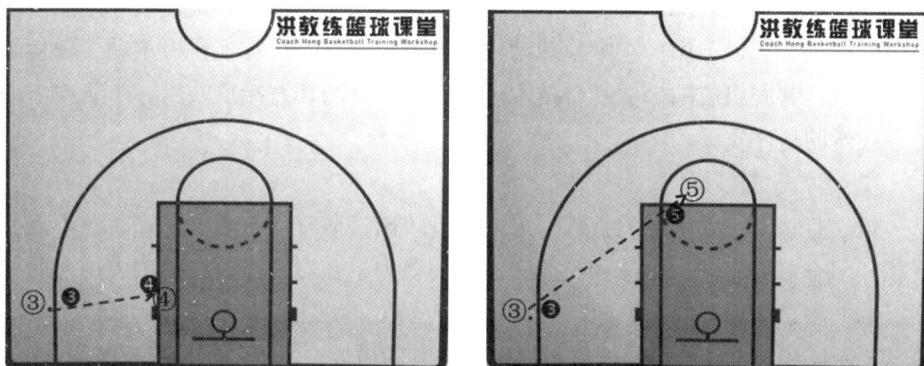

图6-22 防内线示意

图6-23 防内线实际操练

防有球内线时，当对手是背对篮圈接球时，要盯住其腰部，不要被对手的虚晃假动作所骗。防守时尽量不要让对手靠住自己打，防守的手臂一只上举，另一只屈臂顶住对手的腰，步伐用平步、斜前步滑步。当对方通过转身面对篮圈时，就采用防投篮的技术动作；低位内线用身体压步挤防等技术时，防守一定不能退让。在强对抗的同时，可结合假动作和借助同伴的协防进行防守，越到篮下要顶得越凶、越紧。内线的防守，底线是不能随意让对手突破的，遇到突破，一定要提前一步踩住底线，迫使对手失误或将球传出。

防有球（强）侧和防无球（弱）侧内线的高位技术要求基本同防外线。需要重点学习、掌握高位防守技术的是：对持球要防传、防突、防投；对无球要堵截空切、协防、补防、封盖、抢篮板球和合理运用身体对抗、造犯规及语言指挥的技术。

（2）抢篮板球

篮板球的争夺是获得控制球权的重要来源之一。一个队篮板球掌握的好坏，对比赛的胜负起着至关重要的作用，抢篮板球和投篮得分同样重要。对于无论是本方还是对方投出的球，所有的队员都要有强烈的获球欲望。抢篮板球是由判断与抢占位置、起跳动作、空中抢球动作和抢球后动作，再加上积极主动、勇猛顽强的作风，共同组成的一项复合技术。篮板球的好与坏直接反映出一个队攻击性防守技术的防守质量。

（3）抢、打、断球

抢、打、断、封盖球的技术，最能体现攻击性防守的特点。防守时，不仅要干扰和阻挠对方传球、运球和投篮，而且还要力争在对方投篮之前和失位之后用积极的办法，从对方的手中把球抢过来转守为攻。大胆、果断、准确地运用抢球、打球、断球和封盖球技术，不仅可以破坏对方的进攻，而且还可以鼓舞本队士气，为反击快攻创造有利的战机。

①抢球。是在与进攻队员对抗中夺取球的一种方法。抢球时，首先要判断好时机，迅速接近对手，以快速敏捷有力的动作，把球抢夺过来。常用在对方刚接球、持球下落、运球收球、持球转身、投篮结束争抢篮板球、活球及在双方都未控制球时。

抢地面球的手部动作主要有拉抢和转抢两种。在做拉抢动作时，要看准对手的持球空隙部位，迅速用两手抓住球后突然猛拉，将球抢夺过来。在做转抢动作时，迅速利用手臂后拉和两手转动的力量，将球抢夺过来。为了加大夺球的力量，可以加上转体动作，迫使对手无法握球。在抢地滚球时，要积极用上步、跨步、转体甚至抢前倒地抢占有利位置。在抢空中球和篮板球的争夺中，除注意手臂动作技术外，还要注意提前发力，以保证在冲撞中维持身体平衡，占据空间位置。如果抢球不成功时，应力争与对手造成"争球"。

②打球。就是击落对方手中球的方法。当进攻队员持球、运球、投篮、抢篮板球下落时，防守队员可以用快速的脚步移动，抢占有利位置，掌握好时机，进行打球。打球时，减少大臂摆动，以防失去重心，打球动作要像被"烫"一样短促有力。

打持球队员手中的球。防守时，屈膝降臀，做碎步移动。当进攻人接球的瞬间，暴露了球或因观察场上情况而失去保护球的警惕时，防守队员可以突然打球。进攻队员持球部位高于腹部以上时，一般采用由下而上的打法。打球时，掌心向上，用前臂和手腕带动手指或指根，击、挑球的下部。如持球部位较低，则多采用由上而下的打法。打球时，掌心向下，用前臂和手腕带动手指或用手掌外侧，击球的上部。

打运球队员手中的球：以进攻右手运球为例，当运球队员运球推进时，防守队员用侧后滑步移动，头要平齐或低于对方的肩，保持半臂距离；侧后滑步时，用右脚和右手臂堵住运球队员左面，防止对手向自己的右侧变向运突，左手臂干扰运球，当球刚从地面弹起，尚未接触运球队员的手时，及时半转身或上步，用左手，以手指、手腕和前臂短促有力的动作将球打出，并立即上前抢球。还有一种防法（仍以右手为例），防守步伐与头部的姿势动作不变，只是右脚和右手臂不再是堵运球队员左面，而是将右脚放在运球队员身体中间，右手屈臂将手放在球路上，掌心向着运球方向，左脚放在侧后方，左臂半屈与左脚方向相同，掌心迎着运球方向，干扰运传。防守距离为对手小半臂，此动作迫使对手要侧身保护运球，因稍不留神，球就会被防守打掉，甚至还有可能运到防守队员手上。此时，要想运突时，只能靠急起急停的变速，或者用后转身动作变向突。这时如防守者再充分利用边线、中线或同伴的协防，则防守的压迫性、攻击性就更大。

如运球队员已从防守队员右侧突破时，防守队员可以左脚为轴立即前转身，右脚跨出一大步，在运球队员的背后用手指、手腕和向前伸臂的抄打动作击球的后侧部，将球打出。

打行进间投篮队员手中的球：进攻队员运球收球投篮时，防守队员要随之移动，根据球的位置，用近球侧的手凶狠地将球打下，打的动作一定要短促，打完之后不管是否打到球，都要迅速将手臂收回，以保持重心稳定（目前，欧美队员在比赛中已大量地运用了这项防守技术）。

打掉投篮队员出手后但未下落的球，又称"盖帽"。"盖帽"分原地和行进间两种技术。封盖时，要根据自身运动素质和与投篮队员之间的距离，选择合理位置，并看投篮队员面向篮圈的方向（正、侧、背）和离篮圈的远近，做迅速短促的调整，两眼注视对手和球，并根据对手特点，掌握好起跳时间和封盖的角度，跳起时，控制好身体重心，尽量避免身体接触，以免犯规，同时要学会利用同伴、篮板、假动作来达到"盖帽"的目的。在封盖后，还要能够保持迅速连接下一个技术动作，保持动作具有连续性。如在封盖面向篮圈投手时，从投手的有球侧飞出封盖。若未成功，落地之后，立即转身，换手再向回封盖一下，并迅速调整防守位置。

封盖是防守的最后一道防线，要尽量做到有投必封。做封盖动作时还要控制好防守情绪，不要赌气，不要被对手的假动作所欺骗。跳起封盖打球时，可用单脚或上垫步双脚起跳，身体充分伸展，手臂高举，用手腕动作将球打掉。封盖打球有一种是横空出世的狠打，一掌将球打出，体现了"霸气"；另一种是蜻蜓点水的巧打，打完之后自己或同伴还能抢到球，特别是那种将球"定"在篮板上接着再抢下，更能体现这种巧，体现了"灵气"；再一种就是影响和干扰投手，封盖时不一定打到球，但由于这种积极，破坏了投手的投篮节奏或改变了出手角度，体现了"杀气"。无论是哪种打，都会使对手命中率下降，给对手下次投篮埋下心理阴影,同时还能提高防守士气,调动观众情绪,甚至还会在比分落后的情况下,起到转折作用。

③断球。是抢获对方传球的方法。根据传球方向和防守队员断球前所处的位置,一般分为横断球、纵断球和封断球。常用在对方抢到篮板球一传时;对方持球队员在防守者的严密封锁下,出现慌乱时;对方在与同伴配合,进攻意图被防守者识破时;进攻被防守者的假动作欺骗,做出错误判断和错误动作时。

横断球是从接球队员的侧面跃出截获球的动作。断球时,保持正确防守姿势,屈膝降低重心,准备起动。当球刚从对方手中传出的一刹那突然起动,根据球在空中飞行的速度与距离,决定采用跑、跳或跑跳结合的动作进行抢断。断球时,身体伸展,手臂前伸,用手腕、手指的打、捅、抢技术将球截获。

纵断球有向前纵跳断球、向后纵跳断球及原地向上纵跳断球。断球时,保持正确防守姿势,屈膝降低重心,准备起动。根据从对方手中传出的球在空中飞行的时间与距离,决定采用跑、跳或跑跳结合的动作进行抢断。向前纵跳断球时,一脚先向接球队员的一侧跨出半步,然后侧身,另一脚迅速绕跨到接球队员的前方,用跨出的脚或双脚用力蹬地向前跃出,身体伸展,手臂前伸,用手腕、手指的打、抢将球截获。向后和向上纵跳断球时,要根据球在空中飞行的速度与距离,决定采用跑、跳或跑跳结合的动作进行调整抢断。断球时,身体向后和向上伸展,手臂伸直,用手腕、手指的打、抢将球截获。

封断球是在封堵持球队员传球时截获的动作。当防守队员封堵持球队员传球时,持球队员传球幅度过大或过早地暴露了传球意图,防守队员可以在对手传球的一刹那,根据出球的高度和方向,迅速用手臂封堵传球路线将球截获。

打断球是因持球队员在接球瞬间和在运球过程中,没有注意保护球,防守者运用合理的脚步与手臂动作的协调配合,从不同方向、不同角度将球截获。

（4）假动作

假动作是迷惑对方,隐蔽自己的真实意图,使对手产生错觉而导致错误行动的一切诱惑性动作。"真实性""隐蔽性""突然性"和"连续性"是假动作的四个基本特征,"艺术性"则是假动作的最高境界。假动作并不局限于进攻时使用,防守队员利用假动作做掩护,造成时间差和位置差,使对手判断失误,动作犹豫不决,重心不稳,进攻成功率下降,士气受到打击,从而达到控制对手的目的。假动作技术的运用,是心理和智慧的较量,防守中应调动全身所有的部位来伪装、迷惑对方,声东击西地展开对进攻队员的攻击,使假动作技术的运用达到一种艺术境界。若想防守掌握主动,调动和驾驭对手,必须学习和学会运用假动作技术。假动作是攻击性防守技术训练中不可缺少的部分,但真正要达到娴熟地运用假动作防守技术,还需要积累一定的比赛经验才行。

（5）造犯规

造犯规是利用准确的判断、积极的脚步、身体与手臂紧密配合，在进攻队员的前进路线上，提前抢占合法位置，从而造成进攻犯规。防守时双脚要着地，身体正面对着进攻队员，双手半屈位于腰部两侧（或护于胸前），在与对方发生身体接触的一刹那，防守者双足的前脚掌蹬地后，双脚在体前伸开，臀部着地，倒地后要上腿弯曲，或做后侧转体滚翻，避免由于对手跌落在自己身上和因倒地过猛而造成受伤。另一种造犯规是用防守语言的"激将法"，在一定的条件下，利用对方的情绪变化和队员之间的不团结，诱激对手犯规。

（6）主动犯规

主动犯规是针对对手的特点，根据比赛的时间、比分用非法防守的技术动作来破坏对方的进攻与节奏，延误时间，影响干扰对方情绪、带有明显战术目的的犯规。做主动犯规时，要绵里藏针，凶狠而不露声色，以免触犯众怒。特别要强调的是：既然犯规了就不要给对方再得分的机会。

（7）破掩护

破掩护是防有球队员与防无球队员在各自防守技术的基础上，相互沟通、配合，从防有球到防无球或从防无球到防有球的瞬间来回转换的过程。现代篮球的进攻战术中，利用掩护而获得较好的进攻机会是运用最多、使用最频繁的手段之一。为了攻击和破坏掩护，在做破掩护的防守时，首先要读懂各种掩护的进攻战术。目前，所常用的掩护分为有球掩护和无球掩护两大类。有球掩护分为：掩护后向内线转身、掩护后向外线拉开和利用策应的交叉掩护及运球掩护。无球掩护分为：高（低）位前（后）掩护、反掩护、定位掩护、连续掩护、高（低）位双掩护等形式。破掩护防守的脚步有上步、横滑步、迎前步、碎步、前后跨跳步、加速跑步等多种步伐的组合运用；手臂动作既要对球有攻击，又要能保证身体平衡，同时还要利用手臂与身体和脚步的配合，从进攻掩护队员身边或身前抢过、穿过、绕过。防守主动发动掩护的队员，要呼应被掩护的防守同伴，无球（弱）侧的防守队员要根据球的位置和进攻队员离球篮的距离，移动调整位置，保护好本方球篮和随时补协防已失位的同伴；防守队员还可充分利用假动作，球场的边角区域，适时突然地对持球队员实施夹击防守。

据2006年男、女篮世锦赛统计，80%的进攻战术是通过掩护开始的，特别是在罚球弧顶一带的高位区对有球队员的掩护越来越多。因此，需要花时间专门练习破挡拆防守技术，以提高防挡拆掩护的防守攻击性与主动性。

（8）交换防

攻击性防守的交换防守已不单是在防守中的换人，它可分为主动交换和被动交换。主动交换是在事先通过对对手的了解，而制定的针对性防守原则所采用的防守,也可临场根据对对手和对防守人自身状态,作出决断,采用不同类型的队员,轮流交换防守进攻队员。被动交换是防守中被进攻队员掩护同伴在协防、补防后出现漏洞,为阻止对手进攻的一种应激防守。它要求防掩护的队员及时发出换防信号,与同伴互换各自的对手。通过交换防守,可使进攻队员进攻机会相对减少,破坏进攻的第一机会,打乱进攻的节奏,造成进攻队员在某个时段的不适应。交换防守的个人技术动作,根据球和球篮之间的位置、要求同防有球和防无球队员、防有球(强)侧和防无球(弱)侧基本相同,但对防守语言的呼应和阅读进攻的能力,则要求更高。

(9)夹击

夹击是防守队员利用人数上的优势,在一定的条件、时间和空间内,对持球队员突然地实施攻击性防守。夹击防守前,要求防持球队员要充分利用球场边线、场角区域、时间等因素,通过个人的积极防守,迫使对手进入防区。防无球队员,根据对手的特点和习惯动作,以及球与球篮之间的距离、事先制定的战术,突然对持球队员进行夹击,而其他队员则要迅速轮转补位。对运球队员的夹击,防持球队员一定要逼得紧,使对手不能轻松观察场上情况;准备夹击队员要眼睛盯住球,用碎步试探调整,或者采用先跳起干扰、延误,然后突然起动,手臂随球摆动。夹击时,脚步要随进攻队员的跨转及时调整,并与同伴的脚靠拢,双腿交叉对接,手臂随球挥动封堵对方的传球和影响对手的视线,限制对手行动,迫使对手出现失误,不要让被夹击队员轻易突破防线。

攻击性防守的夹击有时已不仅限于2人间,有时发展到多人进行围攻。它更突出了防守对重点持球队员施加的更大压力,使防守强度和节奏发生变化,同时也对进攻队员的心理进行了攻击,造成持球队员的习惯特长不能发挥。围攻重点人的技术和夹击要求基本相同,在于突然,对围攻失败后的轮转补位防守等,要在平时的训练中多加演练。

(10)防守语言

防守语言与肢体语言配套的技术练习,是攻击性防守技术的重要特征之一,原南斯拉夫教练尼克里奇曾说:"它可使防守能力提高30%。"它要求在防守中随时随地主动运用。使用时的语气要加重、语速要短促、语言要简练;对同伴带有指令性和应答性;对对手带有诱骗性、激将性;对裁判带有礼节性。

(六)攻转守

1. 主要任务

是进攻中失去对球的控制后,迅速由进攻技术转为防守技术,尽可能不让对手在有利位置接球,或使对手勉强接球后不能流畅地衔接下一个攻击动作,最大限度地干扰、破坏对手的投篮,封堵其运球、传球、突破,并再次通过积极抢、打、断球以达到重新获得控制球的目的。

2. 基本要求

一定要积极冲抢篮板球。如未抢到，瞬间转换反应，到位要快；就近的队员立即封堵一传，其他防守队员根据对方人、球、区迅速调整，快速跑到球的前面，抢占有利位置。

明确个人防守职责，加强呼应，在不同的区域根据球与篮圈的距离，对进攻者采用封、堵、卡、夹、抢、打、断等防守技术，做好层层设防，以达到延误和破坏进攻的目的。

排除不良情绪干扰，保持清晰思维，决不盲目下手，减少犯规和失位及被对方假动作所迷惑，拼抢篮板球不要让对手得到二次进攻机会。

要有勇敢顽强的战斗作风、坚韧不拔的毅力、永不放弃的精神，冷静合理地运用技术，在对抗中重新夺回控球权。

3. 动作方法

（1）位置

攻转守的位置要有明确分工，列入本队的防守战术系列。各位置的防守队员根据球、区、篮、时间和自己所处的位置迅速进行调整、抢位。

（2）姿势与步伐

合理选用从防有球 <==> 防无球 <==> 防有球；防有球（强）侧 <==> 防无球（弱）侧 <==> 防有球（强）侧的姿势与步伐，快速组合与调整。

4. 技术运用

攻转守有主动转守和被动防守，对技术的要求、运用也有所不同。

（1）主动转守

是指进攻投篮命中和失去球权控制球处在死球状态时的转守。这时的攻守态势较为明显，攻守双方人数上对等，位置相宜，球所处的区域相对固定，转守时间较为充裕。

（2）被动防守

是指进攻失去球权控制，球处在活球状态时的转守，转守时的条件相对处于被动状态。这时的攻守态势瞬时转换，攻守双方人数上可能会形成不等，位置不宜，球所处的区域不固定，转守时间为一刹那。

因此，攻转守首先要克服被动的心理因素，加快视觉信号的知觉速度，以球为主，迅速预测和判断，就近找人抢位，尤其是减少让组织后卫得到球，要积极呼应，用合理的防守姿势、高效的脚步移动，充分利用场区、边线及时间展开对进攻的积极防守。

攻转守对退守队形的要求，是攻击性防守难于常规防守的不同之处。它所要求的不仅是个人的防守，更要求的是形成全队有体系、有步骤的防守。在失去球权的一刹那，除了封一传、堵接应，其他防守队员应快速回防，落位于对手前面，观察、判断攻击对手的传球路线，对持球队员，控制他朝边线逼向点运球（见图6-24）。

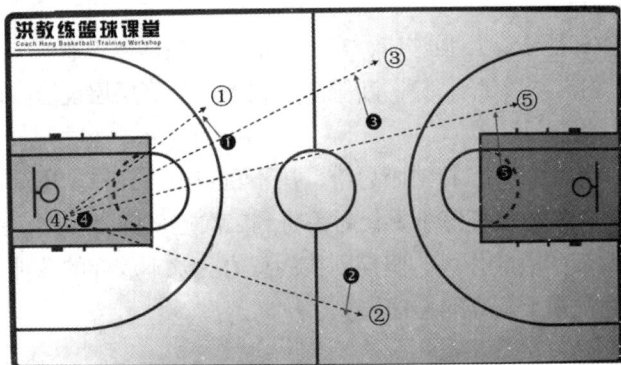

图6-24　被动防守

第三节　攻击性防守技术训练方法

一、训练建议

首先，训练的成功与否，取决于教练员的训练方法或训练内容的安排，取决于全队上下的训练态度。要注意培养积极主动、顽强拼搏、不怕困难、永不放弃的战斗作风，创造良好的训练气氛，除了动起来还要叫起来。

其次，球队的防守水平，取决于每个队员的个人防守能力，个人防守能力除对防守技术的掌握程度及合理运用外，还要着重培养和提高以下能力：解读进攻能力、注意力、意志力、执行力、对抗能力、适应能力、创造力、应变能力和体力；知道"何时""为什么"与"怎样做"，从而体现压迫性、攻击性防守技术的特点。

最后，教学训练顺序，学习掌握正确的防守姿势与动作，学会选择合理的防守位置，高效的脚步移动；先教单个技术，再教组合技术；先在消极对抗情况下防，再在积极对抗性近似比赛情况下防；技术要结合战术配合练，个体要与整体配合练；抓好技术的多元性和运用的应变性，强调训练的实战性、对抗性和动作的规范性、连续性与完整性。

此外还要树立防守是从进攻开始的观念，重视加强由攻转守；是主动的攻击性防守，而不是被动地应答。尽可能保持多人次在场上练习，提高对攻击性防守的整体观念。

二、训练方法

（一）防守基本姿势

目的：正确的防守姿势有利于防守中快速移动和加大防守控制面，便于攻击和减少犯规。

方法：队员呈体操队形平均分布在半场内，按防守基本姿势要求，听口令原地做防守基本动作。

要求：讲清防守基本姿势要求，检查头、手臂、胸背、腿、脚五部分位置动作。屈膝降低重心，高度以个人易于发力和快速移动为原则，保持稳定。扬手、背稍直、头部重心垂直于两腿之间、两眼平视前方。

两种步伐起始姿势：两脚平行站立（平步），两脚斜前站立（斜前步）。

（二）防守脚步

目的：提高队员脚步的快速反应和控制身体的平衡能力。

方法：脚步动作专项操、保持正确防守姿势动作的各种步伐的组合练习。

要求：在掌握正确动作之后，一定要在快速中完成作业。练习中要有想象，动作要有力度，全体要有激情与热情。建议多练组合脚步和动作，重点掌握重心的转移和平衡控制。

（三）防持球队员

目的：掌握对持球队员球的控制与干扰的正确防守动作，判断与调整防守重心和脚步。

方法：（1）队员2人一组，选择各自的攻防区域，原地一攻一防轮流进攻队员持球做瞄篮、投篮、突破、死球后的跨步转身等动作，防守队员做出相应的防守动作。

（2）迎上接近持球人防守将练习（1）改动，可防守传球给进攻队员再防，也可由另一队员或教练传于进攻队员再防。

要求：用斜前步防，前脚跟与后脚尖和逼向"点"呈一条线，逼迫持球队员向边线或夹击区运动。脚步随进攻队员的动作调整，当对方跨步转动时，要学会"关"中枢脚。保持碎步不停地移动，行进间接近持球队员更要注意判断，控制好重心与速度。

前脚同侧手臂扬起，随球的高度与摆动移动，另一侧手臂侧扬，干扰传球和保持平衡。头部不要高于持球队员的肩。

持球队员做投篮动作后，防守要立即做出顶抢篮板球动作。

（四）防运球

目的：掌握"逼边"技术，学会对球的攻击与干扰，对运球队员的身体对抗，增强防守耐力，提高防运球的自信心。

方法：（1）沿半场边线的防守。队员分攻守两组，站于一侧底线。进攻沿半场边线做加减速和后转身运至另一侧底线结束，防守要像影子一样黏住对手。一组做至中场，另一组开始（见图6-25）。

图6-25　沿半场边线的防守

（2）全场"Z"形防守。队员可分三组同时练习。进攻做各种变向前进，防守用脚步和身体堵截，手臂要学会对球的干扰，始终学会控制一面，将运球队员逼向"点"（见图6-26）。上述两种练习可从无球到有球。

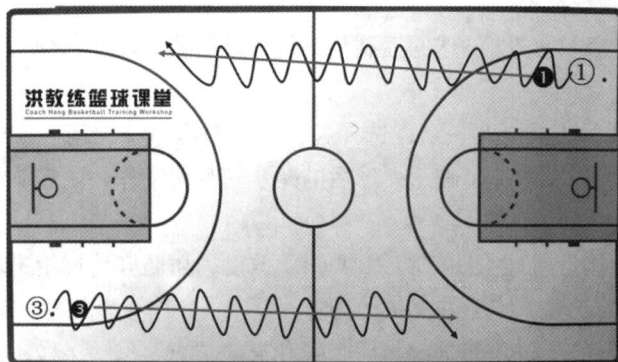

图6-26　全场"Z"形防守

（3）30秒攻击性防运球。2人一组，半场自选区域，进攻反复不停地突，防守不怕被突，突破再防，30秒到后要立即变成封死球，同时大声呼应，然后两人互换。

要求：防守要有判断、黏得住，始终能领先进攻半步，一守到底。身体能有接触，学会用肩膀触及"压迫"对手，手臂要对球有干扰。特别是封死球时更要贴身紧逼。要有顽强的毅力，勇敢地与进攻展开争斗。

（五）防突破

目的：学会控制持球队员突破的路线和速度，与同伴协同攻防。

方法：（1）掌握迎上防突的第一步。队员4人一组，选择一定的攻防区域。队员②③各持一球（见图6-27），练习开始，①向前跑动接②的传球后跳步急停，②碎步向前接近①呈防守持球队员姿势，①向②一侧突破，②扬手撤步滑步跟防；①突破后传球给④，②做完防守动作后，向前跑动时接③的传球重复①的动作。③、④同①、②一样反复不断地进行。进攻队员可做顺步、交叉步或突破假动作变投篮，防守队员做出相应的防守动作。

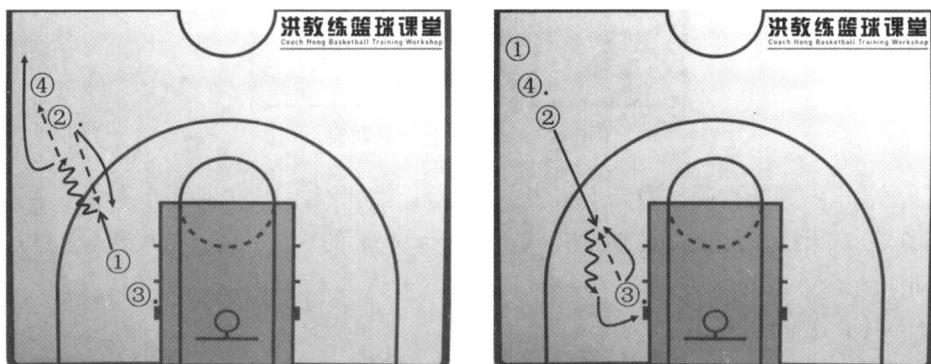

图6-27　迎上防突的第一步

（2）迎上逼边，协防练习。队员分两组位于弧顶三分线外（见图6-28）。

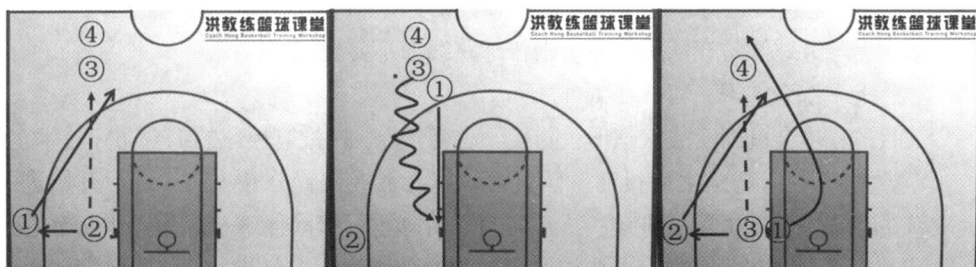

图6-28　迎上逼边，协防练习

队员①在低位限制区外，队员②持球位于端线限制区斜线点。练习开始，②传球给上线队员③，然后跑至底角，①随球迎上防，坚决不准③突中区，③接球后全速突，①扬手撤步跟防，刚跑至底角的②要做出协防假动作，③突至底线后可做一些动作，使①做完相应的防守动作，然后将球回传给上线的④，跑到②位置，①防守后接上线队尾。

（3）弱侧队员协防防突（见图6-29）。当 ❶ 不能逼迫①往边线运突，①

突向中区，弱区高位的❸可突然补位，与❶换防，争取造成带球撞人或走步违例。

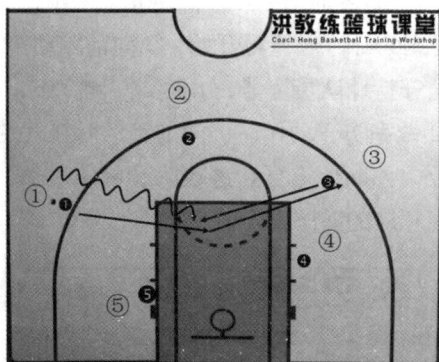

图6-29　弱侧队员协防防突

要求：判断准确，做到上得去、撤得回、跟得上，减少对手走直线，手臂对球要有干扰。无球队员加强协防、呼应。被突后的轮转补位、篮板球等连续防动作。

（六）防传球

目的：通过少防多和对持球队员的封堵，掌握攻击传球路线。

方法：（1）2传1、3传2、4传3等练习。

（2）半场或全场不准运球的5对5练习。

要求：迅速接近持球队员，积极挥舞手臂攻击球，特别是死球状态下，更要逼得紧。无球近球侧防守队员，要攻击传球路线，不要犯规。

（七）综合练习，实战1对1

目的：体会巩固实战状态下，防投、运突、传、拼抢篮板球的综合防守技术。

方法：（1）防运突后投篮。队员可根据人数或位置分开攻防。练习开始进攻队员在选中的攻击区域进攻，进攻可自己持球也可接同伴球攻。防守用所学的防守动作进行防守，双方直至拼出结果。为增加强度，强化防守动作，防守队员可连续防一轮后，再换人。

（2）半场、全场1对1

要求：用正确的防守动作防守，对有攻击性防守成功的可加分。每次防守只要进攻投不中，都要以篮板球拼抢结束，防守一定要有连续动作。减少犯规。

（八）防无球队员

目的：学会正确选位，攻击传球路线，在控制自己防守队员时，协助同伴，加大防守控制面。

方法：（1）防摆脱（见图6-30）。用半场2对2形式，这样可以加强强弱侧的协防及转换防位置的意识提高。练习开始，持球教练可向某侧队员做传球。近球侧的进攻队员，做各种摆脱动作要球，防守队员最大限度地攻击传球路线，阻止进攻队员接球；弱侧防无球队员要收到油漆区协防。当有球侧防守队员较好地控制住进攻队员时，持球教练可突然将球传到或转向弱侧，刚才强侧防守队员要立即随球收缩到油漆区协防。反复练习几次，攻守交换。

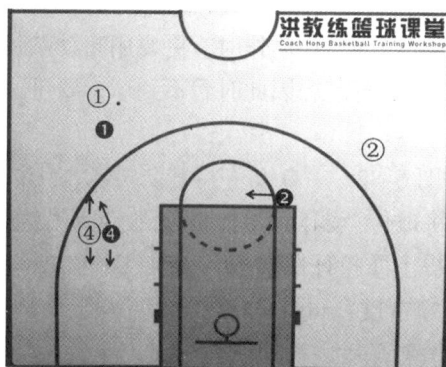

图6-30 防摆脱

要求：防摆脱队员要能控制进攻队员最少摆脱2～3次才能接到球。开始进攻队员接球后，不要进攻，只做进攻动作，以检查防守队员是否到位及防守动作是否正确。弱侧协防队员要人球兼顾，呈"开放式"防守动作。

（2）防纵切（见图6-31）。中路持球队员④传球给⑤，做摆脱动作向篮下纵切，防守队员❹在④将球传出的同时，向球收缩，同时用身体阻止④在己身前接球，将④逼向远离球侧。当中路④纵切走后，无球侧的⑥补④位接⑤传球。防守队员❹防完④后，再迎上防⑥，⑥将球传于刚才纵切后插上补⑥位的④，攻守双方重复防纵切动作。为强化巩固和加大防守密度，可要求❹连续防一个循环。增加难度时，可在限制区的高位增加一个掩护队员。

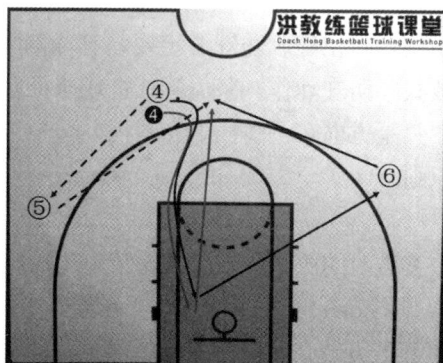

图6-31 防纵切

要求：当持球队员将球传出后，防守一定要向有球侧收防，坚决不让进攻队员走身前接球，直到逼出危险区为止。

（3）防反切。教练持球 ❹ 防守④，上线坚决不给接球，④只有做向篮下反切。❹ 可采用前面分析过的防守技术动作，分别用转身和不转身先用面对面然后再调整的防法。可增加弱侧协防队员，强化攻击性防守的整体性。

要求：教练员控制传球，以配合防守。防反切时，要用肩膀顶住对手的肩膀阻止其向篮下移动；做转身防反切动作时，更要用暗劲贴住进攻队员，使其接球困难；面对面防时，双臂要扬起，因此时看不到球，要迅速恢复人球兼顾的防守位置。

（4）防横切（见图6-32）。❹ 防守持球队员④，④将球传给中路⑤，❹ 随球向收缩控制，当⑤将球传至弱侧⑥时，④开始起动做横切进攻，❹ 防守。当 ❹ 防完④后，立即再提上防持球队员⑥。队员④补到中路⑤位，⑤到原④位。为强化巩固和加大防守密度，可要求 ❹ 连续防一个循环。练习时可先让横切队员走一侧，等防守稍熟练后，横切队员可做上下不同方向的摆脱，加大防守难度。

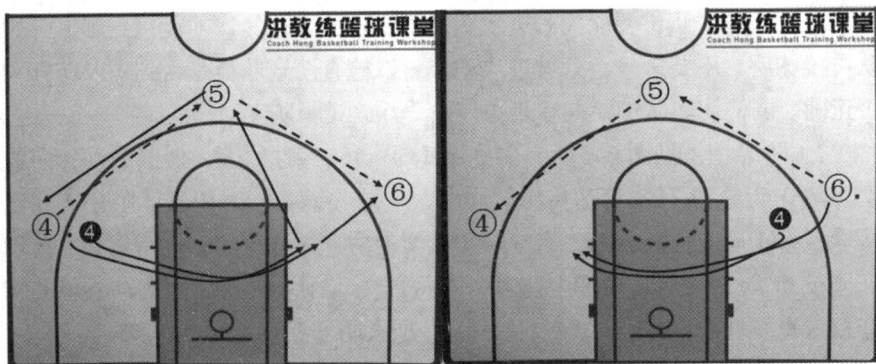

图6-32　防横切

要求：当持球队员将球传出后，防守一定要向有球侧收防，球到弱侧时，❹ 要人球兼顾，呈"开放式"防守动作。坚决不让进攻队员轻易直接得到球。防策应的方法亦可用此法，只是方向多是防插上和斜插。减少接球和对接球后的积极防守，是此类防守的原则。

（5）协防、补防

目的：学习在对方突破时的协防、补防与轮转换位的反应能力。

方法：A.防突破（见图6-33）。半场4对4，进攻队员分布在限制区周围。练习开始，持球队员向篮下突破，有球侧的队员做关门假动作协防，无球侧的防守队员根据需要开始轮转补防或补防后再回到原协防位置。

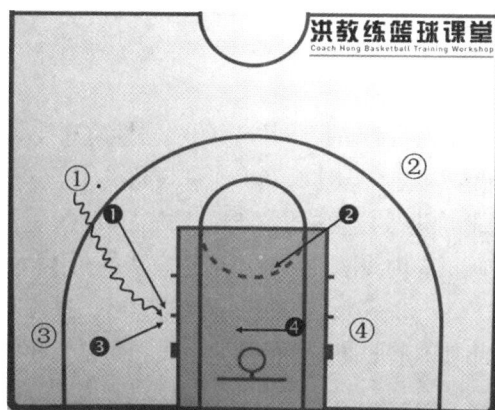

图6-33 防突破

要求：每个进攻队员都要全力从不同位置突破，使防守队员加强各种轮转防守的能力。一般有球侧不补防。教练可根据练习进度，增加防守队员端线逼向点的夹击，或对突破队员提前进行夹击的攻击性防守。

B. 被突破后的追防、补防轮转防守（见图6-34）。练习由3对3进行。队员②持球传给中区①，①接球后全力向篮下突破。当①接球的同时，❶迎上防①一侧，不让其中区突。但因①的突速较快，使❶迎上被突，此时❶要迅速调整重心回追，并呼应同伴协防。篮下弱侧低位的❹根据情况，呼应补防。当❹补防时，弱侧高位的❷迅速轮转补❹，❶在追防中看见同伴补到位后，要再轮转补到❷的位置。

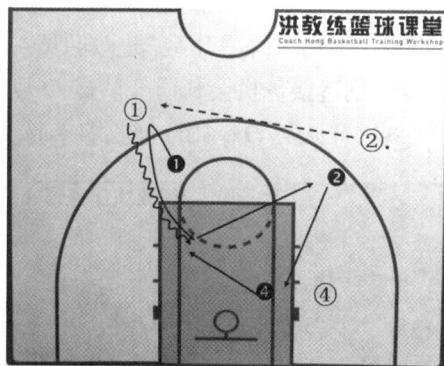

图6-34 被突破后的追防、补防轮转防守

C. 分组对抗。

要求：进攻突破要有速度。防突队员要控制一面，被突后要追防并观察同伴的补位情况，调整自己的防守，不准随便下手犯规，补防队员要大声呼应。练习

是用流水作业进行的，攻守转换要快，注意练习强度与密度。对抗在实战状态下进行，要有篮板球和结合攻守转换。

（九）防内线

目的：学习掌握对内线队员的不同位置的攻击性防守技术。

方法：（1）防低位内线（见图6-35）。进攻队员④、⑤、⑥、⑦分布在限制区外围，⑧在限制区低位进攻位置抢位要球，防守队员 ❽ 随着球的移动，用正确的防守动作阻止进攻队员向内线队员传球。当防守队员在各位置都防完后，进行轮转交换 ❽→⑧→⑦→⑥→⑤→④，当熟练掌握防守后，进攻队员可任意传球，进行实战对抗。还可在此基础上增加弱侧的协防队员，变成2对2攻防（见图6-36）。

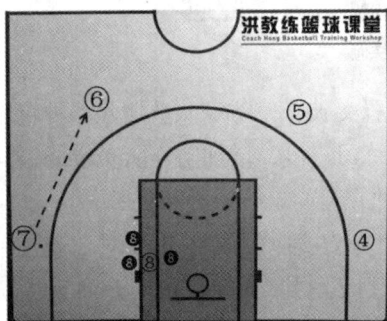

图6-35　防低位内线

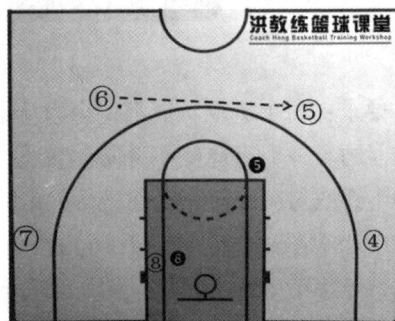

图6-36　2对2攻防

要求：防守队员要根据球的位置将上线防、绕前防、底线防、身后防、面对面防、弱侧协防等防守动作都做到。当进攻队员接到球后，开始先不要进攻，先检验防守队员的动作是否到位与正确，等熟练后再对抗，并记分。

（2）防高位内线（见图6-37）。练习开始，进攻队员④、⑤在高位相互传球，内线⑥则通过左右移动抢位创造接球机会，防守队员 ❻ 则要根据球的转移不断调整防位阻止其接球。外线防守队员 ❹❺ 则向球收缩，形成对球的协防。

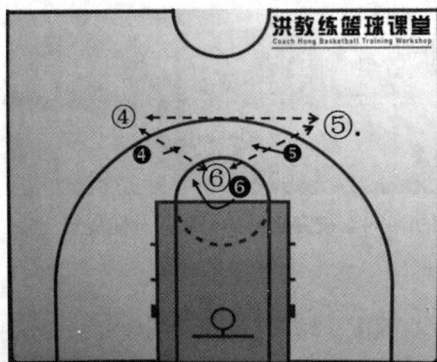

图6-37　防高位内线

要求：努力将进攻内线挤出习惯的进攻位置。掌握防高位内线背对篮圈接球策应掩护，接球后面对篮圈或将球再传出，接着下顺做各种进攻动作。练习刚开始高位传球队员不要进攻，主要练习高位内线防守的位置与动作。内线防守队员要随球的转移，从⑥的身后移动到近球侧，同时要防止⑥转身向篮下切入，当球一离开传球队员的手，在空中飞行的 ❻ 就要移动。实战对抗 1 对 1、2 对 2、3 对 3 的分解练习。

（十）抢篮板球

目的：提高队员抢篮板球时，冲抢与挡人技术，以及抢到球后的保护球、一传等能力。

方法：限制区附近的 3 对 3。当教练员在外围任一位置投篮时，进攻队员要尽量避开防守队员的挡人积极冲抢，防守队员则要人球兼顾，根据进攻队员的位置，采用合理的动作挡人顶抢。当进攻抢到球时，要继续攻；防守抢到球时，另两个同伴要接应，抢到球的迅速一传，进攻队员则封堵一传。可采用计分制。

要求：攻防队员都要积极对抗，动作合理，转换要快。

（十一）抢球、打球

目的：学习掌握抢球、打球的动作、时机、反应能力。

方法：（1）队员根据个人位置两人一组，进攻队员持球，防守队员突然上步去抢球。抢球的动作可用拉抢、转抢。练习若干次攻守转换，然后可过渡到行进间抢地滚球、抢空中下落球，亦可为三人的练习，运球死球后抢、夹击时抢。打球的练习亦可采用此方法。

（2）原地或原地跳起投篮时的"封盖"。两人一组，一人投篮，另一人练习"封盖"。练习若干次攻守转换。当练习一段时间后，可变成对行进间上篮的"封盖"，并可采用追防、协补防形式。

要求：打球的动作要短促，快而狠。打球练习时要有各方向打的组合练习，特别是对运球结束后的一刹那，要多练。"封盖"后，要求有下一个连续动作，迅速转换，不允许犯规。

（十二）断球

目的：学习掌握各方向断球技术，提高反应能力及断球后的重心调整。

方法：两人一组，持球队员可用两球向不同方向传，防守队员根据球的方向，快速移动，将球断下，并迅速传给持球队员。若干次后互换。

要求：传球队员要传出多方向有一定难度的球，防守队员断球后不能走步，并要迅速将断到的球回传给传球人。

（十三）造犯规

目的：学习掌握提前抢位造对手进攻犯规的攻击性防守动作。

方法：（1）防持球队员的造犯规。队员2人一组，一攻一防，持球队员运球突破，防守队员快速移动，事先占据进攻队员路线，进攻队员在防守队员占据合理防守位置后，配合防守仍继续做一次强突动作，此时防守队员倒地，造成进攻队员犯规。

（2）无球队员协防造犯规（见图6-38）。队员2人一组。进攻队员①持球突破❶此时处于弱侧的❹快速移动提前占据①的进攻路线，使①来不及收球减速，造成犯规。此练习可设计持球队员不同方向、不同位置的突破，加强防守队员的攻击防守协同配合能力。

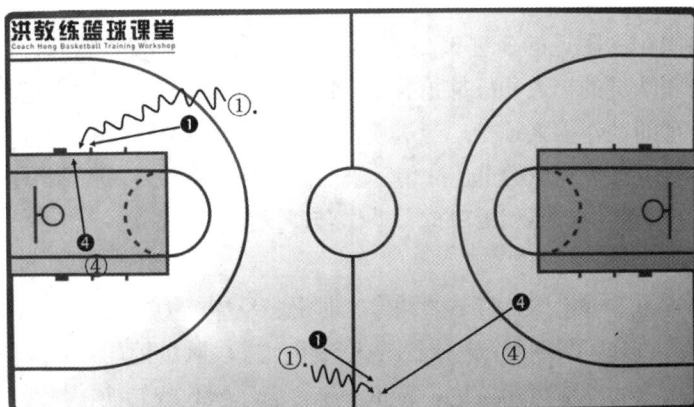

图6-38　无球队员协防造犯规

（3）分组对抗。

要求：练习时，进攻队员要配合防守队员做出撞人动作，同时要控制好自己的重心，防止双方受伤。防守队员的移动在造犯规的一刹那，双脚一定是静止的，注意倒地后的自我保护。要有裁判未判犯规，要做好下个动作的意识反应。

（十四）夹击

目的：通过练习掌握在不同区域、不同位置对球的攻击性防守夹击配合，提高整体的协防、轮转防守能力。

方法：（1）3防2（见图6-39）。进攻队员在指定的区域、位置进行进攻，为防守队员在前场的夹击。①持球进攻设法将球推过半场，❷❸对对手紧逼防守不让传球，迫使①向所控制的范围运球，❷适时夹击，当❷和❶夹击①时，❹轮转补防②。随着练习的深入，可将夹击练习移至中场、后场。

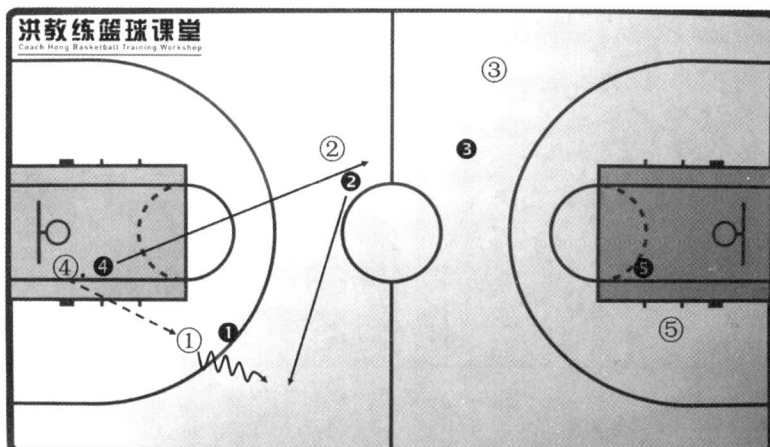

图6-39　3防2

（2）半场5对5的练习。如底线低位的夹击、对内线的夹击、对高位掩护持球队员的夹击等。

（3）分组对抗。

要求：控制运球队员进入夹击区域，迎上夹击队员动作要突然，不要让被夹击队员轻易突破防线及被夹后从两人之间跨出，不要犯规。夹击队员要明确谁去夹，弱侧协防轮转补位要快。当夹击失败后，练习不要停止，防守队员要立即选择新的防守位置。进攻队员开始不要攻篮，要配合防守将防守位置和区域守对。对比赛中常见进攻战术的夹击防守要多练、练熟。

（十五）防无球掩护

目的：学习掌握对进攻队员是向有球方向移动，还是向无球方向移动的防法，加强防守之间的沟通。

方法：（1）破反（前）掩护，队员3攻3守（见图6-40）。持球队员④将球传给边路⑤后，向弱侧移动为⑥掩护，⑥做压缩动作利用④的掩护，向有球方向空切接⑤的球做进攻动作，⑥接球后，再将球传给④,同时向弱侧移动为⑤掩护，⑤做压缩动作利用⑥的掩护，向有球方向空切接④的球做进攻动作，使练习循环进行。此练习还可变为强侧的高低位间（前、后）的掩护。

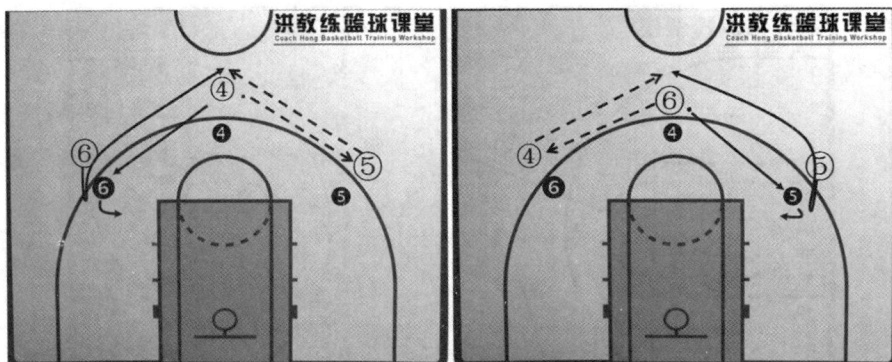

图6-40 破反（前）掩护

（2）破定位掩护（见图 6-41）。定位掩护有横、纵、斜的路线和单人与多人的定位掩护。在练习时都要讲清练到。此处列举破定位掩护横切的防守。进攻队员②持球与⑤落位于限制区中位区一侧，④落位于另一侧。练习开始，②将球传于④，然后利用⑤的定位掩护空切，⑤在做完为②定位掩护后要做二次抢位进攻动作；④接球后做进攻动作，等⑤、②到位，再将球传给另一侧的⑤，利用②做定位掩护，3 人重复刚才的动作，使练习循环进行。

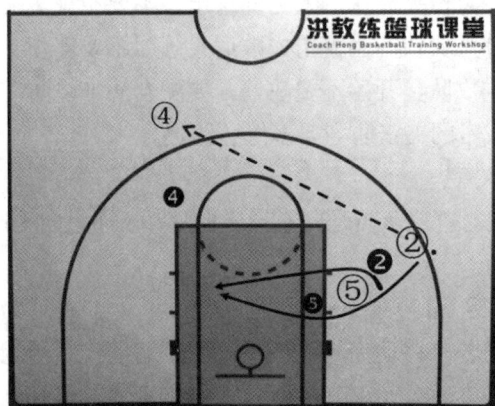

图6-41 破定位掩护

（3）破策应交叉掩护（见图 6-42）。队员④传球给策应的⑥后，为⑤作掩护，⑤利用掩护空切，形成与④的交叉换位。⑥接球后做进攻动作，等④、⑤到位，再将球传给⑤，⑤到④的位置，④则到⑤的位置，3 人重复刚才的动作，使练习循环进行。

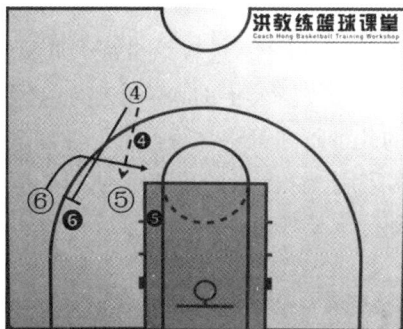

图6-42 破策应交叉掩护

（4）分组对抗。

要求：防守队员❹❺❻要呼应，可采用穿过、换人的方法进行防守。防守持球队员一定要紧，对向有球侧空切的进攻队员，防发动掩护的队员要协助同伴先堵截一下，或根据要求换人防。为保证循环练习，掌握正确防守位置和动作，防守要先让进攻队员传球发动，进攻队员接球后也不攻击，等熟练后再进行分组对抗。

（十六）防有球掩护

目的：学习掌握破有球掩护的攻击性防守技术动作与方法，重点掌握2人间的配合防守及提高弱侧的协防和防守轮转能力。

方法：（1）用2对2的攻防落位于指定区域（见图6-43）。练习开始，⑤上提为持球队员④作掩护，④利用掩护进行攻击。练习可向不同方向、不同位置上来回做若干次，然后攻守交换做。当熟练后，可增加为3对3、4对4的练习。

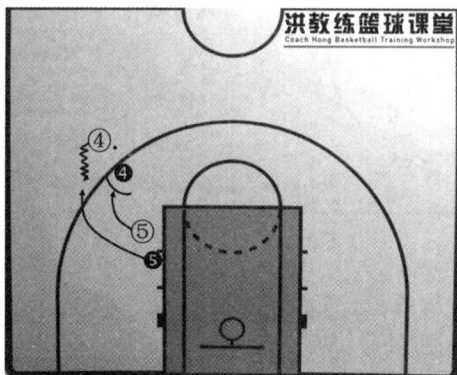

图6-43 2对2的攻防落位

（2）练习破掩护挡拆的几种方法：迎上堵截后再回防自己的对手；退后协防"影子"防；挤顶掩护队员，防持球队员身后绕过防；换防；夹击及多人配合防等。

（3）分组对抗。

要求：防守队员 ❹❺ 进行防守，进攻队员配合防守，出现机会也不攻击，主要看防守的动作是否正确到位。练习可向不同方向、不同位置上来回做若干次。防守要将攻击有球掩护的几种防守策略都练习到，然后攻守交换做。为加强防守的攻击性与整体性，应多采用 3～5 人的攻防练习。防持球队员要根据配合要求，对持球队员防紧，队员间一定要呼应。

（十七）攻转守

目的：学习掌握攻转守的方法，提高转换意识与反应能力，明确退守中的个人职责，占据合理位置，保持退中有攻。

方法：（1）少防多。全场来回 1 防 2、2 防 3 练习。

（2）加追防的 3 对 3、4 对 4、5 对 5。下图为 3 对 3 的追防（见图 6-44）。防守队员 ❶❷❸ 分开落位于罚球线外，进攻队员①②③与防守相对。练习开始，教练将球慢速滚向对面进攻队员，面对接球的防守，冲向进攻队员所处的端线并快速转身追防。另两名防守队员，一个要先退向后场担任防守长传偷袭快攻的职责，另一个则快速退向中场一带准备堵截向前运球推进的进攻队员。进攻队员在获球后，按三线快攻路线迅速展开攻击。当练习改成 4 对 4、5 对 5 时，教练员可根据战术需要将队形进行调整。

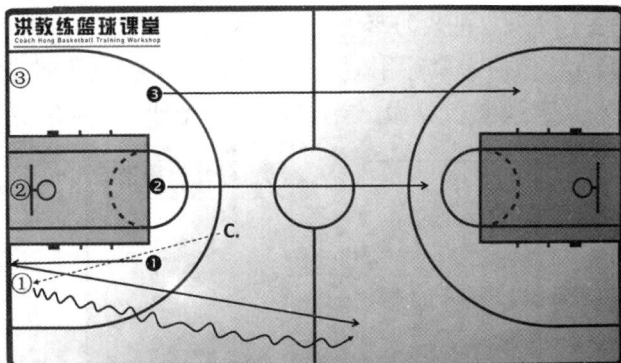

图6-44　3对3的追防

（3）也可进行分解练习，如专门练防一传、球中后的主动布防、球不中和失误后被动退防、结束段的位置调整等。

要求：首先要养成呼应的习惯，明确防守位置的分工；其次要快速跑到球的前面，占据中区。球失后，要就近封一传，紧逼持球队员，延误对方的推进速度。少防多可提前犯规，不要在投篮时犯规再被加罚一次。挡人拼抢好篮板球，不要让对手得到二次进攻的机会。

第七章　战术理论与方法

第一节　现代篮球战术的创新理论与方法

现代篮球运动的迅速发展和旺盛的生命力，来源于篮球战术的不断创新。战术创新为现代篮球运动突破一个又一个层面、攀登一个又一个高峰起到了至关重要的推动作用。因此，研究篮球战术的创新，探索篮球战术创新的规律，建立现代篮球战术创新理论体系，科学地指导篮球战术创新实践，对篮球运动的发展有十分重要的理论和实践意义。

一、现代篮球战术创新的新概念

篮球运动是在不断进行创新和改革的过程中发展起来的。从篮球的创始人詹姆斯·奈史密斯博士1891年发明篮球到今已有一百多年的历史。篮球已从一种简单的游戏，迅速发展到全球性的、水平极高的激烈对抗的竞技项目。纵观篮球发展的历史，我们不难发现，篮球战术已由初期的几种发展到至今的上百种，其变化多端、组合巧妙、配合默契达到高度自动化，战术创新对夺取比赛的胜利起到了至关重要的作用，它充分地体现出创新的生命力和竞争力。

篮球战术的创新包括首创和再创两层含义：既可以是完全新颖的前所未有的创新，也可以是在原有基础上进行新的发展和重新组合而取得超越过去的再创成果。现代篮球战术的创新，大量属于再创。其概念为：篮球战术创新是指教练员或运动员以篮球战术为基础，在合理技术实践的基础上对原有战术所进行的改变其机理、结构、功能、方法，并具有一定的比赛实践效果的创造性活动。

二、现代篮球战术创新的原则

（一）领先性原则

现代篮球战术的领先性主要体现在超前性。如由美国佩伯代因大学教练罗伯特·道尔在 20 世纪 60 年代中期首创的移动进攻战术，在 70 年代初期得到美国著名教练汉克·伊巴、迪恩·史密斯等的支持，随即在美国广泛流行。移动进攻战术使美国队在国际大赛中技高一筹，使当时的防守战术遭到极大的破坏，而这种战术直到 20 世纪 70 年代末才被南美洲和欧洲很多球队采用，亚洲的一些劲旅在 20 世纪 80 年代初才开始重视和研究该战术。迄今为止，移动进攻战术仍不失为当代篮球进攻战术发展的一个潮流，它的领先性整整持续了 30 年。

（二）针对性原则

篮球战术创新的针对性表现在三个方面：针对战术运用者的特点；针对比赛对手的特点；针对技术发展趋势的特点。针对战术运用者就是要针对运动员的身体素质、机能形态、技术特长、战术意识、智力水平等特点来进行创新；针对比赛对手的特点就是针对不同对手在风格打法、主力队员、关键人物以及发展方向上的特点来进行构思；针对技术发展趋势就是针对篮球战术发展趋势、篮球规则修改动向进行设计。这样，战术的创新就更有实效性。如现代篮球规则有 5s、8s、24s，进攻战术就向着战术配合的时间短、速度快、攻击的连续性强、人球移动频繁、战术行动路线短、攻击点多、机动性强的方向发展；针对进攻情况防守战术随之也形成综合性、多变性、破坏性、伸缩性大的相对抗的特点，从而将战术创新提高到一个新的层面。

（三）可行性原则

篮球战术创新的可行性原则是指战术创新设计必须符合篮球运动规律、队员的条件和比赛实践的要求。贯穿于篮球运动始终的规律是对抗规律，这具体体现在准确、高速均衡、攻守平衡三条基本规律中。战术的可行性以不与这三条基本规律相违背为前提，同时要符合运动员所具备的身体素质和技术条件，以及比赛实践的要求，这样战术的创新才有可行性。如现代篮球的高空争夺、高速度、高技巧的发展，使战术创新的可行性要符合高度与速度均衡的规律。既有高度，又有速度的美国 NBA，围绕着高空的封盖、扣篮形成空中战术，又在地面平均每 10s 内完成一次进攻战术配合。这种以各种高空技术组成的空间与地面快速相组合的多种立体型战术，取代了单纯的地面技术。这种高度与速度均衡发展的战术使美国 NBA 在世界始终占据领先地位。

三、现代篮球战术创新的规律

（一）交错上升规律

交错上升规律是篮球比赛对战术提出创新要求，由要求刺激战术体系，并促进创新，创新成功使竞赛水平进一步提高，从而导致比赛更加激烈并产生出新一代的创新需要。由于篮球运动的对抗性和攻防矛盾不停地反映出战术体系内部矛盾的运动关系，战术创新需求通过内部矛盾变化而起作用，导致并促进了战术内部的变革发生。这种来自战术内部的推动力是创新的微观动力或内部动因。战术创新成功使矛盾得以解决，变革为战术水平达到某种相对平衡状态。这使篮球比赛水平提高一个层面，又进一步刺激并使比赛对抗更加激烈、攻防矛盾更加尖锐，于是新的创新又出现，再次打破了已建立的平衡关系，这种平衡关系每一次被打破，就意味着新的需求与创新又开始了，正是这种循环往复、周而复始的发展形式，使战术创新处于交错上升状态并具有旺盛的生命力。

（二）交互作用规律

篮球战术创新不是独立和单纯的，这是各种因素、各个环节互相关联、交互作用的结果。这种交互作用规律最直接地反映在技术与战术之间的关系上。由于技术是组织和运用战术的基础，因而技术创新常常先于战术创新。技术的创新促进了战术的创新，战术的创新反过来也对技术提出了新的要求。此外，篮球竞赛规则的不断修改也对战术创新发展起着限制与促进的重要作用。

篮球规则的修改和战术创新的关系可表述为一种辩证的循环关系，两者既相互依存又相互促进。规则既是根据战术的不断创新逐步演变完善，同时规则的改变又反过来促进战术创新向更高水平发展。篮球规则的修改对战术创新起着直接的促进作用，如 1984 年增加了 3 分球的规定，就促进了阵地进攻战术向内外结合的方向发展。围绕这一规则的变动扩大进攻和防守范围，一系列新的战术打法相继问世。与此同时，篮球规则的修改也对某些战术起着限制作用。如 5s、8s、24s 的规定，就对控制球战术起着限制作用，如今年 NBA 加上了防守 3s 违例。限制了高大中锋，同时也对高大中锋的防守提出了更高的要求。这种对某些不利于篮球运动水平的战术的限制，实际上对篮球运动的发展起到积极的推动作用。

（三）新陈代谢规律

新陈代谢是篮球战术发展进程的一条宏观规律。篮球战术的发展进程是一个包括了萌芽、发展、完善及消亡的过程，抓住时机，适时创新，使新战术取代老战术，从而促进创新战术不断发展和完善，这一客观现象就是代谢规律。在篮球战术发展进程中，新技术尤其是具有先导创新特征的新战术一旦出台，就必然会占据领先地位，甚至取代原有的战术，导致一场战术创新变革。如 20 世纪 50 年代为了对付连续跑动的进攻战术，一种新型的防守战术——紧逼防守在美国出现；为突破紧逼防守，换位进攻新战术应运而生；换位进攻战术的出现导致了区域紧逼防守的问世，在 20 世纪 70 年代，移动进攻战术又以抑制区域紧逼防守走在了进攻战术的前列。可以说，当一种战术处于高峰顶点的同时，它也正处于淘汰期的临界点上，新的战术是在此时孕育或脱颖而出的，这非常符合篮球战术的代谢规律，也是不以人们的意志为转移的。

（四）波浪起伏规律

篮球战术创新的发展存在着连续性与阶段性的统一，即存在着波浪式发展的客观规律。从历史的角度来研究篮球战术创新规律，我们不难发现战术创新的数量和质量往往在某一历史阶段或时间区间内呈高低起伏状态，即在某一特定的时期内，战术创新出现高潮，大量的新战术不断涌现，使整个战术水平大幅度提高。而在另一个时期内，战术的创新活动又陷于低谷，甚至出现停滞徘徊的局面。如 20 世纪 20 年代跳起单手肩上投篮使"8"字进攻战术的攻击性突然加强了，这样"8"字进攻战术在国际上十分流行并一直延伸到 40 年代。20 世纪 50 年代至 60 年代篮球规则在场地和时间上对进攻队加强了新的限制（扩大 3s 区、罚球区呈梯形，增加 30s 规则等），篮球战术在进攻中属于快攻，防守中采用全场紧逼人盯人，战术创新在此阶段非常活跃，新战术出现十分频繁。至此，世界篮球运动开始形成以美国队为代表的高度与技巧结合的美洲型打法，以苏联队为代表的高度与力量结合的欧洲型打法，以中国队为代表的快、灵、准结合的亚洲型打法。各个类型在战术的运用上都本着新颖、针对性强、实效性强的特点，这 20 年是篮球发展的重要阶段。20 世纪 80 年代可以说是篮球战术创新的高峰期，篮球比赛规则对进攻时间、犯规罚则等多次做了新的修改（扩大球场面积、增宽篮板面积、增加 3 分球和"1+1"罚球等），篮球战术因此也在新的制约条件下，采用全面性综合化频繁移动中穿插掩护的运动型进攻战术，防守则采用混合性破坏力强的协调防守战术。此时，高空战术已形成，并作为先导创新的战术开创了篮球空中创新战术的新局面。进入 90 年代，篮球以箭一般的速度在飞速发展，此时，代表篮坛的最高水平当数 NBA 球队及奥运会的"梦之队"，它领导着世界篮球战术的发展。篮球规则在原来的 5s、10s、30s 的基础上，缩至 5s、8s、24s，使比赛的速度加快，更具流畅性，在 NBA 从取消联防到增加联守，再到防守 3s，使世界篮球水平又上了一个新台阶。

20 世纪 20 年代、60 年代、80 年代是篮球战术创新的波峰时期，在这几个时期中，世界篮球运动水平有了极大的提高。而到了 20 世纪末，代表世界篮坛最高水平的 NBA 以其独特的技术和战术创新，正向更高的水平发展。

（五）平衡移动规律

平衡移动规律来源于勒沙特列原理，即平衡移动原理。篮球战术创新的平衡移动规律是指当攻防战术的一种平衡被打破时，一种能克制此战术的战术随之出现，从而促进了战术的创新发展。篮球战术发展史也证明了这条规律，如当防守方采用 2—3 区域防守落位加强内线防守时，目的是为了保护内线这个战略要地克制对手内线进攻能力强的特点，这时进攻方仍强调内线进攻，可能效果就打了折扣，因为内线的防守平衡已经被打破，进攻必须朝着能打破这个新的防守体系的平衡方向发展，进攻方就可能采用 3-2 或 1-3-1 进攻落位战术来攻击对方防守的真空地带。因此，在篮球战术创新的实践中，当进攻和防守处于不平衡状态时，人们为了在比赛中赢得主动权，会积极探索、发展新的攻防战术，改进完善原有的攻防战术，以期实现攻防战术的相对平衡。当进攻与防守战术处于相对的平衡状态时，又会激发人们去努力研究、创造新的战术，在攻防相对适应的基础上发展新的不平衡。正是篮球运动自身的这种攻防不平衡—新的平衡—新的不平衡，如此反复的平衡移动规律，推动篮球战术创新的不断发展。

四、现代篮球战术创新的方法

战术创新方法，是根据创新活动实践总结出的符合体育科学理论和战术规律，并能够提高创新思维能力的各种原理、技巧。战术创新方法属于一般创造方法体系的一部分，其核心是创新思维方法与创新技巧。

篮球战术创新方法共有 5 种基本类型，即递进创新法、组合创新法、逆向思维创新法、移植创新法、非常规战术利用创新法。

（一）递进创新法

递进创新法是指在不改变原战术性质原理的基础上，对其内容与形式逐级加难，并推导出新战术的方法。这是一种非变革性质的创新，在战术中运用率占 29.69%。例如：由后卫或前锋将球传到靠近高中锋篮筐的位置，高中锋跳起在空中接球后人还未落地之前直接将球投入篮筐这一空中接力战术，就是在高中锋接到后卫或前锋的球后再进行转身投篮、分球或策应战术的基础上增加难度递进创新的。

（二）组合创新法

组合创新法是根据其创新目的，将一定数量的成熟战术或部分结构进行符合战术原理的组合。由于战术间都存在着形态结构、途径方法，甚至是运动原理有进行组合的可能性，因此，组合创新法是十分重要的战术创新方法，在篮球战术中运用十分广泛，如混合防守就是创新者将区域联防和人盯人防守组合起来运用的一种防守战术。突分配合也是创新者将运球突破和分球组合起来运用的一种进攻战术，在实际运用中发挥着很大的作用。

（三）逆向思维创新法

逆向思维，也叫反向思维或倒过来思维。逆向思维创新法是指在不改变原来战术原理的基础上，采取非常规思维对其内容与形式进行改造，并导出新的战术的方法。像现代篮球防守掩护战术的变化就采用逆向思维创新法。掩护战术的目的是使队友能摆脱防守者，获得好的进攻空间和时机，掩护成功后，进攻方一般是突破和投篮，突破后自己机会好时投篮或把球传给机会更好的同伴投篮等，而防守方一般是进行换防，其结果是以小防大或以大防小，造成对手可以在以大打小时的硬吃，或以小打大时的利用小个队员速度快的特点，进行突破上篮与分球给机会更好的同伴投篮等，再者，换防一般是在掩护成功后，所有进攻方的队员一般比防守方的队员至少在做下一个动作前快一拍，利用这个时间差可以顺利完成多个攻击动作，造成防守失败。现在防守掩护战术利用进攻方的常规思维已经不再进行换防，而是采用防意图，一看对方掩护，防守队员马上抢先堵住被掩护队员的移动路线，使其掩护即使成功但在进攻时也非常难受，使本方可以获得调整机会，再组织有效的防守战术。

（四）移植创新法

移植创新法是指将某一领域的战术原理方法结构部分或全部地引入另一个领域中，并进行一定的改造，达到新目的下的再创造的一种方法。例如，现在的空中接力战术可能来源于排球战术中的 3 号位近网快攻战术。

（五）非常规战术利用创新法

非常规战术利用创新法是指对战术实践中所暴露出的不符合现有战术动作规范要求，但客观上又存在一定创新效应的缺陷动作和应急战术进行利用，从而导出新的战术方法。非常规战术有三种类型：运动员对战术掌握有缺陷；进行战术配合时，因条件变化出现偏离战术要求的内容；在对抗条件或紧急情况下，运动员凭借长期的运动实践经验与瞬间变化做出的反射式的应急措施。上述战术虽不符合战术规范，但都具有一定的创新实效特征而往往又转瞬即逝。只要创新者具有敏锐的观察力，及时地捕捉，善于分析其合理有用的成分，大胆设想，合理运用，就是一条战术创新的新途径。

如篮板球空中一传快攻战术就是较为典型的篮球非常规战术的创新战术。按照快攻战术常规，中锋或前锋抢到篮板球双脚着地后，再转身长传或短传给接应；但在对方严密的夹击下不得不抢到篮板球后在空中转身完成一传的任务。这本是万不得已的战术配合，但由于它巧妙地避开了防守，加快了快攻的速度，从而形成了一种战术配合，并成为空中战术的重要部分。

现代篮球运动是在高、快、准、全的激烈对抗中不断发展的。它的迅速发展和旺盛的运动生命力，来自其战术的不断创新。战术创新为现代篮球运动突破一个又一个层面、攀登一个又一个的高峰起到了至关重要的推动作用。因此，研究篮球战术的创新，探索篮球创新的规律，建立篮球战术创新的理论体系，科学地指导篮球战术创新实践，对现代篮球蓬勃发展的今天和未来有着十分重要的意义。

第二节　攻防战术基础配合

战术基础配合是指两三人之间所组成的简单配合方法，它是组成全队攻防战术的基础。

一、进攻战术基础配合

进攻战术基础配合包括传切、突分、掩护和策应配合。

（一）传切配合

传切配合是进攻队员之间利用传球和切入技术所组成的简单配合。它包括一传一切和空切两种。传切配合是一种最基本的简单易行的战术配合，在篮球比赛中经常采用。

1. 传切配合的方法

（1）一传一切配合

是指持球队员传球后摆脱防守，向球篮方向切入接回传球投篮（见图7-1）。

图7-1　一传一切配合

（2）空切配合

是指无球队员掌握时机，摆脱对手，切入防守隙区域接球投篮或做其他进攻动作（见图7-2）。

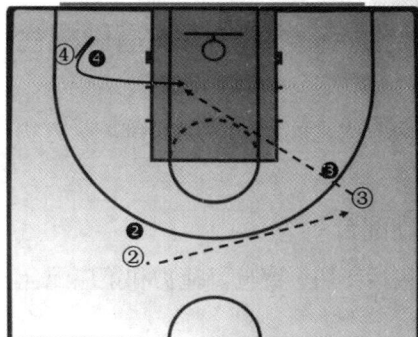

图7-2　空切配合

2. 传切配合的要求

队员配合的距离要拉开，切入路线要合理。

切入队员要利用假动作迷惑对手，掌握好摆脱时机，切入时紧贴对手，动作快速突然。

传球队员动作要隐蔽，传球及时准确。

（二）突分配合

突分配合是指持球队员突破对手之后，遇到对方补防或"关门"时，及时将球传给进攻时机最好的同伴进行攻击的一种配合方法。

1. 突分配合的方法（见图7-3）

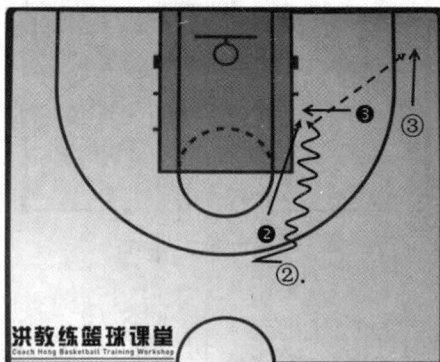

图7-3　突分配合

2. 突分配合的要求

突破队员突破时要突然、快速，在突破过程中在准备投篮的同时要观察攻防队员位置的变化，及时准确地传球。

接球队员把握时机，及时摆脱对手，迅速抢占有利位置接球投篮。

（三）掩护配合

掩护配合是进攻队员采取合理的身体动作，用自己的身体挡住同伴防守者的移动路线，使同伴得以摆脱防守，创造接球投篮或进攻机会的一种配合方法。

掩护配合有许多形式和方法，根据掩护者和被掩护者身体位置的不同，有前掩护、侧掩护、后掩护三种形式。根据不同情况，还可进行多种变化，有反掩护、假掩护、运球掩护、定位掩护、行进间掩护、双人掩护、连续掩护等。从组成掩护配合的行动来看，一是掩护者主动去给同伴做掩护，用身体挡住被掩护者的移动路线，使同伴借以摆脱防守。二是摆脱者主动利用同伴的身体和位置把对手挡住，使自己摆脱防守。因此，掩护配合能否成功，要看掩护者在挡位的同时，摆脱者是否能及时利用同伴把对手挡住。

1.掩护配合的方法

（1）侧掩护

掩护者站在同伴的防守者的侧（略靠后）方，用身体挡住该防守者的移动路线，使同伴摆脱防守获得进攻机会的一种配合方法（见图7-4）。

（2）后掩护

掩护者移动到同伴的防守者的身后作掩护的一种配合方法。这种配合不易被防守者发现，配合容易成功。但与对手的距离不可太近，以免发生身体接触造成犯规。

（3）前掩护

掩护者跑到同伴防守者身前，掩护同伴中、远距离投篮（见图7-5）。

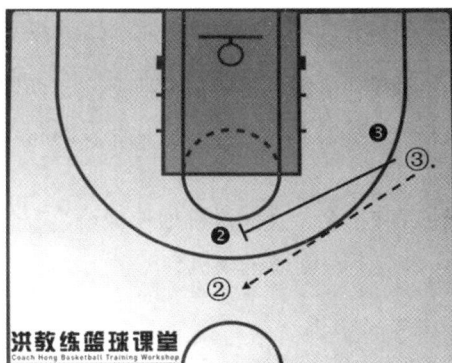

图7-4 侧掩护

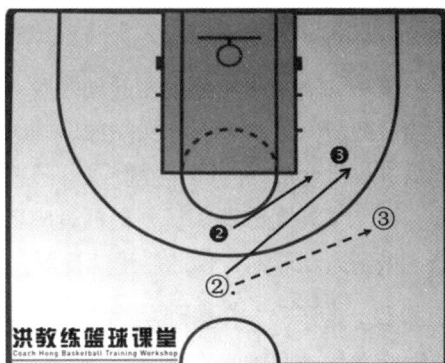

图7-5 前掩护

2.掩护配合的要求

第一，掩护时身体的姿势要正确，两脚开立，上体稍前倾，两手屈肘放于体侧或胸前，距离要适当，掩护时身体保持静止，避免掩护犯规。

第二，掩护时摆脱队员要用投篮和压切等动作，诱使对手接近自己并吸引对手的注意力，为配合创造有利条件。

第三，掩护时同伴之间的配合应掌握好配合时机及其变化方法。

第四，组织掩护配合时要创造中投和突破机会，要注意与内线进攻相结合。

（四）策应配合

策应配合是指进攻队员背对或侧对球篮接球后，与同伴的空切或绕切相结合，借以摆脱防守，创造各种进攻机会的一种配合方法。

进行策应的范围较广，在半场范围内应用时，一般分为内策应和外策应两种，靠底线的限制区两侧作策应通称为内策应，在罚球线附近或罚球线处的长线附近作策应通称为外策应。当对方用全场紧逼防守时，可在中场一带，甚至在对方前场运用策应配合来破坏防守。

1. 策应配合的方法（见图7-6）

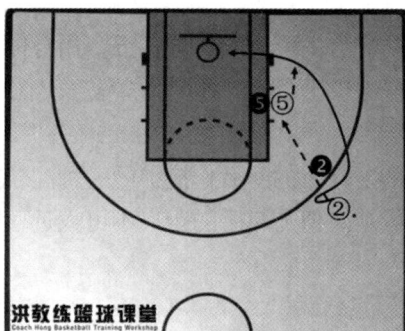

图7-6　策应配合

2. 策应配合的要求

第一，策应队员要突然起动摆脱对手占据有利位置，接球时两脚开立，两膝弯曲，两肘外展，用身体保护球。同时，注意观察场上攻、防的变化，及时将球传给进攻机会最好的同伴投篮或自己进攻。

第二，外围传球队员要根据策应者的位置和机会，及时准确地传球给策应队员，做到人到球到，传球后迅速摆脱防守切入篮下，创造进攻机会。

二、防守战术基础配合

防守战术基础配合包括挤过、穿过、交换、关门、夹击、补防、围守中锋等配合方法。

（一）挤过配合

挤过配合是指对方采用掩护进攻时，防守者为了破坏对方的掩护配合，当掩护者临近的一刹那，被掩护者的防守者主动靠近自己的对手，并从两个进攻者之间侧身挤过去，继续防住自己的对手的一种配合方法。

1.挤过配合的方法（见图7-7）

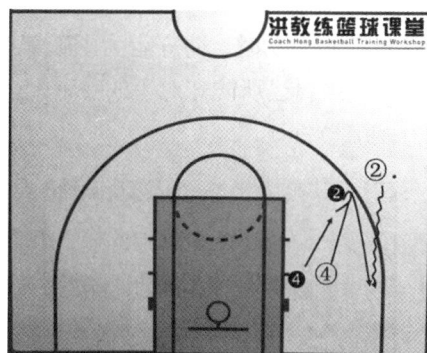

图7-7 挤过配合

2.挤过配合的要求

第一，防守者首先要善于发现对方的掩护行动，防守掩护者要及时提醒挤过和做好换防的准备。

第二，挤过时要贴近防守对象，向前抢步要及时、有力，运用碎步挤过并继续防住自己的对手。

（二）穿过配合

穿过配合是当进攻队员进行掩护时，防守者为了破坏对方的掩护配合，防守掩护者要及时提醒同伴，并主动后撤一步，让同伴及时从自己和掩护者之间穿过，继续防住对手的一种配合方法。

1.穿过配合的方法（见图7-8）

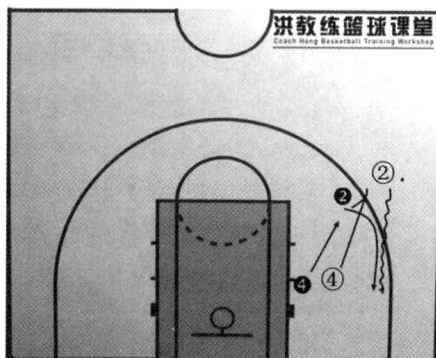

图7-8 穿过配合

2.穿过配合的要求

第一，防守掩护者要及时提醒同伴，并主动让出通路，使同伴能继续防住对手。

第二，穿过防守的队员发现对方掩护时，应及时调整自己的防守位置，并迅速穿过防守对手。

（三）交换配合

交换配合是当进攻队员掩护成功时，防守者为了破坏对方的掩护配合，防掩护者及防被掩护者之间及时交换自己所防守对手的一种配合方法。

1.交换配合的方法（见图7-9）

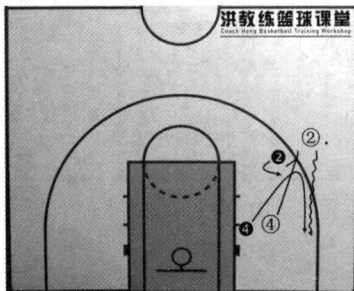

图7-9　交换配合

2.交换配合的要求

第一，防守掩护者的队员要及时提醒同伴，并跟紧自己的对手，当对手切入时，突然换防。

第二，防守被掩护者的队员一定要及时调整防守位置，抢占人篮之间或人球之间的有利位置，不让掩护者把自己挡在外侧。

（四）关门配合

关门配合是邻近的两个防守队员协同防守持球突破的一种配合方法。

1.关门配合的方法（见图7-10）

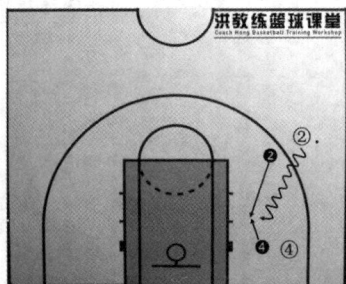

图7-10　关门配合

2.关门配合的要求

第一，防守突破者预先要了解哪一侧有同伴协防，以便采取偏于一侧的防守，迫使对手向有同伴助防的一侧运球突破。

第二，协助防守者应采取错位防守，及时抢占有利的位置，当持球者突破即将超越同伴时，抢先移动向防突破的同伴靠拢关门，不给突破者留有空隙。当突破者停球或传球时，要根据情况快速回防自己的对手。

（五）夹击配合

夹击配合是指两个以上的防守者采取突然的行动，封堵和围夹持球者的一种配合方法。

1. 夹击配合的方法（见图 7-11）

图7-11　夹击配合

2. 夹击配合的要求

第一，正确选择夹击的时机和位置。当对方只顾运球，而不注意观察场上情况时，或在对方运球转身一刹那，或对方运球刚停球时，都是进行夹击的良好时机；最佳夹击位置是边角和中线附近。

第二，夹击时防守者应用腿和躯干围住持球者，同时挥动两臂封堵传球角度，伺机抢球或断球；邻近的防守者应及时移动切断其传球路线，准备断球。

（六）围守中锋配合

围守中锋配合是指当对方中锋攻击力强，为削弱中锋在内线进攻的威胁，外围防守队员协同内线防守队员防守对方中锋的一种配合方法。

1. 围守中锋配合的方法（见图 7-12）

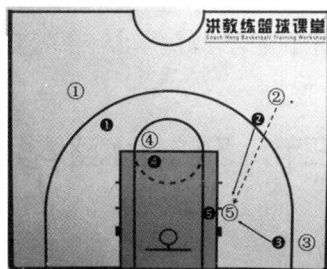

图7-12　围守中锋配合

配合方法图示见教材。

2.围守中锋配合的要求

第一，提高中锋个人防守的能力，要尽量减少中锋接球。防守中锋的队员要积极移动阻截对手接球，外围对持球者进行紧逼，积极干扰其向中锋传球。

第二，邻近球和中锋的防守者，在防好对手的同时要注意协同围守中锋。当对方中锋接到球时，应迅速进行围夹，阻止对方进攻，迫使对方中锋将球传到球外围。

三、攻、防战术基础配合教学步骤及注意事项

攻、防战术基础配合的教学，应安排在攻、守技术教学之后进行。进攻战术基础配合应安排在防守战术基础配合教学之前，这样才能使防守战术基础配合的教学更具有针对性。

在教各种攻防基础配合时，要使运动员了解该战术基础配合在整个战术系统中的作用，以及配合形式、运用时机和特点。重点分析在配合的不同环节，其中有意识上的问题，也有条件、地点、时机、技术动作和应变能力等方面的问题。如攻防战术基础配合时机的捕捉和利用、条件的选择、地点的确定，以及队员之间配合动作的协同和应变等。

战术基础配合的教学要抓重点配合，如传切配合，重点抓正面（纵切）和侧面（横切）的配合；掩护配合，重点抓侧掩护配合；策应配合，重点抓中锋的策应配合。防守方面的重点应抓"关门""挤过"、交换防守等配合。以上配合应先从配合动作方法和移动路线，以及移动中摆脱防守接球等各种练习开始，然后再进行两三个配合练习。在选择练习中应遵循从易到难、从简到繁的教学原则。例如，学习掩护时，先教给持球同伴去做掩护，再教给不持球同伴掩护和运球中掩护。又如防守配合，先教"关门"和"挤过"，再教交换配合。练习中要选择典型实例作为重点练习内容。配合人数先两人后三人，由原地到行进，最后攻守结合。教防守时，从先消极逐渐过渡到积极，最后在近似比赛或通过教学比赛来巩固，提高配合的质量。

练习方法要从运动员的实际情况和实战需要出发，任何一个练习方法都要考虑时机、方向、地点、条件、动作和变化，以及突然性、合理性等诸因素。在教学中要严格要求，使运动员把技术和配合学好、学活，提高运动员战术意识和应变能力。

第三节　攻防战术整体配合

一、快攻与防守快攻

（一）快攻

快攻是由防守转入进攻时，以最快的速度、最短的时间，在人数上造成以多

打少的优势，或在人数相等以及人数少于对方的情况下，乘对方立足未稳，果断而合理地进行的一种快速进攻战术。

长传快攻是队员在后场获球后，几个队员在快速奔跑过程中，运用短而快的传接球，迅速推进过中场迫近对方篮下进行攻击的一种配合。

快攻战术的结构分发动与接应、推进、结束三部分：

发动与接应：发动是快攻战术的前提，接应有固定接应和机动接应两种；

推进：是紧接第一传的配合，是快攻的桥梁；

结束：指快攻进行的前场最后完成攻击所运用的配合。

（二）防守快攻

防守快攻是在由攻转防的过程中，队员有组织地运用个人战术行动和几个人之间的协同配合，主动堵截对手，积极抢球、断球，破坏其快攻战术，为争控制对手进攻的速度，以达到稳定防守、迅速组织起各种不同形式的全队防守战术的目的。其方法和手段是，提高进攻成功率，积极拼抢前场篮板球，封堵快攻第一传和截断接应。

二、半场人盯人防守

（一）半场人盯人防守

半场人盯人防守是在篮球比赛中由进攻转入防守时，全队有组织地迅速退回后场，在半场范围内进行盯人防守的一种全队战术。

基本要求：①防守队应根据双方队员的身高、位置和技术水平，合理地进行防守分工，尽量与对手力量相当；②由进攻转入防守时，要迅速退回后场，找到自己的对手，积极抢球、断球，夹击和补防；③防守有球队员要逼近对手，主动攻击球，积极封盖投篮，干扰传球。

（二）半场人盯人防守战术方法

半场人盯人防守战术方法是根据半场人盯人防守战术的特点，从每个队员的具体实际出发，综合运用传接球、投篮、运球、突破等个人技术动作，以及传切、掩护、策应等几个人之间的战术基础配合，所组成的一种全队进攻战术。共分三个阶段：

第一阶段：准备阶段，即推进前场，快速落位做好进攻部署阶段，避免中场停球。

第二阶段：发动阶段，即运用战术配合投篮攻击阶段，注意队形的合理变化。

第三阶段：结束阶段，即完成配合投篮攻击阶段，投篮后，有组织地争夺前场篮板球和调整位置，保持攻守平衡。

（三）全场紧逼人盯人防守

全场紧逼人盯人防守战术是指由攻转守时每个队员立即看守伻邻近的对手，

并在全场范围内紧紧盯住对手，以个人积极的防守和全队人的协同配合，破坏对方进攻，达到转守为攻的目的的一种攻击性、破坏性很强的防御战术，这种战术防守移动面宽，争夺激烈，速度快，强度大，配合意识要求高，能充分发挥队员的特长和有效地制约对方活动，打乱对方部署和习惯打法，造成对方心理紧张和技术失误，从而取得竞赛的主动权。因此，它在现代高水平篮球比赛中被视为一种杀伤力最强、谋略性运用效果较好的篮球防守战术。

它对培养篮球运动员积极主动、勇猛顽强的战斗作风，提高他们的身体素质和促进技术的全面发展有着极其重要的作用。

1. 全场紧逼人盯人防守战术的运用时机

一般常见的时机是：突然改变战术，出其不意、攻其不备，以达到扩大战果或挽回败局时；身材矮小，但速度快、灵活性较好的队，与身材高大的队比赛，为摆脱篮下被动局面时；对方中投准，控制球能力和突破能力较差，不善于进攻时对方体力较差，为消耗对方体力时。

2. 全场紧逼人盯人防守的基本要求

统一思想，统一行动，积极主动，加强协作。

由攻转守，要迅速就近找人，抢占有利的防守位置，紧逼自己的对手，同时注意场上情况，及时协防。

防守无球队员时，以控制对手接球为主，要及时抢占有利的防守位置，迫使对手向远离球的方向移动；当同伴被突破时，要果断地进行堵截和补防。

防守运球的队员，首先不让对方突破，若被对方突破，也要尽量做到堵中放边，迫使对手沿边线运球并在边角停球，制造夹击机会防掩护配合时，力争抢过和穿过防守，尽量减少交换防守。

要设法诱使对手长传或高吊球，制造抢断球机会。

3. 罚球后的全场紧逼

快攻得分和罚球后是个非常好的全场紧逼机会，罚球时的站位（见图7-13）。

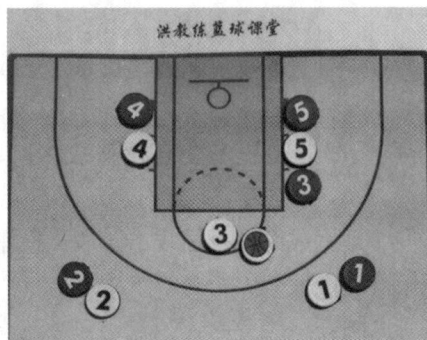

图7-13 罚球时的站位

　　首先对掷端线球的队员（或抢到篮板的队员）进行干扰，不仅可以封杀对手快攻的机会，还可以为队友的紧逼赢得时机（见图 7-14）。

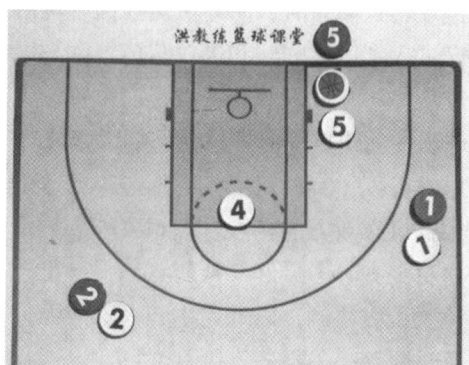

图7-14　对抢到篮板的队员进行干扰

　　当球传到①队员时，❶ 对位防守，阻止其往前场推进；❺ 快速过来夹击；❹ 切断⑤回接路线，❷ 切断②接应路线；❸ 兼顾防守③④球员，并侍机抢断长传球（见图 7-15）。

　　当球传到②队员时，❷ 对位防守，阻止其往前场推进；❹ 快速过来夹击；❺ 切断⑤回接路线，❶ 切断①接应路线；❸ 兼顾防守③④球员，并伺机抢断长传球（见图 7-16）。

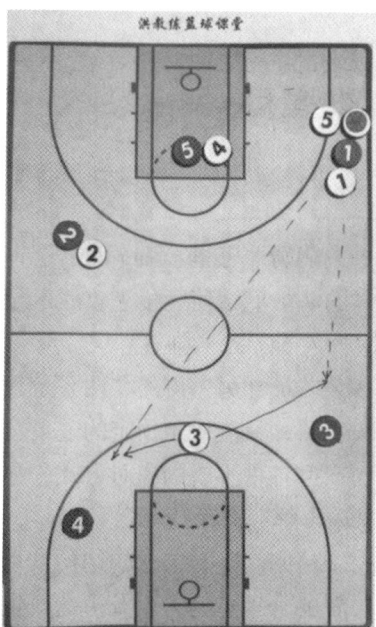

图7-15　罚球后的全场紧逼示意图一

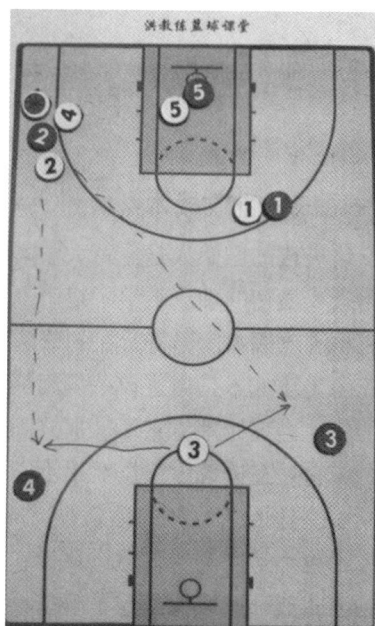

图7-16　罚球后的全场紧逼示意图二

三、区域联防与进攻区域联防

（一）区域联防

区域联防是指由进攻转入防守时，防守队员退回半场后，各按分工负责防守一定的区域，严密防守进入本区域的球和进攻队员，并与同伴协同防守，形成一定的队形，有机地组成集体防守战术。其特点是，位置较为固定，分工明确，有利于组织抢后场篮板球和发动快攻，但容易在局部区域被对方以多打少。

区域联防的常用形式有："2-1-2""2-3""3-2"等阵容。

其战术要求：①根据攻守双方的特点合理布置。一般是把快速灵活善于抢断队员放在外防区，把身材高大、力量好、补防意识强、可控制篮板球的队员放在内线防区；②5个队员要积极协调，以球为主，人球兼顾，有球紧、无球松，整体队形随球的转移而及时调整；③要充分利用"关门"、夹击、补防等防守配合，严防背插、溜底线和突破等攻击性较强的进攻配合。注意保护中锋。

（二）进攻区域联防

进攻区域联防是根据对方防守的队形和本队的特长所采用的进攻配合战术。其常用形式有"1-2-2""1-3-1""2-1-2""3-2"等。其战术要求：①快攻是进攻区域联防的有效方法之一。进攻争取在对方尚未退回后场组织好防守队形之前，积极发动快攻；②进攻队应针对防守队形，采用插空站位的进攻队形；③进攻是要利用各种配合声东击西、内外结合的攻击，借以打乱防守队形，创造投篮机会。要积极争抢前场篮板球并随时准备退守。

第四节　NBA经典战术

一、三角进攻战术

三角进攻的创始人是温特大学时的教练——萨姆·巴里（Sam Barry），是他把三角进攻最初的理念教给了堪萨斯州立大学的队员们，使三角进攻战术显露锋芒。三角进攻战术使温特所在的球队曾经8次打入NCAA八强赛。

三角进攻战术是由进攻一侧组成三角的3名队员和另一侧的"两人游戏"所组成的阵地进攻战术。它不像那些固定的进攻套路，只能按照预定的进攻套路机械执行。它是在进攻中根据对手不同的防守而产生各种不同的应对方式，并最终克敌制胜。按照老温特的话就是"read and react（解读并反应）"。但是，三角进攻战术也不是完全的自由进攻，它是一个要求精密间距和占位的结构体系，每两名场上队员都应该清楚地了解球场上每个位置的合理建构，以及由此产生的、千变万化的进攻战术。

　　三角进攻首先要建立三角。三角进攻由 1-2-2 阵型开始，建成进攻三角的 3 名队员及其他两名队员的间距为 15 英尺（约 4.5 米）。这个间距可以有效保持进攻队员之间的有机联系，进攻队员可以通过简捷的传球，减少被对方抢断的危险，并且可以避免持球队员被防守方包夹。当进攻队员移动、进攻阵型改变之时，进攻队员之间的间距仍努力保持 15 英尺的距离。

　　在实战中，建立进攻三角有许多种方法，但按照进攻三角在进攻中的不同作用，可将进攻三角归纳为三种类型。第一种类型，建立以高大内线队员为"三角顶点"的进攻三角。其方法是，当 1-2-2 进攻阵型落成之后，由控球后卫传球给小前锋，然后从里侧或外侧切入到底角。在左侧或右侧罚球区的腰部，建立以高大内线队员为"三角顶点"的进攻三角。第二种类型，建立"移动三角"。当 1-2-2 阵型落成之后，两名高大内线进攻队员落在一侧。战术开始进行时，站在外线的高大内线队员，利用站在内线高大队员的掩护，移动到另一侧罚球区的腰部，与已在这一侧的两名外线进攻队员建立一个进攻三角。第三种类型，建立以攻击后卫（攻击后卫身材虽然不高，但是他往往具有良好的内线进攻技术。比如乔丹、科比等）为"三角顶点"的进攻三角。其方法是当 1-2-2 进攻阵型落成之后，内线高大进攻队员拉到底角，攻击后卫插到罚球区腰部充当"三角顶点"，控球后卫运球到左侧（或右侧），建立进攻三角。

　　进攻三角不仅是一种整体进攻阵型的局部部分，而且它是一把插在对手腰部的"尖刀"。进攻三角的建立，不仅可以破除对手使用诸如"绕前防守"等手段而使"三角顶点"接到传球，而且可以通过"三角顶点"得球，迫使对手整体防守发生变化，从而使进攻方做出针对性应对措施。

　　当"进攻三角"建成之后，则开始三角进攻的运作。三角进攻战术运作的本质不是预设固定的进攻套路，而是"read and react（解读并反应）"。解读"三角顶点"接球之后防守方产生的变化，并做出针对性应对措施。尽管"三角顶点"接球之后，防守方可能出现许多种情况，但是所有这些情况也可以归纳为三种类型。进攻方的应对措施也针对这三类情况而展开。

　　第一类情况：当"三角顶点"接球后，防守方并未（或来不及）对其实施"包夹"防守。这种情况正是"三角顶点"进行篮下强攻的最佳时机。无论哪一种"进攻三角"，让"三角顶点"接球并进行篮下强攻，都是三角进攻战术最主要的战术目的。一支运用三角进攻战术的球队，往往拥有一名具有高超内线进攻技术的球员。比如公牛队的乔丹、湖人队的奥尼尔等。而运用三角进攻战术，通过建立三种不同形式的"进攻三角"，使防守方不能阻断"三角顶点"接球并不能对其实施有效的"包夹"措施，让"三角顶点"能发挥高超的内线进攻技术，就能够充分发挥三角进攻战术的威力。

第二类情况：当"三角顶点"接球后，防守方放弃对其他进攻队员的防守而实施对"三角顶点"的包夹。这时，"三角顶点"处于"背对篮"的状态，则"三角顶点"无法观察全部攻防双方的情况，因此，进攻方的应对措施就只能先从"进攻三角"内的其他两名队员做起。当防守方实施对"三角顶点"包夹而放松对"进攻三角"其他两名队员的防守时，"进攻三角"中的其他两名队员可以乘机插向对手内线，接"三角顶点"策应传球上篮得分。"进攻三角"中的其他两名队员还可以相互掩护，摆脱防守，获得短暂的良好投篮时机，接"三角顶点"的策应传球，进行中、远距离投篮。而"进攻三角"内配备优异的中、远距离投手，是使三角进攻战术具备优质功能的必要条件。比如湖人队的进攻三角之内，往往配备费舍尔等投手，就是一个很能说明问题的证明。

第三类情况：当"三角顶点"接球后，防守方放弃对其他进攻队员的防守而实施对"三角顶点"的包夹。这时，"三角顶点"处于"面对篮"的状态，则"三角顶点"可以观察全部攻防双方的情况。而此时三角进攻战术就成为一种"低位策应、内外结合"的整体进攻战术。它可以通过进攻三角内其他两名队员的移动掩护，使进攻三角与另一侧队员有机地联系在一起，通过移动掩护、内外穿插等战术行动，获得良好的内外线投篮时机，克敌制胜。这种进攻战术的关键所在是"三角顶点"的策应助攻能力。当"三角顶点"具备这种能力时，则可以使三角进攻战术获得"第二次组织"过程、可以使进攻方内外线获得有机融合，使三角进攻战术过程流畅，变化多端，功能更强。湖人队在2009—2010赛季夺取桂冠，就是一个最好的例证。

（一）"大进攻三角"的进攻方式

1. 篮下强攻的进攻方式

执行球员：④米尔萨普⑮约基奇㉕比斯利㉗默里㊶戈麦斯

执行过程：控球后卫比斯利传球给小前锋戈麦斯，然后从里侧快速移动到底角，与大中锋约基奇、小前锋戈麦斯组成"大进攻三角"（见图7-17）。这时，右侧的得分后卫默里移动到中间高位，弥补比斯利到底角后中间出现的空缺，并维持攻守平衡。当戈麦斯要传球给中锋时，发现防守中锋采用"半绕前"防守的方式，封堵了传球路线，于是戈麦斯传球给底角的比斯利，改变了给中锋的传球路线，使中锋约基奇得球。中锋接球后，比斯利快速移动到另一侧底角，为约基奇篮下强攻拉开进攻范围，造成了篮下"一对一"强攻的局面。约基奇运球后转身强行篮下攻击。

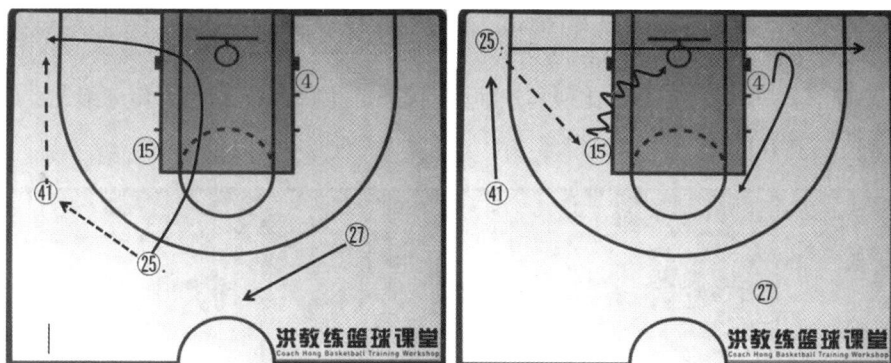

图7-17　篮下强攻的进攻方式

2. 内线队员策应上篮的进攻方式

执行球员：④米尔萨普⑮约基奇㉕比斯利㉗默里㊶戈麦斯

执行过程：控球后卫比斯利传球给小前锋戈麦斯，然后从里侧快速移动到底角，与大中锋约基奇、小前锋戈麦斯组成"大进攻三角"（见图7-18）。这时，右侧的得分后卫默里移动到中间高位，弥补比斯利到底角后中间出现的空缺，并维持攻守平衡。当戈麦斯要传球给中锋时，发现防守中锋采用"半绕前"防守的方式，封堵了传球路线，于是戈麦斯传球给底角的比斯利，改变了给中锋的传球路线，使中锋约基奇得球。中锋接球后，比斯利给戈麦斯掩护，戈麦斯回接约基奇策应传球上篮得分。

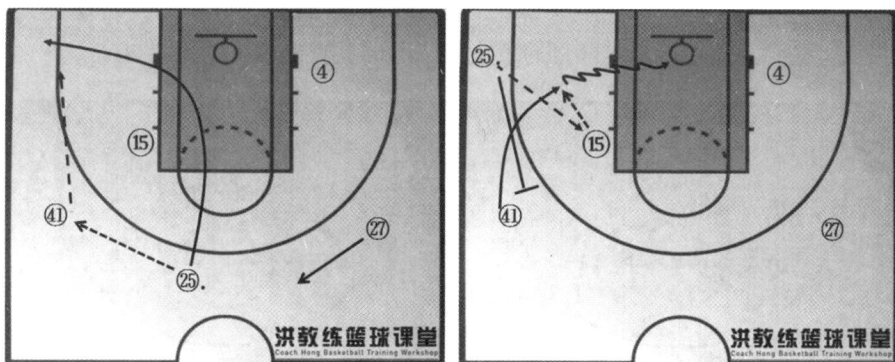

图7-18　内线队员策应上篮的进攻方式

3. 内线队员策应远投的进攻方式

执行球员：④米尔萨普⑮约基奇㉕比斯利㉗默里㊶戈麦斯

执行过程：控球后卫比斯利传球给小前锋戈麦斯，然后从里侧快速移动到底角，与大中锋约基奇、小前锋戈麦斯组成"大进攻三角"（见图7-19）。这时，右侧的得分后卫默里移动到中间高位，弥补比斯利到底角后中间出现的空缺，并维持攻守平衡。戈麦斯传球给底角的比斯利，改变了给中锋的传球路线，使中锋约基奇得球。中锋接球后，比斯利快速移动到另一侧底角。约基奇传球给戈麦斯，戈麦斯传球给默里，默里传球给比斯利，比斯利远投得分。

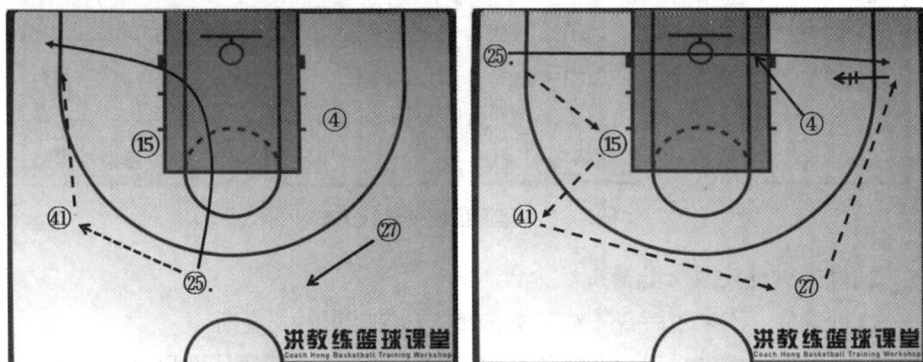

图7-19　内线队员策应远投的进攻方式

（二）"移动三角"的进攻方式

执行球员：④米尔萨普⑮约基奇㉕比斯利㉗默里㊶戈麦斯

执行过程：控球后卫比斯利运球到右侧，默里移动到右侧底角，形成两名队员在底角；与此同时，"潜伏"在左侧的米尔萨普利用约基奇的掩护移动到右侧内线，成为"移动三角"的顶点，使"移动三角"建立起来。同时戈麦斯移动到中间高位，弥补中间出现的空缺，并维持攻守平衡。比斯利传球给米尔萨普后与默里交叉掩护。默里接米尔萨普的策应传球运球上篮得分（见图7-20）。

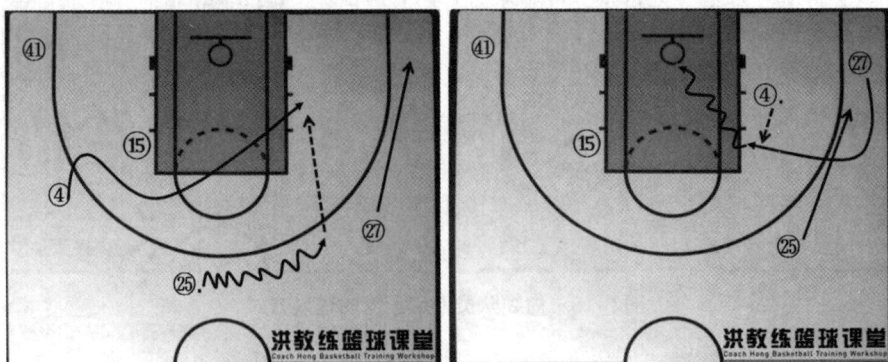

图7-20　"移动三角"的进攻方式

（三）"换位三角"的进攻方式

执行球员：④米尔萨普⑮约基奇㉕比斯利㉗默里㊶戈麦斯

执行过程：控球后卫比斯利运球到左侧传球给底角的戈麦斯，戈麦斯传球给约基奇后快速移动给米尔萨普掩护。约基奇传球给默里，默里传球给换位的米尔萨普。米尔萨普强攻篮下得分（见图7-21）。

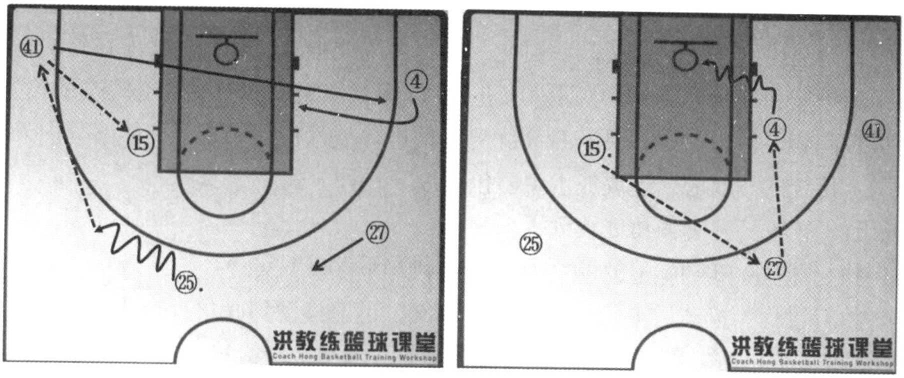

图7-21　"换位三角"的进攻方式

（四）"避实就虚"的进攻方式

执行球员：④米尔萨普⑮约基奇㉕比斯利㉗默里㊶戈麦斯

执行过程：控球后卫比斯利运球到左侧，此时建立了进攻三角。这种进攻阵型把防守方的注意力吸引到左侧，并把防守重兵布置在左侧。这时比斯利却"避实就虚"传球给从底角快速移动过来的米尔萨普。默里从右侧"包抄"接米尔萨普的策应传球上篮得分（见图7-22）。

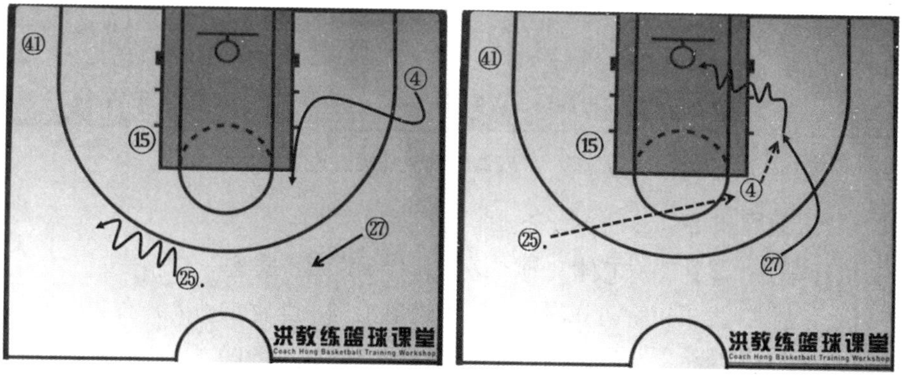

图7-22　"避实就虚"的进攻方式

二、"双塔"进攻战术

"双塔"进攻战术是一种由"以内线进攻为主"的进攻理念为战术指导思想，以两个内线攻击重点（可以由两个高大内线进攻队员组成两个内线攻击重点也可以由一个高大内线进攻队员与其他队员组成两个内线攻击重点）为主体构架，设计的具有丰富战术内容和攻击形式的"以内线进攻为主"的进攻方式。

（一）传统的"双塔"进攻战术

由两名能里能外、技术全面的内线进攻队员组成的灵活性"双塔"，以及围绕"双塔"设计的阵地进攻战术，即为传统的"双塔"进攻战术。在这种进攻战术中，两名内线进攻队员机动、灵活，既能在内线强攻和巧打，又能在外线进行中距离投篮和外线策应，实现对阵地进攻的"第二次组织"。内线"双塔"的设置，使进攻阵容灵活自如，又具有身高优势，使进攻战术机动多变，又能够"内外结合"。传统的"双塔"进攻战术主要包括以下几种方式。

1."双塔"同侧挂插进攻方式

执行球员：③约翰逊⑫鲍文⑳吉诺比利㉑邓肯㊿罗宾逊

执行过程：控球后卫约翰逊传球给鲍文，迅速移动到底角；与此同时，邓肯利用罗宾逊的掩护，挂插向另一侧罚球区腰部。鲍文传球给移动到底角的约翰逊；与此同时，利用挂插摆脱防守的邓肯恰好移动到罚球区腰部，约翰逊"恰到好处"地传球给邓肯，邓肯利用娴熟的篮下进攻技术，进行攻击（见图7-23）。

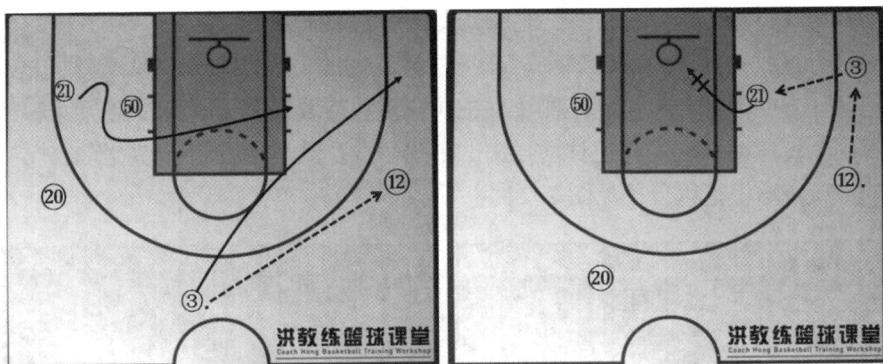

图7-23   "双塔"同侧挂插进攻方式

2."双塔"内外结合的进攻方式

执行球员：③约翰逊⑫鲍文⑳吉诺比利㉑邓肯㊿罗宾逊

执行过程：为了拉空防守内线，扩大进攻范围，邓肯主动离开右侧内线。与此同时，鲍文传球给罗宾逊，然后插向罚球线，接罗宾逊回传球，准备投篮。当鲍文准备投篮时，遇到补防，传球给约翰逊，然后给罗宾逊掩护。罗宾逊利用掩护摆脱防守，移动到另一侧的罚球区腰部，接约翰逊的传球，运用中锋进攻技术进行攻击（见图7-24）。

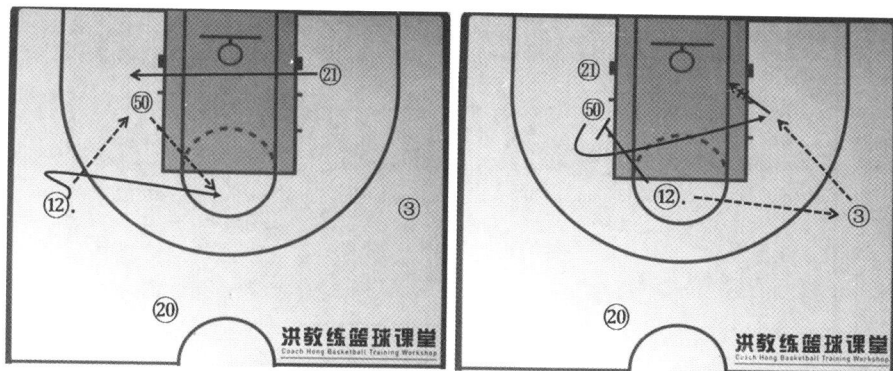

图7-24　"双塔"内外结合的进攻方式

3. "双塔"策应内线进攻的战术

执行球员：③约翰逊⑫鲍文⑳吉诺比利㉑邓肯㊿罗宾逊

执行过程：吉诺比利传球给约翰逊，与此同时，落位在底角的罗宾逊突然"背插"到罚球线接约翰逊的传球。当罗宾逊接球后遭到防守夹击，但是"潜伏"在低位的邓肯却被防守忽略。罗宾逊趁机传球给邓肯，邓肯乘虚攻击（见图7-25）。

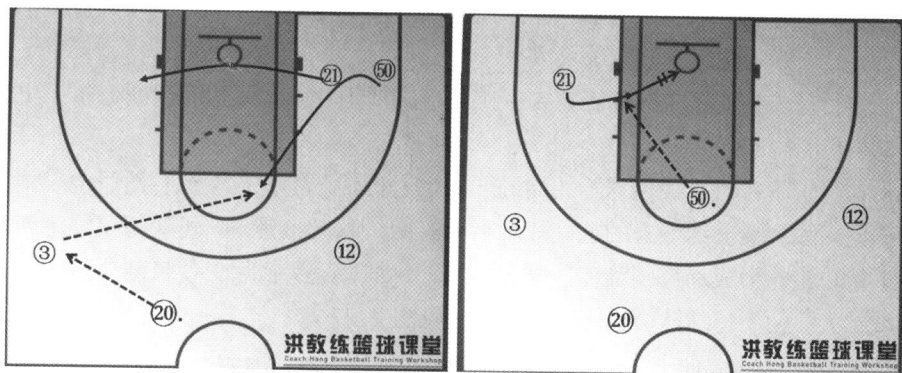

图7-25　"双塔"策应内线进攻的战术

4. "双塔"策应外线进攻的战术

执行球员：③约翰逊⑫鲍文⑳吉诺比利㉑邓肯㊿罗宾逊

执行过程：吉诺比利传球给鲍文，再由鲍文传给底角的约翰逊；鲍文传球后切入并移动到左侧。与此同时，落位在左侧的邓肯利用罗宾逊的掩护，"挂插"到另一侧罚球区的腰部，形成"二虎把门"的进攻阵型。底角持球的约翰逊传球给邓肯，然后从底线溜到另一侧底角。遭受防守包的邓肯传球给处于良好进攻环境的鲍文。鲍文遭补防没有强行投篮，传球给约翰逊。无人防守的约翰逊稳定投篮命中（见图7-26）。

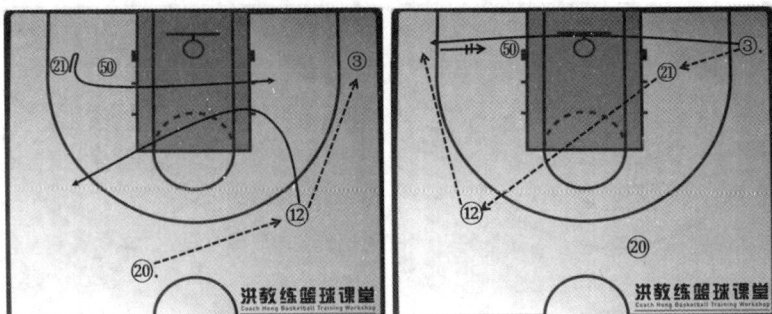

图7-26 "双塔"策应外线进攻的战术

（二）新型"双塔"进攻战术

由一名善于"强攻硬打"的高大内线队员和一名"能里能外"的灵活型高大内线队员组合而成的内线"双塔"，以及围绕内线"双塔"设计的整体进攻方式，即为新型"双塔"进攻战术，或称为"一强一灵"的"双塔"进攻战术。这种进攻战术的阵容灵活性和战术的机动性，远逊于灵活型"双塔"进攻模式，但是，新型"双塔"进攻战术的内线进攻威胁，却更强于灵活型"双塔"进攻组合。新型"双塔"进攻战术包括以下几种方式。

1. "双塔"内线强攻的进攻方式

执行球员：⓪德拉蒙德①雷吉－杰克逊⑦斯坦利－约翰逊⑭伊斯梅尔－史密斯㉓格里芬

执行过程：杰克逊传球给约翰逊，约翰逊再传球给德拉蒙德，然后绕着德拉蒙德向内线穿插。约翰逊的这一战术行动有两个意义：其一，可接德拉蒙德回传球上篮攻击，形成局部"策应"配合；其二，约翰逊穿插后，使持球队员的进攻区域扩大，便于持球队员运用进攻技术（见图7-27）。

德拉蒙德接球后并没有传球给穿插移动的约翰逊，当进攻区域拉开后，运用运球后转身技术强攻篮下。

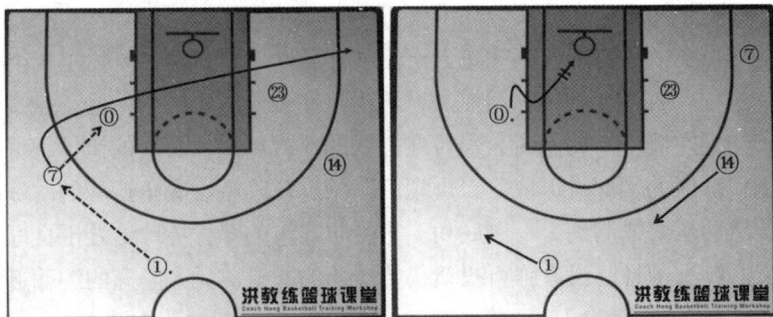

图7-27 "双塔"内线强攻的进攻方式

2. "双塔" 互相策应攻击的进攻方式

执行球员：⓪德拉蒙德①雷吉·杰克逊⑦斯坦利·约翰逊⑭伊斯梅尔·史密斯㉓格里芬

执行过程：杰克逊传球给史密斯，史密斯再传球给格里芬，然后与德拉蒙德交叉掩护穿插到左侧底角。格里芬持球突破吸引包夹，巧妙策应分球给利用掩护摆脱防守的德拉蒙德，德拉蒙德接球跳投命中（见图7-28）。

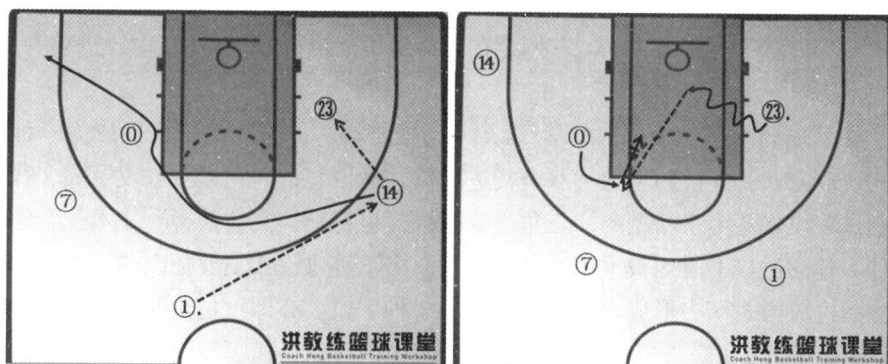

图7-28 "双塔"互相策应攻击的进攻方式

3. "双塔" 低位策应攻击的进攻方式

执行球员：⓪德拉蒙德①雷吉·杰克逊⑦斯坦利·约翰逊⑭伊斯梅尔·史密斯㉓格里芬

执行过程：杰克逊传球给约翰逊，然后快速移动到左侧底角，接约翰逊的回传球。此时，杰克逊、约翰逊和内线队员德拉蒙德形成"三角形"站位，并实施经典的"三角进攻"战术。杰克逊回接球后，传球给内线队员德拉蒙德，然后利用格里芬的掩护快速移动到另一侧底角，形成利于德拉蒙德篮下强攻的态势。但是防守方慑于德拉蒙德的进攻威胁，对其实施"包夹"防守。德拉蒙德根据防守变化，审时度势地传球给格里芬内线强攻或杰克逊外线远投（见图7-29）。

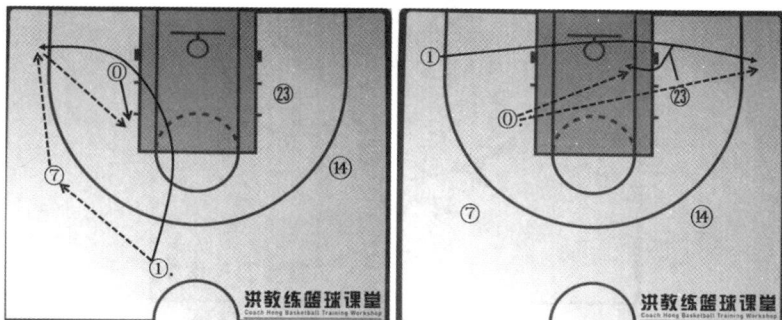

图7-29 "双塔"低位策应攻击的进攻方式

（三）以"高位挡拆"形成内线攻击威胁的进攻战术

把以"高位挡拆"形成内线攻击威胁的进攻方式作为主要进攻方式，是因为：第一，以"高位挡拆"形成内线攻击威胁的进攻方式，以外线队员快速运球突破的方式替代了高大内线队员的篮下强攻，并能取得与篮下强攻相同甚至超过篮下强攻的内线进攻效果。第二，以外线队员快速运球突破分球的方式替代了高大内线队员的策应助攻，并同样能起到迫使防守缩小防区，为外线进攻队员创造良好进攻时机的战术作用。更为重要的是，以"高位挡拆"形成内线攻击威胁的进攻方式与"双塔"进攻战术一样，它们都在忠实地贯彻执行着一种"以内线进攻为主"的战术思想与战术理念。

必须强调的是在美国 NBA 篮坛，"高位挡拆"的进攻战术已经成为一种主要的进攻方式，不仅新型的"双塔"进攻模式运用它，"跑轰"进攻模式、普林斯顿进攻模式甚至于新型的"三角进攻"模式也都把"高位挡拆"战术配合作为一种有效的进攻手段而被重用。但是，"双塔"进攻模式主要把以"高位挡拆"为主的进攻方式作为形成内线进攻威胁的一种手段。亦即：把快速运球突破攻击替代篮下强攻；把运球突破分球助攻替代高大内线队员篮下策应助攻。以新型的"移动型双塔"进攻模式替代传统的"双塔"进攻战术。这种全新的进攻模式包括以下几种进攻方式。

1."高位挡拆"后直接攻击的进攻方式

执行球员：⓪德拉蒙德①雷吉·杰克逊⑦斯坦利·约翰逊⑭伊斯梅尔·史密斯㉓格里芬

执行过程：格里芬上提"高位"给杰克逊掩护，使防守左半区内线空虚，非常利于外线进攻队员运球突破技术的发挥。杰克逊利用格里芬的掩护从左侧乘虚而入，直接快速运球突破上篮（见图 7-30）。

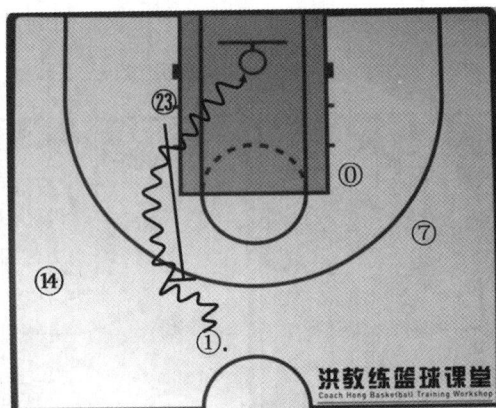

图7-30 "高位挡拆"后直接攻击的进攻方式

2. "高位挡拆"后中锋空插攻击的进攻方式

执行球员：⓪德拉蒙德①雷吉·杰克逊⑦斯坦利·约翰逊⑭伊斯梅尔·史密斯㉓格里芬

执行过程：格里芬和德拉蒙德均上提到高位给杰克逊掩护，两名内线队员上提的行动，完全拉空了防守的内线防区。杰克逊先利用德拉蒙德的掩护，然后再利用格里芬的掩护从左侧防区快速运球向篮下突破，遇到内线防守队员的顽强补防；恰在此时，上提到高位的德拉蒙德趁防守的关注点集中在杰克逊之时乘虚而入，接杰克逊策应传球空中接力暴扣得分（见图7-31）。

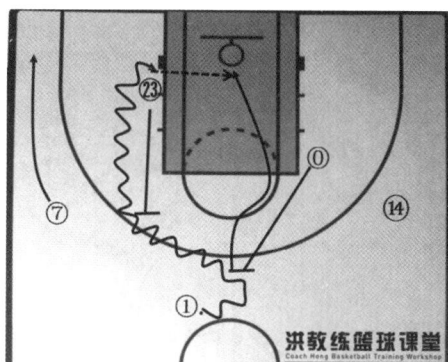

图7-31 "高位挡拆"后中锋空插攻击的进攻方式

3. "高位挡拆"后策应攻击的进攻方式

执行球员：⓪德拉蒙德①雷吉·杰克逊⑦斯坦利·约翰逊⑭伊斯梅尔·史密斯㉓格里芬

执行过程：格里芬上提到高位给史密斯掩护，史密斯利用掩护运球向内线切入，遇防守拦截，传球给掩护后转身插入的格里芬。格里芬接球后，以其强大的进攻威胁使防守对其实施"围堵夹击"；恰在此时，约翰逊趁机空插到篮下，格里芬恰到好处地传球给约翰逊，约翰逊接球上篮得分（见图7-32）。

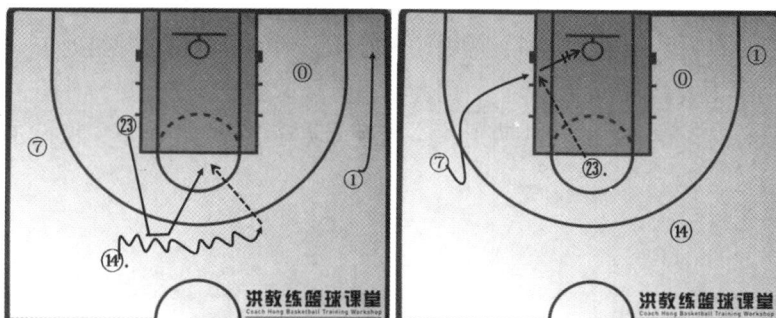

图7-32 "高位挡拆"后策应攻击的进攻方式

4."高位挡拆"突分远投的进攻方式

执行球员：⓪德拉蒙德①雷吉·杰克逊⑦斯坦利·约翰逊⑭伊斯梅尔·史密斯㉓格里芬

执行过程：杰克逊传球给史密斯，然后向右侧移动，为史密斯的运球突破行动提供更大的行动空间。同时原先站在右侧的约翰逊移动到底角，使外线进攻队员之间保持合理的间隔。德拉蒙德上提到左侧高位给史密斯掩护，史密斯利用掩护从右侧运球向内突破，遇防守拦截，传球给杰克逊；杰克逊接球后快速传球给底角的约翰逊。此时约翰逊处于防守方补防不及的良好投篮区域，约翰逊在补防不及的情况下从容投篮（见图7-33）。

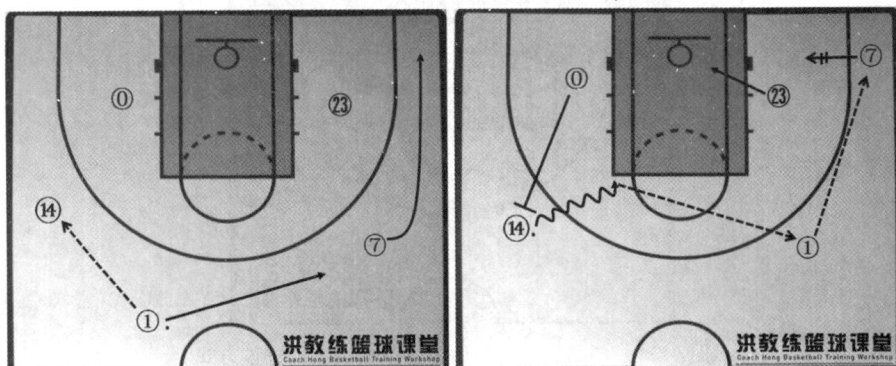

图7-33 "高位挡拆"突分远投的进攻方式

5."高位挡拆"后中锋策应远投的进攻方式

执行球员：⓪德拉蒙德①雷吉·杰克逊⑦斯坦利·约翰逊⑭伊斯梅尔·史密斯㉓格里芬

执行过程：德拉蒙德上提到高位给史密斯掩护，史密斯沿左侧运球突破，遇防守拦截，传球给转身向内线插入的德拉蒙德。与此同时，约翰逊从左侧沿底线移动到右侧。德拉蒙德接球后遇到防守拦截包夹，不能实现接球攻击的战术预想。但是，防守在实施包夹的同时，却在防守外线露出破绽。于是德拉蒙德趁势传球给外线队友约翰逊。此时，防守快速补防，约翰逊趁机传球给处于"空位"的格里芬。内线是防守的"家"，因此格里芬接球后遭到防守拼命补防，格里芬趁势再一次传球给外线队友杰克逊，杰克逊无防守干扰的情况下，稳投3分（见图7-34）。

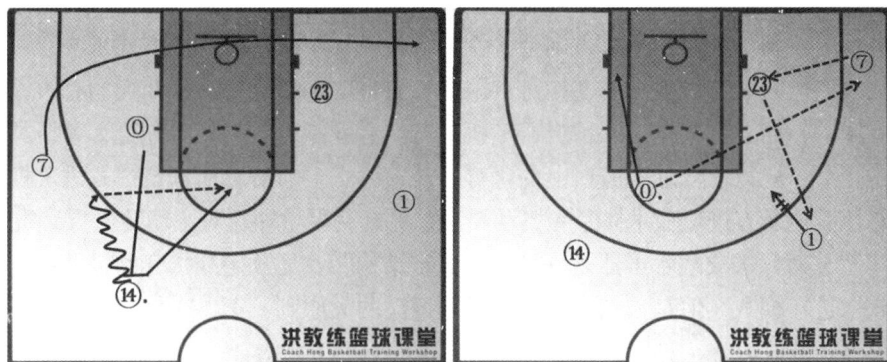

图7-34　"高位挡拆"后中锋策应远投的进攻方式

三、普林斯顿体系

普林斯顿体系是由皮特·卡瑞尔（Pete Carril）发明的，不过卡瑞尔本人却说他在大学时候的教练布奇最开始用这种战术。1952 年，卡瑞尔在美国宾夕法尼亚州的伊斯顿高中开始自己的篮球教练生涯，从那时起他就开始摸索属于自己的战术体系。1967 年，卡瑞尔来到普林斯顿大学执教。由于普林斯顿大学是常春藤名校，对于给体育生提供奖学金的做法给予严格的限制，因此该校几乎没有从高中招来的明星球员。为了能在全美联赛中占有一席之地，卡瑞尔不断完善自己的进攻体系，使其更加适应"平民球员"。借鉴前任柯尔夫的经验，卡瑞尔完成了自己战术体系的最后一个环节——把中锋从低位拉到了高位，从而清空了禁区，供他的前锋和后卫队员们在无人防守的情况下走后门上篮。他曾用这种打法率领普林斯顿大学这样一所没有一名学生享受体育奖学金的学校在 NCAA 获得 500 胜，并创造了 14 次失分最低纪录。2002 年 NBA 西部决赛萨克拉门托国王队和洛杉矶湖人队的七场大战，使普林斯顿进攻战术以其灵活机动的进攻方式和惊人的攻击效率昭示于世人之前，而让人震惊。阿德尔曼使普林斯顿进攻战术获得了最大的使用效益和最高欣赏价值。

普林斯顿进攻战术与其他进攻战术最本质的区别在于它并不是一种按固定路线进攻的战术体系，而是一种没有固定套路的"开放式"进攻战术打法。它不是依靠执行固定的战术配合设计，而是通过不断地移动来"自由地"创造进攻机会。在这个灵活性很强的体系中，场上的所有球员在球队进攻中都能找到适合自己的位置，并充分发挥自己的技术能力。

因为普林斯顿进攻战术是一种"无固定结构"、无预定战术套路设计的"自由式"进攻模式。所以它往往能获得"后发先至"的战术效果，取得攻守战术应对上的主动权。在实战中，任何精妙的战术设计在实施几次之后，都会被对手识破并采取相应的应对措施，一旦这种情况出现，预定战术的实施即会出现阻滞和被破坏的现象。这时，进攻方则会采用"预先设计"战术的变换方式来改变不利的战局。但是，这种战术的变换是有限的，更重要的是这种战术变换的有效性也是有限的，而只有根据对手情况，随机进行"后发制人"的战术配合，才能"后发先至"，取得攻守战术应对上的优势。在这一点上，普林斯顿自由式进攻模式具有比其他所有进攻战术体系更机动灵活、更能获得攻守应对主动的优秀品质。

普林斯顿进攻战术虽然是一种"无固定结构"、无预定战术套路设计的"自由式"进攻模式，但是，它在实施时必须遵循两大原则：第一，将高大内线队员上提到罚球线以外（见图7-35）。由于普林斯顿战术要求高大内线队员能够进行远投攻击，所以当高大内线队员在外线持球时，防守方内线高大队员被迫跟随上提，造成防守方内线空虚；这就为进攻方各个位置队员由外向内的空切（多数是背向空切）和反跑等战术行动的采用提供了条件。值得注意的是：空切和反跑形成的传切和策应配合，是普林斯顿战术的主要配合。从这个意义上说，高大内线队员上提到罚球线以外的战术行动，为普林斯顿战术的实施，创造了有利的"地域环境"。第二，普林斯顿战术要求 5 个位置的队员都具有很强的进攻能力，这就迫使防守队员必须采取"逼迫性、扩大式"防守，必须非常专注地防守自己的"对象"而无暇参与协防行动；当进攻队员在外线移动时，防守队员的"逼迫性、扩大式"防守（特别是抢断球的行动）在客观上也造成了防守方内线的空虚，为进攻队员的由外向内空切和反跑，提供了不可或缺的条件。普林斯顿战术强调拉空防守的内线区域，为空切、反跑创造有利条件，实质上是为它的进攻模式创造了能够"自由地"实施战术配合的必要环境。

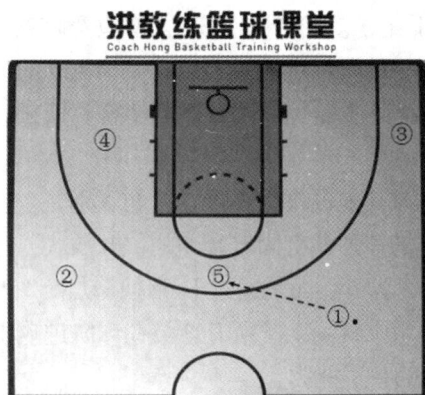

图7-35 高大内线队员上提到罚球线以外

在"自由的"环境中，随机地采用合理的战术配合，就必须对战术执行人的技术要求很高。在技术方面，普林斯顿战术要求球员拥有出色的外线投篮能力、传球以及左右兼顾的突破能力。这种技术要求的内涵是每个位置的战术执行人必须具有本位置和"邻近"位置（两个位置）的技术。亦即：中锋队员必须具有中锋和大前锋的技术；大前锋必须具有大前锋和小前锋的技术；小前锋必须具有小前锋和攻击后位的技术；攻击后卫必须具有组织后卫和攻击后卫的技术；组织后卫也必须具有组织后卫和攻击后卫的技术。唯其如此，才能执行普林斯顿战术内外贯通、自如攻击、内线远投、外线内打的中心思想。唯其如此，战术执行人才能在"自由的"环境中采取"自由而合理"的战术行动。

而在所有技术要求中，最为重要的是对高大内线队员的技术要求。它不但要求两个高大队员能够内外攻击，而且要求他们能够纵观全局、策应队友攻击、执行"第二次组织进攻"。这是普林斯顿战术的核心"高大内线队员的罚球线策应"。高大内线队员的这种战术行动吸引了防守的高度关注，拉空了防守内线，使纵穿、横切的队友能恰到好处地接球攻击，或在防守薄弱的外线投篮。萨博尼斯"精确地像计算机一样的传球"、迪瓦茨精妙的策应、韦伯随心所欲的攻击和恰到好处的传球，都是普林斯顿战术所需要的高大内线队员的典范。普林斯顿战术要求高大内线队员必须做到智慧和技巧的完美结合；在篮球运动中最能体现智慧与技巧完美结合的战术行动，莫过于精妙的"助攻"，那种"精确得像计算机一样的传球助攻"，更多地体现了与队友心领神会的默契、洞察和抓住防守漏洞的敏锐，以及两者相加的智慧与技巧的完美结合。而在更多地展现"力与美"的篮球运动中，这种"智慧与技巧"的完美结合显得更为难能可贵。这种"智慧与技巧"完美结合的战术行动的意义在于，它智慧地使普林斯顿战术能够"自由地"实施和运转，并产生相当高的进攻效果。

要实现普林斯顿战术"自由地"实施和运转，还必须要求所有球员应具备无私的比赛态度并不断地努力为队友去创造投篮机会"整体"的自由，往往需要"个体"付出某种欲望牺牲的代价，而将"个体"融入"整体"之中。唯其如此，才能选择最合理的进攻时机并进行最有效的攻击。而这种"个体"的牺牲很快会得到"回报"，当队友的进攻吸引了防守注意的时候，自己也能获得更多的进攻时机。

除此之外，球员还必须具备对比赛出色的阅读能力。赋予场上的球员"创造进攻机会的自由权"是普林斯顿进攻战术的灵魂，如果不具有全面而高超的技术能力和阅读比赛的能力，将无法合理地支配和使用"创造进攻机会的自由权"。最后，由于普林斯顿战术要求球员在场上不断地移动，所以拥有良好的体能也成为必需的因素。赋予场上的球员创造进攻机会的自由权，将激发这种"无固定结构"的战术体系的优势和潜能，并能弥补场外指导因"间接指挥"而造成的遗漏、失误或不足。

（一）普林斯顿进攻战术之高位篇

1. 高位策应外线远投的战术

执行球员：②鲍尔⑤钱德勒⑨隆多⑭英格拉姆㉓詹姆斯

执行过程：鲍尔传球隆多后穿过油漆区到右侧零度角，英格拉姆回撤，詹姆斯到罚球线接球，钱德勒和隆多下顺落位。詹姆斯利用个人能力吸引后分球给鲍尔、英格拉姆，或隆多远投（见图7-36）。

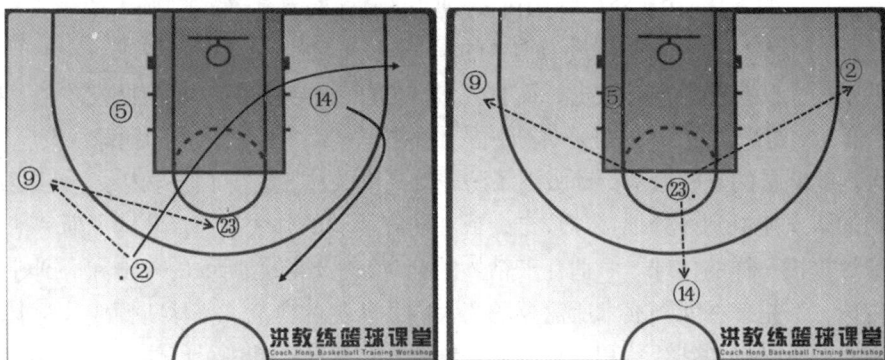

图7-36　高位策应外线远投的战术

2. 高位策应切入攻击的战术

执行球员：②鲍尔⑤钱德勒⑨隆多⑭英格拉姆㉓詹姆斯

执行过程：詹姆斯接到隆多传球后利用个人能力吸引，英格拉姆运用鲍尔的掩护接詹姆斯的策应传球切入篮下（见图7-37）。

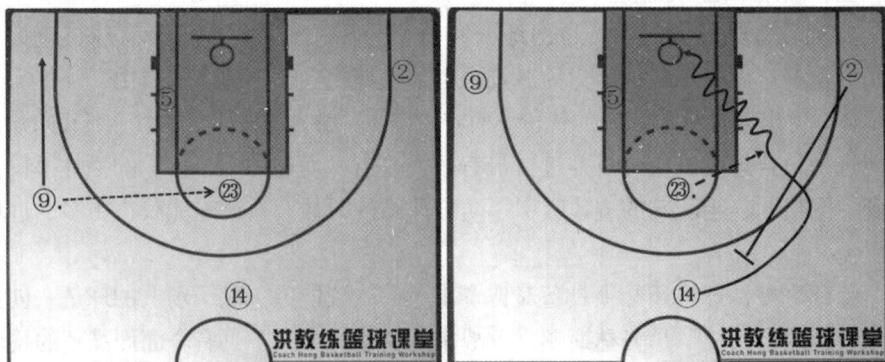

图7-37　高位策应切入攻击的战术

3. 高位策应内线攻击的战术

执行球员：②鲍尔⑤钱德勒⑨隆多⑭英格拉姆㉓詹姆斯

执行过程：詹姆斯接到隆多传球后利用个人能力吸引，英格拉姆和鲍尔交叉掩护准备接詹姆斯的策应传球，钱德勒切入篮下接詹姆斯传球强攻（见图7-38）。

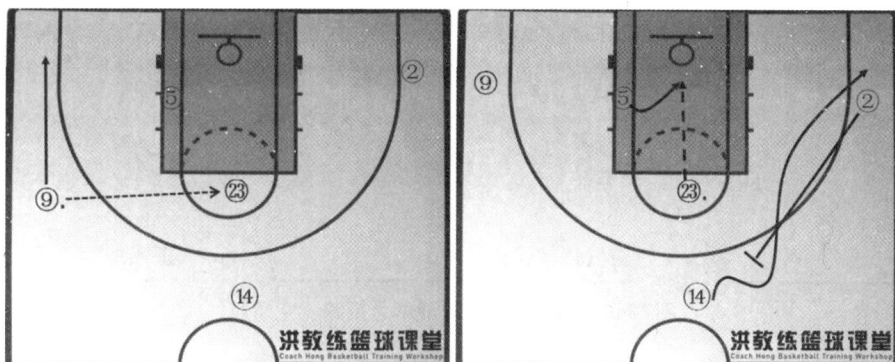

图7-38　高位策应内线攻击的战术

（二）普林斯顿进攻战术之低位篇

执行球员：②鲍尔③哈特⑥史蒂芬森⑭英格拉姆㉓詹姆斯

执行过程：詹姆斯传球给鲍尔后，英格拉姆掩护詹姆斯下顺到低位回接球，詹姆斯利用个人能力吸引后分球给外围的②鲍尔③哈特⑥史蒂芬森⑭英格拉姆（见图7-39）。

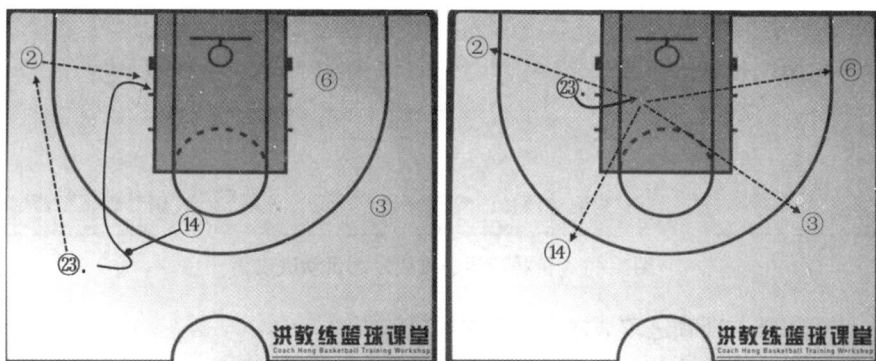

图7-39　普林斯顿进攻战术之低位篇

（三）普林斯顿进攻战术之反跑、空切篇

执行球员：②鲍尔⑤钱德勒⑨隆多⑭英格拉姆㉓詹姆斯

执行过程：詹姆斯接到隆多传球后利用个人能力吸引，钱德勒假掩护隆多后反跑接球，或者英格拉姆运用鲍尔的掩护空切篮下接詹姆斯的传球（见图7-40）。

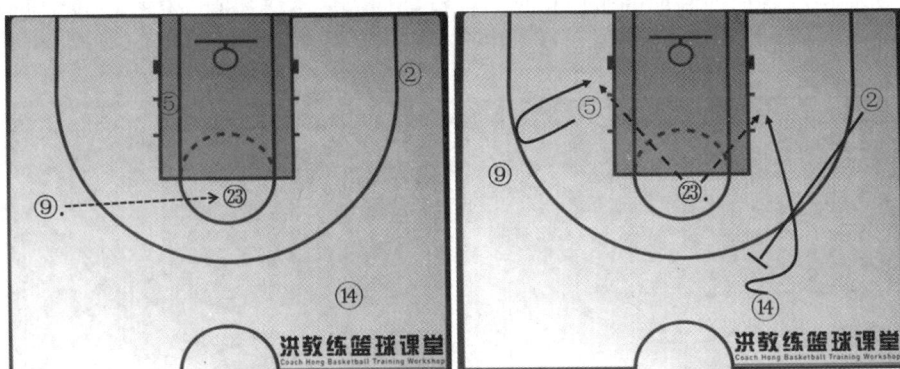

图7-40　普林斯顿进攻战术之反跑、空切篇

（四）普林斯顿进攻战术之机动进攻篇

执行球员：②鲍尔③哈特⑤钱德勒⑭英格拉姆㉓詹姆斯

执行过程：詹姆斯接到鲍尔传球后利用个人能力吸引，鲍尔和哈特交叉后在零度角等待接球，钱德勒和英格拉姆交叉掩护切入篮下准备强攻（见图7-41）。

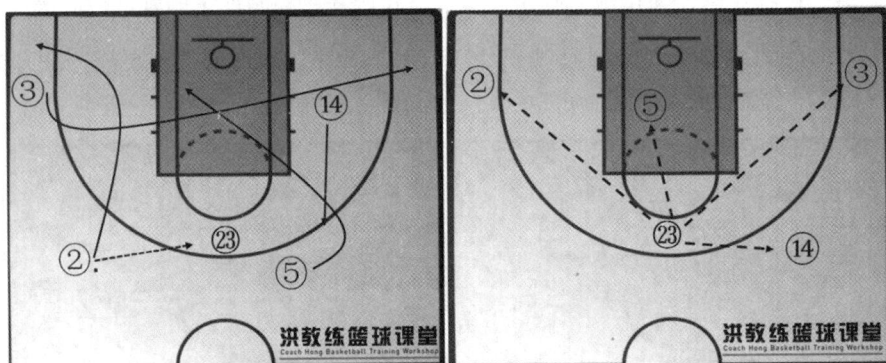

图7-41　普林斯顿进攻战术之机动进攻篇

（五）普林斯顿进攻战术之特殊时间打法篇

执行球员：②鲍尔③哈特⑤钱德勒⑭英格拉姆㉓詹姆斯

执行过程：詹姆斯接到英格拉姆传球后利用个人能力吸引，鲍尔和钱德勒交叉后等待接球，英格拉姆和哈特交叉掩护切入篮下准备强攻。如果都没接到球，钱德勒给英格拉姆做掩护后到油漆区右侧接球，英格拉姆到左侧零度角接球；鲍尔和哈特在三分线顶端交叉换位等待接球（见图7-42）。

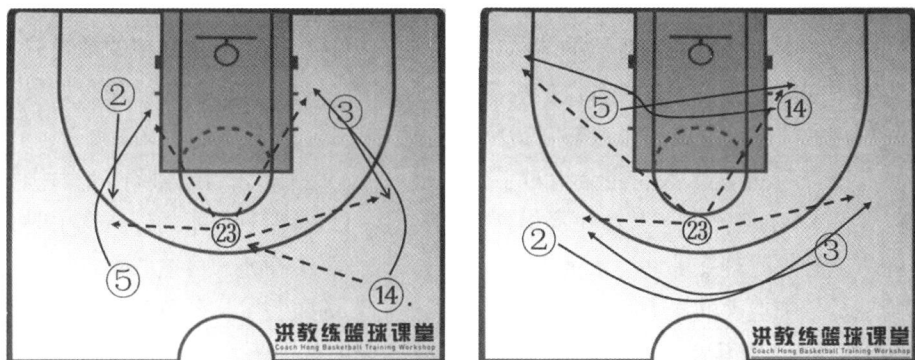

图7-42 普林斯顿进攻战术之特殊时间打法篇

实施进攻战术的目的不外有三：

第一，通过战术配合制造空位进攻的机会。

第二，通过战术配合获得错位的机会，比如大打小、快打慢、体重大的队员打体重小的队员、投篮准的队员打防守范围较小防不出来的队员等。

第三，战术运转到一定时间段如果还没有上述两种机会出现，球应该转移到重点球员手中，由重点队员主动进攻来打破攻守平衡的局面。如果上述目的在进攻24秒临近结束还没有达到，那么就过渡到特殊打法上，球在谁的手中谁就必须执行特殊时间战术，以此来进行最后一搏。

普林斯顿进攻体系的精髓是无球移动、空切和反跑。普林斯顿打法的格言是"强壮能占弱小的便宜，而聪明能占强壮的便宜"。用普林斯顿体系创始人卡瑞尔自己的话来说就是："在这种战术中，大个子总要从小个子那里获得球，但是，请记住，最精妙的传球是出于大个子的。"

普林斯顿战术非常灵活，它几乎能和所有类型的基础配合搭配使用，可以适应绝大部分的进攻配置。除了空切之外，大部分情况下普林斯顿战术要求进攻球员全部提到罚球线以上落位，以便使进攻区域遍布全场。这种落位形式不仅迫使防守方把防守区域扩大到整个半场，并且排除了任何弱侧协防的可能。

此种战术变化的关键在于：任何时候外围的进攻队员如果不能抓住一次接球进攻的机会，那么他的最佳机会就是利用对方防守队员"防接球"的意图，通过变向反跑切入篮下得分。

很明显，这种战术建立在进攻队员良好的视野和阅读比赛（了解防守队员的意图）的能力之上，由此选择出正确的进攻方式。此种战术已经被不断地证明，可以抵消对方队员强大的个人能力。

还有要说明的一点是，由于普林斯顿战术并非依靠固定战术套路来展开，而且可以和所有的基础配合（如传切、策应、掩护和突破分球）搭配，这就决定了很大程度上普林斯顿打法更接近于原则性打法。所以，虽然在实践中，在比赛的不同阶段，奉行普林斯顿打法的球队也大量地使用高位挡拆以及其他的常规战术来应对不同的对手，但这种打法的精髓是排斥对位一对一的。换句话说，如果不能利用这种战术来造成空位或防守错位，也就失去了这种战术的意义。

普林斯顿进攻战术往往会给对手施加很大的心理压力。普林斯顿战术作为"巨人杀手"的名声对于某些比赛很有效：当与主打普林斯顿战术的球队交手时，防守方就必须时刻在那些"永远不要漏人"的警告声中挣扎，可这些警告往往只会给球员带来更大的压力，甚至恐慌——当他们真的跟丢了自己负责的防守对象的时候。这种恐惧感和不确定性，在大多数场合中都会下意识地存在于球员的内心。

普林斯顿进攻战术还有如下的优点：

普林斯顿战术对阵一支打低节奏比赛球队时，低节奏球队的心理压力使球员感到必须少犯错误，大多数球队没有经历过每次进攻都对比赛胜负至关重要的比赛过程。这种心理压力在比赛最后决定胜负的阶段更大，而这种心态会严重影响该球队的整体技术发挥。

集中力量攻击那些防守能力偏弱的球员。同样，也要攻击那些强壮但缺乏外线防守技巧的内线球员。远离篮下会让内线防守球员很不适应，他们往往会对此不知所措，不知该如何去防守，无论从技术上还是心理上都完全没有准备。这是普林斯顿战术获得良好远投时机的主要原因。

当对手采取绕前防守时，通过反跑轻松地得分会有效打击对手的士气。

不断地移动不仅会给对手带来生理上的疲惫，更重要的是导致其心理和精神上的松懈，更易于发生技术或心理上的失误。

在加快比赛节奏的过程中，对手希望使比赛速度加快而仓促出手投篮。这时候失误往往就会在那些为迫使比赛节奏加快而采取的不合理传球中产生了。

如果不断用反跑来攻击对手，他们就会选择收缩的松动防守。而一旦他们缩小了防守区域，他们就失去了对传球路线的破坏和干扰能力，同时将对外线投手一筹莫展。

当对手逐渐习惯于慢节奏的攻防速度时，他们的回防速度就会变慢并开始松懈，这时候可以突然加快比赛节奏在攻守转换阶段轻松得分。

低节奏比赛对于进攻型球队或者擅长利用快速进攻得分的球员来说是很痛苦的。那些个人得分能力出众的球员，面对这种节奏缓慢且沉闷的比赛时，容易焦躁而失去耐性。

对手在被多次转移球调动得疲于奔命后会松懈，但是实际上普林斯顿战术会充分利用任何一次可能的传切机会攻击篮筐。

因为充分的耐心和团队协作，普林斯顿战术就像防守那样始终是稳固而坚定的。

综上所述，可以看到：

第一，任何一种NBA经典进攻战术都以其独特的进攻方式而存在于比赛实践之中，并以此彰显其本质特征。例如"双塔"进攻战术、三角进攻战术都以内线进攻为主，它们继承了篮球进攻传统内线是决定胜负的生死之地，必须运用一切手段，"把球打到篮下"。显然，它们都抓住和遵循了篮球运动的规律，从而在实战中表现出强大的进攻功能，但是，同是以内线进攻为主的战术类型，"双塔"进攻战术与三角进攻战术之间却有着明显的区别，"双塔"进攻战术强调在进攻内线必须具有两个攻击中心，以此造成对手防不胜防的局面。三角进攻战术却强调进攻阵形始终要把主要力量以"三角"刀的形式扎向对手的心脏，这个"三角"是可以移动的，它可以根据防守的不同状况，灵活地建立在其薄弱之处，以此形成内外结合的合理攻击。而"跑轰"进攻战术与普林斯顿进攻战术都以外线进攻为主，它们似乎背离了篮球进攻传统，却更适应比赛的实际需要，它们避开凶狠、激烈的对抗，以巧取胜，用事实证明良好的攻击环境具有与"离篮圈近"相同或相似的进攻利用价值，并且都能取得良好的攻击效果。这一"否定之否定"的思辨轨迹，不是证明篮球进攻传统的"过时"，而是在充实和弥补篮球进攻传统，让它更坚实地发展到将来。但是，同是以外线进攻为主的战术类型，"跑轰"进攻战术与普林斯顿进攻战术也有着明显的区别，"跑轰"进攻战术注重攻对手"立足未稳"，而普林斯顿进攻战术则更注重阵地进攻；"跑轰"进攻战术强调快速移动和无球掩护获得攻击机会，而普林斯顿进攻战术则更强调通过"大个子"队员在罚球线以外策应获得攻击机会，显然同一种进攻战术类型或非同一种进攻战术类型，虽然它们的攻击区域大致相同，但是它们的进攻方式与运行方式都明显不同，正因为如此，各种NBA经典进攻战术才能够以其独特的进攻方式彰显其本质特征和战术风格。

第二，尽管几种NBA经典进攻战术各以其独特的战术特点，展示着各自特有的进攻风格，但是，在实战中，几乎没有一支球队仅运用一种战术应对复杂的比赛和不同类型的对手，而是在保持自己独特进攻风格的同时，不得不运用各种不同功能的进攻战术应对不同的对手和各种复杂的局面。这说明：在实战中，任何一种具有强大功能的战术，都不可能解决所有问题，只有随机应变地合理使用应该运用的战术，才有可能获得理想的进攻效率。从这个意义上说，没有伟大的战术，只有伟大的战术家；没有适应所有情况的进攻方式，只有知己知彼、百战不殆的战术家。战术只有在伟大战术家的手里，才能获得伟大。

第三，正是因为战术家在比赛实践中对进攻战术理论的创造性运用，导致了进攻战术之间的有机融合。高位挡拆与普林斯顿战术有机融合，使高位进攻战术的方式更加灵活多样；普林斯顿战术高位策应的方式也得到运球突破策应方式的补充，而使普林斯顿战术策应的方式更多样、灵活，普林斯顿战术因此而获得更强大的进攻功能。加索尔加入湖人队，带来了普林斯顿战术与三角进攻战术的有机融合，加索尔在高位的策应使三角进攻战术更灵活、多变，并由此带来攻击方式更多样化，这说明：进攻体系中技术因素的增加会导致进攻体系结构的改变，并由此促进进攻体系功能变得更为强大。欧洲篮球中锋精湛的策应技术使三角进攻中策应的功能更为强大，它使运用三角进攻战术的外线攻击人员能像普林斯顿战术外线攻击人员那样轻松、自由地获得攻击机会，从而使三角进攻战术内外结合的进攻功能变得更为强大。通过快速移动和无球掩护获得灵活的外线远投时机，几乎成了所有 NBA 球队获得外线攻击机会的主要方式，"跑轰"进攻战术的精髓为几乎所有 NBA 球队所借鉴，成为它们外线进攻的主要方式。普林斯顿战术注重"大个子"策应的特点，已经成为所有 NBA 球队中锋内线进攻的一种主要技术内容，它不仅可以巧妙地避开强大的内线防守，而且可以使进攻方内外攻击结合得更加密切。

这不仅仅是各种进攻战术之间的融合，还是世界其他地区篮球进入 NBA 后引起的一场革命性变革，它使 NBA 篮球更充分地吸收了世界其他地区篮球优秀的营养，使之变得更加繁荣和强大，并以它经典进攻的模式，影响和促进世界篮球运动的蓬勃发展。

了解了这一点，再来看 NBA 经典进攻战术，则可以清楚地看到，在实战中，任何一支球队都是根据实战情况，随机应变地、力求合理地、有选择地运用各种进攻战术。

那么，如何判断一支球队进攻体系的属性和它的进攻风格呢？尽管两支球队在实战中随机应变地选择运用各种进攻战术，但是，为了更好地发挥其具有的独特的"进攻本能"，它必须在绝大多数情况下，坚持使用最符合其进攻风格、最能发挥其整体技术功能的进攻战术，特别是在比赛的"最艰难"和"最特殊"的时刻。

第八章　洪教练篮球课堂及青少年篮球训练大纲

第一节　青少年篮球训练大纲

一、项目特征

篮球运动是在特定的时间与空间范围内，受特定规则的制约，攻守双方围绕以争夺控制球权为焦点，以投篮得分为目标，攻守转换快速多变的速度力量型、攻守兼顾高强度直接对抗型的技能——体能类的集体项目。运动员以有氧供能为主导，以无氧供能为补充，混合供能相融合，展开时间、空间、体能、技术、战术、心理与智能等全方位的团体较量与个体争夺，其中以团队协作为桥梁，以个体竞争为手段，以技能运用为前提，以心智因素为核心，以力量素质为主导，以速度素质为关键，以耐力素质为基础，以灵敏柔韧素质为保证。双方力争控制攻守转换的主动权，从而获得更多的投篮机会并以得分取胜为目标。

二、总体指导思想

青少年篮球运动训练的总体指导思想：坚持以科学发展观为指导，以我国篮球后备人才培养系统工程健康持续发展为目标，以教育青少年相互尊重以及建立团队意识的人格塑造为核心，以培养青少年参加篮球运动的兴趣、动机与目标为导向，以传授青少年篮球运动基本技能与相关知识为途径，以发展青少年观察判断的敏感性、身体素质的全面性、技术动作的规范性、战术运用的灵活性、心智能力的稳定性为重点，科学选才，科学训练，科学育才，科学管理，抓好规范，夯实基础，提高技能，培养智能、增强体能，锤炼性格，全面发展，形成特长，造就高质量的篮球后备人才，服务社会，为国增光。

三、总体目标

青少年篮球运动训练的总体目标：坚持以人为本、身心健康、全面发展的原则，保持我国篮球后备人才培养的系统工程健康持续发展，使我国青少年队伍稳定在亚洲比赛的最高水平，并进入世界青少年比赛的先进行列，为国家队和高水平篮球俱乐部培养优秀后备力量，为国家和社会培养输送全面发展的篮球人才。

四、理论基础

我们进行青少年篮球训练必须了解他们生长发育的生理特征、心理特征、容易造成的运动损伤与预防处理方法。

（一）青少年生长发育的生理特征

1.小学生生长发育的生理特征

一般特点：生长发育相对缓慢，性别差异不显著。

骨骼关节特点：骨骼富于弹性但坚固不足，骨骼易弯曲变形。

肌肉特点：①收缩能力弱，耐力差。发育顺序：躯干肌先于四肢肌，屈肌先于伸肌，上肢肌先于下肢肌，大块肌先于小肌肉。②跑速提高最快的时期。

心血管功能特点：心脏发育不完善，心率较快，收缩力弱；血管发育早于心脏，血压较低；运动中依靠加快心率增加心排血量适应需要。

呼吸功能特点：呼吸肌力较弱，肺活量小，呼吸频率快，呼吸表浅。

神经系统特点：①大脑发育迅速，神经活动不稳，兴奋占优，好动、注意力不易集中；②精确动作能力较差；③第一信号系统活动占优，形象思维能力较强；④12岁左右反应速度达到第一峰值，为发展协调能力的最佳时期。

2.初中学生生长发育的生理特征

一般特点：进入青春发育期，生长发育加速，性别差异凸显，女性各器官系统发育提早于男性1~2岁。

骨骼肌肉特点：①肌肉蛋白合成加强，肌肉体积和力量增长速度加快，纵向发展，以长度增加为主；②骨骼发育快于肌肉，关节柔韧性降低。

心血管功能特点：男性血管发育慢于心脏发育；女性心血管功能发育进入稳定期，接近于成人水平；青春期高血压病发生率增高。

呼吸功能特点：①由于呼吸肌力量加强，摄氧量显著增加；②耐力水平增长最快的时期。

神经系统特点：①大脑皮质功能加强，分析综合能力显著提高；②精确动作能力显著提高；③第二信号系统功能进一步发展，联想、推理能力提高；④为发展专门协调能力的最佳时期。

生殖系统特点：女性出现月经来潮。

3. 高中学生生长发育的生理特征

一般特点：为生长发育过程相对缓慢、稳定的阶段；女性发育停滞，男性仍具有一定的发展空间。

骨骼肌肉特点：①下肢骨骨化由加速渐至完成，脊柱椎体骨化趋向完成，因此，骨骼长度发育基本停止；②肌肉横向增长、较小肌群迅速发育，肌肉力量增长最快时期；③关节柔韧性随力量的增长而降低。女性20岁左右，男性25岁左右，整体肌力到达最大。

心血管功能特点：心血管发育趋于平衡，功能稳定，青春期高血压病发生率降低。

呼吸功能特点：摄氧量增加放缓。

神经系统特点：①大脑皮质分化能力较强，反应迅速，易于掌握高难动作；②第二信号系统功能较完善，抽象思维能力较强；③20岁左右反应速度达到第二峰值。

（二）青少年生长发育的心理特征

1. 小学生生长发育的心理特征

这一阶段的儿童具有强烈的好奇心和求知欲；成功和鼓励会使儿童获得胜任感和勤奋感；注意力的集中和稳定性较差，一旦面临新奇、神秘、有趣的事物，就会产生探究行为；感知觉能力发展迅速，表象能力开始发展，思维开始从以具体的形象思维为主要形式，过渡到以抽象思维为主要形式，但这时的抽象思维仍以具体形象为支柱；控制情绪的基本技巧得到发展，但自制能力有限；由于家庭环境和教育方式等原因，较多独生子女形成一些不良性格特征，如孤僻、懦弱、自私、依赖等，但不能一概而论。

2. 初中学生生长发育的心理特征

自我意识飞速发展，有较强的自尊心；强烈关注个性成长；具有半成熟、半幼稚的特点，充满着独立性和依赖性、自觉性和幼稚性的相互矛盾；能较好地控制自己的注意力和表象，抽象的逻辑思维已占主导地位，出现反省思维；思维的独立性和批判性也有所发展；思维具有灵活性和可逆性的特点；心理活动的随意性显著增长，能随意调节自己的行动；产生成人感，独立感强烈，开始关心自己和别人的内心世界；社会高级情感迅速发展，道德行为更加自觉，容易形成较强的集体荣誉感。

3. 高中学生生长发育的心理特征

智力接近成熟，开始出现辩证思维；道德感、理智感与美感都有了进一步发展；不仅能比较客观地看待自我，而且能明确地表现自我，敏感地防卫自我，并珍重自我，形成了理智的自我意识，然而，理想的自我与现实的自我仍然面临着分裂的危机，自我肯定与自我否定经常发生冲突；表扬和鼓励有助于青少年形成自我认同。

（三）青少年篮球运动员常见伤病及预防

1. 青少年篮球运动员运动损伤的特点及预防

（1）运动损伤的好发部位与特点

膝部：为损伤发病率最高的部位，以髌骨劳损、内外侧副韧带、内外侧半月板损伤多见。

踝部：因踝关节过度内翻或外翻造成韧带损伤多见，外侧韧带损伤概率约为内侧韧带损伤的 3 倍。

腰部：急性损伤，即"闪腰"，系指腰部肌肉、筋膜、韧带或腰椎间关节等软组织损伤，慢性损伤主要是指腰部软组织或伴有骨组织慢性累积性损伤，多见腰肌劳损，主要由于长期局部负担过重和微伤积累所致。

其他：如手腕部损伤、手腕部韧带、关节囊、肌肉、肌腱、筋膜部分或完全撕裂伤，严重者伴有撕脱性骨折或脱位。

损伤形式：软组织损伤（肌腱、韧带、筋膜、关节囊等）；肌肉损伤；关节脱位或骨折。

（2）运动损伤产生的原因

训练负荷过度（运动量过大、局部负荷过大）；准备活动不充分；对抗性原因（跳起落地不稳、技术动作错误、冲撞、对方动作粗野）；综合身体素质差，场地气候不良，恢复不彻底（疲劳）；身体机能不良；等等。

（3）运动损伤预防

充分准备活动；训练负荷合理；重视运动员身体素质专项素质的练习；合理营养；普及预防损伤常识；定期体检。

2. 青少年篮球运动员常见的肌肉、韧带、关节损伤与处理方法

（1）运动员肌肉、韧带损伤及处理方法

表现形式：肌肉拉伤；肌肉挫伤；骨化性肌炎；延迟性肌肉酸痛；肌肉痉挛；韧带损伤。

早期处理及预防：肌肉、肌腱或韧带损伤按照 R.I.C.E. 原则，即休息、固定、冷敷和抬高患肢。疑有肌纤维大部分撕裂或肌肉肌腱完全断裂时，经急救处理后要迅速将伤员送至医院手术缝合。充分的准备活动对于预防肌肉韧带损伤具有重要作用。

（2）运动员关节损伤及处理方法

表现形式：关节脱位；骨折。

早期处理：立即停止运动；手法复位；小夹板固定；口服和局部使用消炎镇

痛药物；疑有撕脱性骨折时，经加压包扎、固定伤肢等急救处理后，迅速将伤员送至医院及早手术。

3.青少年篮球运动员常见的膝关节损伤与处理方法

（1）运动员膝关节损伤的种类及表现

膝半月板损伤；膝内侧副韧带损伤；前十字韧带损伤；髌骨劳损；髌骨关节疼痛综合征（髌骨软化）。

（2）运动员膝关节损伤的原因

膝关节结构复杂性特征；年龄偏小，发育不完善；技术因素；过度训练。

（3）运动员膝关节损伤的处理方法

内侧副韧带损伤及十字韧带损伤：早期处理同肌肉、韧带损伤及处理方法。

膝半月板损伤：制动；消肿止痛；急救处理后，迅速将伤员送至医院，必要时及早手术切除。

4.青少年篮球运动员疲劳性骨膜炎症状与处理方法

（1）疲劳性骨膜炎

胫腓骨骨膜对运动负荷过大的一种炎性反应，晚期可能出现疲劳性骨折。

运动员疲劳性骨膜炎产生的早期症状：疼痛、肿胀、压痛、后蹬痛、结节及肿块。

运动员疲劳性骨膜炎产生的原因：肌肉附着点局部骨膜长期反复受力过大、负荷不当；训练方法不当；技术动作不正确；场地过硬；准备活动不充分；等等。

（2）运动员疲劳性骨膜炎处理方法

轻者：弹力绷带裹扎。

急性损伤症状、体征明显者：应停止训练或减低负荷量；抬高患肢，冷敷和加压包扎；效果不好者，用石膏或夹板固定，制动休息。

运动中或运动后疼痛者：采用弹力绷带包扎局部封闭和按摩相结合。

晚期患者出现骨膜下增生、局部症状严重者，手术植骨。

五、阶段计划

根据我国青少年篮球运动员自身的发育特点以及业余训练的实际，将青少年年龄段划分为：水平一（7～8岁）、水平二（9～10岁）、水平三（11～12岁）、水平四（13～15岁）四个年龄段，并确定每个年龄段的具体训练指导思想、训练目标、训练任务、训练内容、训练要求、训练态度、比赛安排和训练时数，身体素质训练的比重、身体、技术、战术与心理训练比重的安排等，为不同年龄段的训练提供更加系统的指导与建议，见表8-1～表8-4。

表8-1　水平一训练计划

项目		内容			
指导思想		培养爱好，体验乐趣，抓好基础；全面发展			
训练目标		1.培养对篮球运动的兴趣与爱好 2.初步掌握基本技术动作方法 3.提高灵敏、协调、柔韧素质 4.培养尊重人、守纪律、负责任的良好习惯 5.培养好奇心，启发多提问			
训练任务		1.传授篮球相关知识、趣闻 2.传授基本功训练手段、方法 3.传授进攻技术动作方法 4.传授防守技术动作方法 5.传授灵敏、协调、柔韧训练方法 6.培养好奇心与积极主动精神 7.培养球性感知、抽象思维			
训练内容		1.基本功练习 2.进攻技术方法练习 3.防守技术方法练习 4.灵敏、协调、柔韧训练 5.游戏训练 6.心理训练 7.反应速度、动作频率训练			
训练要求		1.球性熟练，球感灵敏，手法、步伐比较协调 2.多采用示范、观摩、观看录像等手段帮助掌握正确的基本技术 3.多采用游戏的方式启发兴趣，培养竞争意识，全面发展各项身体素质 4.掌握基本技术的手法、步伐、身法，养成正确的动作习惯，在移动中完成动作 5.重点发展反应灵敏、起动灵敏、脚手灵敏协调和关节柔韧素质 6.注重启发教育，培养学生尊重人、信任人、守纪律、负责任的良好习惯 7.严格控制运动负荷			
训练态度		1.培养从事篮球运动的积极性，自觉自愿参加训练 2.养成训练的良好习惯 3.对于有关训练的事情做出积极的决定 4.加强注意力的稳定性训练 5.运用表象训练方法提高学习效果			
比赛安排		每年20～30场教学比赛 1.参加教学比赛与对抗竞争比赛 2.了解篮球比赛的过程 3.培养参加比赛的乐趣和竞争精神			
身体素质训练	力量/%	5～10	速度/%	15～20	耐力/%	15～20
	柔韧/%	25～35	灵敏/%	25～35		
训练比重	身体/%	35	技术/%	40		
	战术/%	10	心理/%	15		

表8-2 水平二训练计划

项目	内容
指导思想	强化兴趣，抓好规范，夯实基础，全面发展
训练目标	1.培养对篮球运动的兴趣与爱好 2.提高基本技术动作衔接能力 3.掌握基础配合战术方法 4.拓展速率和有氧耐力素质 5.培养理解人、帮助人的良好习惯 6.培养观察、分析比赛的思维能力
训练任务	1.传授技术、战术的概念 2.传授基本功的衔接组合 3.传授进攻技术动作技巧 4.传授防守技术动作技巧 5.传授进攻基础战术配合方法 6.传授防守基础战术配合方法 7.传授速率、有氧耐力训练方法 8.培养观察分析与勇敢顽强作风 9.培养球速感知、形象思维
训练内容	1.基本功组合练习 2.进攻技术的组合练习 3.防守基础的组合练习 4.进攻基础配合练习 5.防守基础配合练习 6.进攻战术配合练习 7.防守战术配合练习 8.有氧耐力训练 9.加强女子力量与柔韧训练 10.作风培养与分析的思维训练
训练要求	1.球性、球感熟练自如，手脚协调，反应移动敏捷 2.进攻技术符合规格要求，动作衔接组合协调 3.防守技术能够合理选择位置，贴近对手，干扰持球队员 4.基本具备攻守配合的能力，攻守转换反应及时，转换迅速 5.重点发展反应速度、起动速度、动作速率和有氧耐力素质 6.注重实践训练，在比赛中提高技术的应用能力与视野观察判断能力
训练态度	1.激发积极训练的动机 2.提高自律能力，改善自我控制能力 3.培养集体观念和团队精神 4.处理好训练、学习、娱乐和生活的关系 5.注意力控制、心理放松训练
比赛安排	每年30场教学比赛，10场正规比赛 1.学习比赛技巧，熟悉了解竞赛规则 2.增加参与比赛的次数 3.不断总结比赛的经验和教训

（续上表）

项目		内容				
身体素质训练	力量/%	10~15	速度/%	15~20	耐力/%	20~25
	柔韧/%	20~30	灵敏/%	20~30		
训练比重	身体/%	35	技术/%	35		
	战术/%	15	心理/%	15		

表8-3 水平三训练计划

项目	内容
指导思想	激励动机，突出重点，发展技能 增强体能，培养智能，塑造性格
训练目标	1.强化兴趣与爱好 2.培养基本技术动作规范 3.掌握战术配合应变方法 4.发展力量、灵敏和耐力素质 5.培养信任人、会交往的社交能力 6.提高篮球战术思维能力
训练任务	1.传授技术、战术概念与方法 2.传授基本功的应用组合 3.传授进攻技术的应用技巧 4.传授防守技术的应用技巧 5.传授进攻基础战术应用时机 6.传授防守基础战术应用时机 7.传授力量、速度训练方法 8.培养相互信任与团队协作 9.培养时空感知、综合思维
训练内容	1.基本功应变练习 2.进攻技术的应用练习 3.防守技术的应用练习 4.进攻战术配合练习 5.防守战术配合练习 6.攻守转换配合练习 7.速度、力量与无氧练习 8.比赛技巧与团队协作训练 9.综合思维与战术思维训练
训练要求	1.人、球一体控制自如，反应敏捷，移动迅速 2.进攻技术动作规范，技术应用时机合理 3.防守技术应用合理，选位、堵位、干扰、封堵、抢断正确 4.能够执行战术布置，攻守配合的整体战术意图清晰 5.重点发展速度力量、力量耐力和有氧耐力 6.总结分析实战案例，提高战术思维能力 7.合理安排运动负荷

（续上表）

项目		内容					
训练态度		1. 树立个人的训练目标与自信心 2. 提高自我控制能力，遵守和执行有关管理规定 3. 锻炼顽强的意志品质 4. 学会沟通与交往 5. 提高自身的文化修养 6. 加强思维能力的训练					
比赛安排		每年40场教学比赛，20场正规比赛 1. 检验技术运用效果 2. 检验战术运用效果 3. 参加不同类型的比赛，积累比赛经验					
身体素质训练	力量/%	15～20	速度/%	20～25	耐力/%	25～30	
	柔韧/%	15～20	灵敏/%	15～20			
训练比重	身体/%	30	技术/%	35			
	战术/%	25	心理/%	10			

表8-4　水平四训练计划

项目	内容
指导思想	树立目标，明确方向，提高技能 突出特长，锤炼性格，发展素养
训练目标	1. 激励投身篮球运动 2. 强化基本技术灵活运用 3. 强化战术配合的灵活应用 4. 增强爆发力与专项耐力素质 5. 培养互助协作的团队精神 6. 提高篮球竞赛的战术意识
训练任务	1. 传授竞赛规律 2. 传授基本功应变组合 3. 传授进攻技术应变技巧 4. 传授防守技术应变技巧 5. 传授进攻战术应变方法 6. 传授防守战术应变方法 7. 传授爆发、专项耐力方法 8. 培养意志品质与团队精神 9. 培养本体感知、散发思维
训练内容	1. 基本功对抗练习 2. 进攻技术对抗练习 3. 防守技术对抗练习 4. 攻守战术磨合练习 5. 攻守转换针对性练习 6. 爆发素质和专项耐力素质练习 7. 意志品质的特殊练习 8. 战术思维、战术意识的特殊练习

项目		内容			
训练要求		1. 人、球一体，随心所欲，随机应变，随意组合 2. 实战对抗中能合理掌握投、传、运、突、切的时机 3. 实战防守中，掌握攻击性防守的技术要求，并进行防守协作 4. 整体战术意识清醒，合理运用技术去创造和把握战机 5. 重点发展速度、爆发力量与专项耐力的无氧训练 6. 健全个人的训练日记，及时总结分析成长经历			
训练态度		1. 树立事业心，明确责任 2. 培养自身良好的性格特征，学会与人共处 3. 顽强的意志品质，良好的处事心态 4. 加强与教练员的交流与沟通 5. 加强自控与意志品质训练			
比赛安排		每年50场教学比赛；30场正规比赛 1. 学会实战对抗中运用技术与战术 2. 学会承受比赛结果，调整心态 3. 培养阅读比赛的经验和比赛意识			
身体素质训练	力量/%	20～25	速度/%	20～25	耐力/% 20～25
	柔韧/%	10～15	灵敏/%	10～15	
训练比重	身体/%	30	技术/%	30	
	战术/%	30	心理/%	10	

第二节　洪教练篮球课堂：小篮球赛

　　为了开发适合孩子们的小篮球比赛，结合姚明的篮球复兴计划和本人的教学实践，我修改了成人的篮球比赛规则，做出了小篮球赛（也称 mini 篮球赛），以适应孩子们的参赛需要。小篮球运动旨在为不同年龄、不同能力的孩子们提供运动机会，丰富他们的运动体验、提高他们参与篮球运动的热情。

　　成人篮球比赛中，通常使用的篮球、球篮对大多数孩子来说过大、过高，因而在小篮球比赛中，减小了篮球的尺寸，降低了球篮的高度。篮球运动中的许多特定规定，在小篮球运动中也做了简化。比赛按照以下基本规则展开：

　　·为了获得比赛的胜利，必须比对手获得更多的投篮得分。

　　·需要保持自己和球在球场之内（队员出界和球出界规则）。

　　·不能持着球走或跑，因此为了在球场上的移动，必须运球（带球走规则）。

　　·不能双手同时运球或持球后再次运球（非法运球）。

　　·不能有不正当的身体接触（侵人犯规）。

　　洪教练篮球课堂的小篮球赛除了采用最新国际篮联通用的《篮球规则》，又有它特有的规则，具体如篮球课堂的学员分四个队进行小组循环，每队 10 人；

比赛分六节，第一节和第六节比赛时间为 3 分钟，第二节到第五节比赛时间为 10 分钟；第一节半场 1V1，第六节半场 2V2，第二节到第五节全场 4V4。前三节队员不能重复上场，第五节和第六节的队员不能重复上场；第一节每队派一名球员进行 3 分钟的单挑赛，得 5 分（及以上）爆停。比赛以猜拳开始进攻，可抢进攻篮板连续进攻，得分后、攻防转换须运球出三分线，鸣哨后的进攻从三分线顶端开始；第二节到第五节每节以跳球开始进行 10 分钟（不停表）的全场 4V4 比赛；第六节每队派两名第五节未上场的球员进行 3 分钟的最强 BIG2 对抗赛；若比赛时间终了比分相等，以罚球定胜负；选手轮流上场，同一轮次比分领先比赛立即结束。目前，我们的规则仍在进一步完善中。

附　录

青少年篮球训练双语教学

Beginning 开始

Useful Sentence Patterns 常用句型

一、Absence 缺席

今天谁缺席？ Who is missing today?

有人缺席吗？ Who isn' t here?

谁没有到？ Is there anyone absent?

谁没有出席？ Who is absent?

赵明怎么了？／赵明有什么事吗？ What' s the matter with Zhao Ming?

他怎么了？／他有什么事情吗？ Is there anything the matter with him?

他身体不好吗？／他怎么了？ What' s wrong with him?

他有什么不舒服吗？／他怎么了？ Is there anything wrong with him?

今天早上有人见过小良吗？ Has anybody seen Xiao Liang this morning?

你知道吴小利在哪儿吗？ Do you know where Wu Xiaoli is?

他出了什么事情？ What' s happened to him?

有谁知道小可在哪里？ Who knows where Xiao Ke is?

我不知道他在哪里。I have no idea where he is.

这几天我没有见过他。I haven' t seen him these days.

恐怕他今天不能来。I' m afraid he can' t come today.

他觉得身体不大舒服。He isn' t feeling well.

二、Lateness 迟到

你今天又迟到了。You are late again today.

你为什么上课经常迟到？ Why are you often late for class?

你今天迟到五分钟。You have been five minutes late.

你现在来还不晚。It' s not too late for you to come.

你到哪里去了？ Where have you been?

你睡过头了吗？ Did you oversleep?

你迟到可不太好。It's not good for you to be late.

你没赶上公共汽车吗？ Did you miss the bus?

下次不要迟到。Don't be late again next time.

要准时到这里。Try to be here on time.

赶快！我们已经上课十分钟了。Hurry up! We began ten minutes ago.

到队伍里去，我们可以开始了。Fall in, We can start now.

三、Start 开始

大家都到教室里来！大家都进来！ Come in, everybody!

你们所有的人现在都到外面去！ All of you get outside now!

轻轻地走出去，不要出声响。Go out quietly and don't make a noise.

请安静，我们开始上课。Be quiet so that we can start.

他今天早上晚到半个小时。This morning he got here half an hour late.

排好队，要做准备活动。Form a queue and get ready for warming-up.

去排在队伍的后边。Go and join the back of the queue.

我们没有注意到他缺席。We did not notice his absence.

昨天他没有上运动训练课。He was absent from the sports training session yesterday.

联赛迫在眉睫，我们要为比赛做好准备。

The league is around the corner, so we should prepare for it.

四、Introduction people 介绍人

请允许我自我介绍，我叫张建。Allow me to introduce myself , My name is Zhang Jian.

首先让我自我介绍一下，我叫王明。First, let me introduce myself, I am Wang Ming.

我是你们的体育老师。I'm your physical education teacher.

我是新老师，我将给你们上体育课。

I'm a new teacher and I'll give you physical education lessons.

请允许我向你们介绍洪先生。May I introduce Mr. Hong to you?

这是洪先生，篮球俱乐部主任。This is Mr. Hong, Director of the basketball club.

你见过那位著名的篮球教练吗？ Have you met that famous coach of basketball?

让我来介绍我们的篮球队长黄华。

Let me introduce Huang Hua, captain of your basketball team.

我们一直盼望见到你。We've been looking forward to meeting you.

学生们在盼望见到新老师。

The students are looking forward to seeing their new teacher.

我希望你们能认识一下我的朋友张海洋。

I'd like you to meet my friend Zhang Haiyang .

我想介绍我的老师张颖。I'd like to introduce my teacher Zhang Ying.

五、Guidance 引导

让我先说一下我们今天要学的东西。

Let me tell you what we are going to learn today.

我要先向你们介绍篮球新规则，接着给你们讲解如何向前传球。

First I' d like to introduce the new rules of basketball to you, then show you how to pass forward.

今天我们主要学习传球。然后，将换另一种活动。

Today we are mainly learning passing. After that, we will make a change.

我们先用半小时练习步伐，然后继续练传球。

First, we shall spend half an hour in footwork. Next, you will continue with passing.

我要讲解的是运球动作的基本类型。What I shall explain is the basic types of dribbling.

今天我们将学习第四课"篮球规则"，我相信你们已经预习了这一课。

Today we' ll study lesson four"basketball rules" and I am sure you have previewed it.

本课的主要任务是掌握篮球的战术。

The main task of this lesson is to get command of the tactics in basketball.

该单元的主要内容是奥林匹克运动、奥运会和奥委会。

The key points of the unit are the Olympic Movement, the Olympic Games and the Olympic Committee.

一些室外体育运动对人的健康有益。Some outdoor sports are good for our health.

北京将在 2008 年举办奥运会。你们一定对奥运会很感兴趣。今天我就简单介绍一下。

Beijing will host the Olympic Games in 2008. I am sure you are interested in it. Today, I shall give you a brief introduction of it.

众所周知，美国是国际篮坛上的领军之国，很多外国人都去美国取经，所以我想你们大家都愿意把篮球打得更好一些。

It is well known that America is the dominant nation in world basketball. Many foreigners have go to learn from America' s experience. So, I think all of you would like to play basketball better.

越来越多的人注意自己的饮食，以便保持健康，但是体育锻炼也是很重要的。

More and more people are paying attention to their diet in order to keep fit .But, it is important for us to take part in physical exercises.

我们学校有悠久的历史和现代化的设施。

Our school has a long history and modern facilities.

这所学校建立于 1978 年，占地面积为 8000 平方米。

The school was set up in 1978 and covers area of 8000 square meters.

上海中学是上海市最大的中学之一，共有教师 80 多人。

Shanghai High School is one of the largest schools in Shanghai, which has a teaching staff of above 80.

这里是大理体育学院，该院培养了很多优秀的体育教师工作者。

This is the Dali Institute of Physical Education, which has fostered a lot of outstanding physical educators.

我们学校有三个篮球场、一个游泳池和一个足球场。

There are three basketball courts, one swimming pool, and a football field in our school.

校园由三个区域组成：教学区、生活区和体育运动场地。

The campus is made up of three main areas: the teaching area, the living area and the sports site.

除了室外体育场地外，学校还有一个室内游泳馆。

In addition to the outdoor sports fields, the school has got an indoor swimming hall.

学校有三个年级，1000 名学生。

The school includes three grades with 1,000 students.

运动场被树和花环绕，设计得很好。

The sports fields are surrounded by trees and flowers, which are well designed.

绿树后面的红楼是校图书馆，藏书 3 万多册。

The red building behind the green trees is the school library that contains more than 30,000 books.

主楼东侧是娱乐中心。

On the east of the main building is the entertainment center.

这四个大楼都是塔形的。

The four buildings are in the form of a tower.

六、Stop 停止

还有五分钟。There are still five minutes to go.

你们必须马上结束练习。

You will have to finish the drills in a minute.

恐怕现在该结束了。I'm afraid it's time to finish now.

铃响了，下课的时间到了。The bell rang, so we must stop working now.

现在停止，你们可以休息一下了。Stop now ,You may have a rest.

好了，你们现在可以结束了。All right, you can finish now.

今天到此结束。/ 今天就到这里。That's all for today.

今天就到此为止。解散。That will do for today .Dismiss!

我们暂时停一会儿。Let's stop for a while.

七、Summing-up 总结

我想用一句话概括第三单元。

I'd like to sum up the Third Unit in one sentence.

我将概括一下我们今天所学的东西。I shall summarize what we have learnt today.

让我来做一个总结。今天我们学习了如何打篮球。

Let me make a summary. Today we have learnt how to play basketball.

我重复一下这次学过的内容。

I'll repeat what I learned this time.

由于时间到了，我这里只是再一次地指出传球的关键动作。

As time is up I can just point out the key movements of the passing.

最后我想强调下列问题。

Finally, I want to stress the following points.

总之，我要提醒你们不要忽视饮食对健康的影响。

In short , I would remind you not to ignore the effect of diet on health.

你们的动作还不太正确。Your movement is still not quite correct.

有一些人动作还不够完美。Some of you haven' t got perfect movements.

你需要把这些动作多做几遍。You need some more practice with these actions.

在长跑方面你还有点困难。

You still have some trouble with the long distance pass .

你的起跳非常好。You have very good take-off.

今天你们都学得都不错。All of you have done a good job today.

你们这个部分学得不错。You have made a very good job of this part.

你在呼吸方面有较大进步。You're getting better at breathing.

八、Reminding 提醒

记住下课后把球拿到那里去。Remember to take the ball there after class.

记住我今天讲的内容。Please remember what I said today.

下次别忘记穿运动鞋。Don' t forget your sports shoes next time .

请别忘记把球带来。Please don' t forget to bring the ball.

下一次我们将学习投篮。What we shall learn next is shooting

下周五要学完这个部分。You should finish this part next Friday.

我将给你们介绍一种新游戏。I am going to show you a new game.

下次课我们继续学习投篮的准备动作，请在课前做好准备。

We'll go on with the preparing for shooting next class. Please get ready before class.

课后尽可能练习旋转与摆动。Try to practice turns and swings outside class.

一定不要在晚上玩这个游戏。Be sure not to play the game in the evening.

如果你们有什么问题，我们以后讨论。

If you have any questions, we can discuss them later.

如果你有什么不清楚的，请告诉我。

If you have got anything unclear please tell me.

我愿意和你们讨论任何问题。

I' m quite willing to discuss any question with you.

我愿意随时为你们做进一步的说明。

I would like to make further explanations for you at any time.

九、Arrangement 安排

我想现在我们没有时间让你们练习了。

I don' t think we' ve got time to let you practice.

我们还有几分钟的时间。

We still have a couple of minutes left.

别忘记怎样玩这个游戏。

Don' t forget how to play the game.

在原位上稍等一会儿，我有话要说。

Stay where you are for a moment .I have got something to say.

今天我们学的主要内容可以归纳如下：第一，……；第二，……。

What we have learnt today can be summarized as follows : First, ... ; Second, ...

我来总结本课的要点。

I shall sum up the main points of the lessons.

由于时间有限，我仅说明一点：大家今天学得很努力。

As time is limited, I only point out one: everyone study very hard today.

十、Requesting 要求

请按我说的做。首先转过身来面对全班。

Please do what I have told you .First turn round and face the class.

请做五分钟伸展运动。

Do the stretching exercises for five minutes, please.

请待在原地，然后转向这边。

Please stay where you are, and then turn this way.

请继续做五分钟准备活动。

Go on doing warming-up for five minutes, please.

有人愿意给我们做个示范吗？

Does anyone want to give us a demonstration?

谁愿意把这个动作再重复一遍？

Who wants to repeat the action again?

你愿意试一下吗？

Would you like to try it?

谁愿意把这个打法再讲解一遍？

Who would like to explain the play again?

你帮我把那只球拿回来，行吗？

Could you help me take the ball back?

张伟到前边来，好吗？

Would Zhang Wei come out to the front?

你能再讲一遍怎么做吗？

Can you tell me how to do it again?

你们练习三次行吗？

Will you practice three times?

你投得高些可以吗？

Would you mind shooting higher?

你把那个球传给我好吗？

Do you mind passing that ball to me?

十一、How to do 怎么做

先看着我做，然后模仿。Watch me first, and then copy me.

看我怎么传球。Watch how I pass the ball.

仔细看着我做这个移动。Watch me doing the movement closely.

我们注意看他做后转身，并指出他的不足之处。

Let' s watch him do back reverse and point out his weak points.

注意我的腿抬高的方法。Look at the way my leg goes up.

身子不要摇晃，这样做。Don' t shake yourself and do it (in) this way.

扔球的正确方式是这样的。The right way to throw the ball is like this.

注意向后传球（回传）方法。Pay attention to the way of making a backward pass.

到前面来，做给大家看。Come out to the front and show everybody else.

我来按口令做这个动作。Let me execute the movement by the numbers.

十二、Encouragement 鼓励

好 good　　　　　　　　　　很好 fine

优秀 excellent　　　　　　　　对了 that' s right

对了 that' s correct　　　　　　做得很好 well done

对 right　　　　　　　　　　非常对 quite right

好极了 quite good　　　　　　非常好 that' s quite right

那很好 that' s very good/nice　你做得很好 you did it well

你已经提高了篮球球技。You have improved your basketball skills.

好多了。That' s much better.

你取得了很大进步。You have made a lot of progress.

你的结束姿势好一些了。Your final positional is much better.

不够准确，再做一次好吗？ Not exactly .Would you try it again?

很好的尝试，但不完全正确。Good try, but not quite right.

差不多对了。Almost right.

你们的快攻还需要改进。There is need for improvement in your quick attack.

别着急，不必匆匆忙忙。Take it easy .There is no need to hurry.

继续下去，试试看。Go on .Have a try.

别担忧，我会帮助你。Don' t worry ,I will help you.

没关系，你能做好这个动作。Never mind, you can do the action well.

十三、Demonstration 示范

把这些伸展活动做 30 秒钟。Do these stretching exercises for 30 seconds.

看我做的动作，然后照做。Watch what I do, and then do the same.

看我的手臂动作。Please watch my arm movements.

谁愿意第一个来试一试? Who would like to be the first one to try?

差不多对了。You' re half way there .

你有一些进步了。You have improved a little.

请仔细观看我的动作示范。Watch closely my demonstration of the movement.

开始之前，让我告诉你们怎么做。Before you begin, let me tell you how to do it.

我要说一说下面让你们做什么。Let me explain what I want you to do next.

十四、Formation Drill 队列操练

学生们在原地踏步。The students are marching in place.

同学们，要步伐整齐。Boys and girls, please march in step .

总队向前看齐。Keep your files straight.

一直要保持队形。Keep (hold) rank (ranks) all the time.

朝左看，然后向右看。Look left and look right.

眼看前方，并步直立。Look forward, and stand upright with feet together.

男同学朝左看，女同学向右看。

The boy students look to the left while the girl students look to the right.

身体保持不动，眼睛向前平视 /（双眼）平视前方。

Remain stationary and look straight ahead.

首先让我们做队形操练。First of all, let' s do some formation drills.

请注意我的口令。Listen carefully to my commands.

要尽快反应和移动。Please react and move as you can.

快! 排到队伍的末尾去。Quick ! Fall in at the end of the line.

十五、Ways and Methods 方式与方法

两人一组做动作组合练习。Do combination exercises in twos /in pairs.

分成六个组，每组四人。Get into six teams of four.

单独做弹跳练习。Do the jumping exercises by yourself/on your own.

前两排组成第一组。The first two rows will make the first group.

分组练习传球。Practice passing the ball in group.

集体（单人、轮流）做练习。Do drills collectively /individually/in turn.

一个接一个地单腿跳一分钟。Hop on one leg for a minute one by one.

双脚绕圈蹦跳。Bounce with two feet around the circle.

十六、Instruction 指导

以王涛为基准向两侧散开。Disperse to both sides with Wang Tao as the guide.

向前迈一步（半步）。Take a step (half a step)sideways (forward).

下次我们将分成四队打篮球。

We shall divide into four teams to play basketball next time.

站成三行，我们将要学习混合防守。

Stand in three lines and we are going to learn the combination defense.

请蹲下，蹲跳一圈。Please squat down and squat-jump one lap.

这就是我们怎样举行这场比赛。This is how we shall hold the match.

我们将用特别的打法击败他们。We will beat them with a special play.

你们大家应该运用你们的智慧，解决这个问题。

All of you should use your heads on the problem and solve it.

他使用了一个假动作，接着向球门奔去。

He used a feint and then ran toward the goal.

球员把双臂向上伸，以便使用双手把球抓住。

The player stretched his arms up in order to catch the ball with his hands.

十七、Instruction 教导

如果你能使身体平稳些，那就更完美了。

It would be much perfect if you can keep your body more balanced.

如果你多注意一些发球，就会更好了。

It would be better if you paid more attention to the serving of the ball.

把腿抬得更高一些就更正确了。It would be more correct to lift your leg higher.

现在修改一下训练计划不是更好吗？

Would it be better to modify your training plan now?

在爬山时，你们应该互相帮助。

You' d better help each other when climbing the mountain.

多注意配合倒是很好的。It might be a good idea to pay attention to coordination.

还是在有时间时多练习为好。

It' ll be a good idea for you to have more practice when you have time.

我认为你应该做几遍那个动作。I think you ought to repeat the movement several times.

我觉得你应该去看明天的比赛。My feeling is that you ought to watch the match tomorrow.

我们班的每个人都应该天天跑步以保持身体健康。

Everyone in our class ought to jog every day in order to keep fit.

你为什么不早一点来？ Why don't you come here earlier?

你为什么戒甜食来减轻体重？ Why don't you give up sweets to lose weight?

为什么明天不讨论这项运动训练任务？

Why not discuss the sports training task tomorrow?

十八、Advice 劝告

你们可以轮流投篮。You may shoot in turn.

你们可以把球放在地上。You can leave the balls on the ground.

让我们下次把这部分学完。Let's finish this part next time.

我们来试做投篮。Let's try shooting.

王小林，再投一次好吗？ How about another shot， Wang Xiao lin ?

你出来试一试怎么样？ How about you coming out and trying?

再来试一次好吗？ What about trying it once more?

我建议你先学习脚步。I suggest that you learn the foot step first.

我建议把单手投篮留到下次课来学习。

I suggest leaving the one hand-shot until next class.

我认为你应该自己完成这个动作。

I think (that) you should finish the movement on your own.

我觉得今天下午去跑步是很好的。I think it good to go running this afternoon.

你还不如现在就把这套动作示范一下。

You may as well demonstrate the set of actions now.

你们不妨先把这些基本技术掌握了。

You might (just) as well grasp the basic skills first.

还是以提高你的身体素质为好。

It is just as well to improve your physical fitness.

还是去参加户外运动的好。

It would be as well to go and take part in outdoor sports.

十九、Suggestion 建议

当心！ / 小心！ Watch out! / Take care! / Be careful!

留心脚下！ Watch your step! / Mind the step!

尽量不要把腿抬得太高。Try not to lift your leg too high.

尽量别犯规。Try not to commit any fouls.

小心别把地上的圈弄断。Be careful not to break the hoop on the ground.

千万要记住你们下面需要做的事情。

Be sure and remember what you will have to do next.

身体不要扭来扭去。Don' t keep turning round.

如果你不能保持身体平衡，你需要再跳一次。

If you don' t keep your body balance, you must jump again.

如果你不谨慎驾车，我就不再允许你开我的车了。

If you don' t drive carefully, I can' t allow you to use my car any more.

留心你前面的跨栏。Mind the hurdle in front of you.

当心别踩在球拍上。Mind you don' t step on the racket.

不要在课堂上说话好吗？ Would you mind not talking in class?

请注意我要告诉你们的事情。Please mind what I am gonging to tell you.

二十、Requirements 要求

看前方，不要低头。Watch the front and don' t look down.

当心哑铃，很重。Be careful with the dumb−bell. It' s heavy.

你不明白这意思吗？ Don' t you understand?

听我讲。Listen to what I am saying.

把你的脚从垫子上放下来。Take your feet off the mat.

别去动那个球。Leave the ball where it is.

准备活动能增加柔韧性并防止肌肉拉伤。

The warming−up can promote flexibility and prevent muscle injury.

这个游戏的目的是培养你们的灵敏性。

The purpose of the game is for you to develop agility.

你没有能很好地完成这个动作的原因是你没有很好的弹跳力。

The reason (why) you didn' t finish the movement well is that you haven' t got good jumping ability.

我让你们把这个动作再做一次，因为我想让你们更加熟练它。

I ask you to do the action again, because I want you to become more.

二十一、Communication 交流

以右脚为轴转动，（以便）接各方向传来的球。

Use right foot as pivot to turn in order to receive the ball from all directions.

挺胸、收腹立腰。Keep your chest (thrust)out, belly pulled in and waist erect .

上体正直，肘微曲。Keep trunk upright, with elbows slightly bent.

收腹。Draw in your belly.

使肌肉完全放松。Completely relax your muscles.

转体不充分。Your body turn is sufficient.

腰向左转。Turn lef on waist.

上体前 / 后倾。Lean trunk forward/backward.

以腰为轴。Waist serves as axis.

别动。Don' t move .

站着别动。Stand still.

跳来跳去。Jump up and down.

重心前移。Shift your weigh forward.

重心移至右 / 左脚。
Weight moves onto right/left leg.

力达脚跟。Power should be focused at heel.

上体前俯，重心保持在右 / 左脚。
Bend trunk forward and hold weight on left/right foot.

身心放松。Keep your body and mind relaxed.

请大家精神集中。Please concentrate, everybody.

你们大家要注意了。All of you concentrate!

请集中注意力。Please concentrate your attention.

精神饱满，全身放松。Be spirited, relax the whole body.

情绪高涨些。Be in high spirit.

二十二、Standard 标准

重心提高，后蹬有力。Raise your weight and drive your leg powerfully.

你应该手腕用力。You should exert force on your wrist.

双臂要充分伸展，肘关节不能弯曲。
Your arms should be fully extended and the elbow joint kept unbent.

放松肌肉，特别是四肢和颈部不要紧张。
Relax your muscles, especially, don' t be tense in the neck and limbs.

我想指出一些关键的动作和动作次序。
I' d like to point out some key actions and the movement sequence.

这个动作中有两个难点。There are two difficult points in the movement.

整理活动对恢复有好处。Cool-down exercises will aid recovery.

我来给你们讲解具体要求。I shall explain the specific requirements to you.

动作有力（准确，快速，清晰）。
The actions should be forceful (accurate, quick /swift, clear).

动作幅度要大。The range of movement should be wide.

动作要有力、到位。Do the movement forcefully and completely.

上述动作要同时完成。
The movements mentioned above should be finished at the same time.

原因是手腿动作没有协调好。
The reason is that your movements of legs and arms are not well coordinated.

问题是你们要把各个动作记住。

The point is you should learn every element of the movement by heart.

这是因为你精神过度紧张，并且没有记住各个单个动作。

It is because you were overstrained and didn't remember every element of the movement.

体育锻炼的目的是保持身体健康。

The purpose of doing physical exercises is to keep healthy.

两臂举起，高与肩平。Hold your arms at shoulder height(as high as shoulder).

双手叉腰。Put your hands on hips./Hands on hips.

两臂胸前交叉，保持身体平衡。Cross arms in front of your chest and keep your balance.

手臂伸平，掌心向内（上，下，外）。

Extend(your) arms horizontally, and have your palms in.

左（右）拳收回腰间。Draw left (right) first back to the hip.

拳与肩在一条直线上。First and shoulder should be in a straight line.

手高于头，而肘高于耳。Raise hands above your head and lift elbows above ears.

挥挥手。Wave your hands.

把手放下。Hands down.

两臂前后摆，两眼看前方。

Swing arms forward and backward with eyes looking at the front .

抬头。Raise your head.

双眼平视。Eyes look straight forward.

眼看前方。Look forward.

头正直。Keep head erect(straight，upright).

指指你的鼻子。Point to your nose.

脸朝前。Face the front.

抬起头。Look up !

摸摸头。Touch your head.

脚尖绷直。Keep the toes pointed./point the toes.

大腿抬高，脚尖绷直。Lift your thigh high and point your toes.

双脚与脚同宽站立。Stand with feet shoulder-width apart.

后腿用力蹬地。Push off rear leg forcefully.

向前迈一步。Advance one step.

左腿蹬直。Straighten left leg.

以脚掌为轴，完全转过身来。Pivot on the ball of foot, turn right round.

二十三、Prepare 准备

快! 上课的时间到了。Hurry up! It' time for class.

现在要开始（上课）了。It's time to start now.

过来！我们马上就要开始了。Come here! We'll begin in no time.

（上课）铃响了，让我们准备好。There goes the bell. Let's get ready.

就要上课了，请安静。

Class is about to begin. Be quiet, please

请不要说话，我要点名了。

Stop talking, please. I'm going to call the roll.

你们准备好开始上课了吗？Are you ready to begin?

现在为上课做好一切准备。Now, get everything ready for class.

让我们开始上课吧！Let's get started.

既然你们都到了，我们就开始。Since you are here, we'll start.

把垫子摆放好，准备上课。Make the mats ready for class.

我们现在开始上课吧。Shall we begin now.

我们必须为运动会做好准备。We must get ready for the games.

学生们正在做准备活动，因为比赛就要开始了。

The students are warming up now, for the game is about to start.

虽然我很担心，但是我还是做好了参加比赛的精神准备。

Although I am worried about it, I'm mentally prepared for the race .

他已经为今天下午的运动训练做好了一切准备。

He has made all arrangements for sports training this afternoon.

二十四、Whisper 悄悄话

教练要你们分成两个小组。The coach wants you to get into two teams.

我不想要你再做这个动作。I don't want you to do the movement again.

我想让你把球传给他。I'd like you to pass the ball to him.

老师不想让你们继续进行学习。The teacher would not like you to go on with the drills.

你应该参加日常锻炼。You ought to take part in the daily exercise.

你必须再做一次。You will have to do it again.

你应该记住这些关键动作。You should remember the key actions.

篮球词汇表

一、篮球组织及赛事（Basketball organization and match）

篮球运动　Basketball; cage; hoops

国际篮球联合会

FIBA　（International Basketball Federation）

亚洲篮球联合会

ABC　（Asian Basketball Confederation）

中国篮球协会

CBA　（Chinese Basketball Association）

中国大学生篮球协会

CUBA　（Chinese University Basketball Association）

中国大学生超级联赛

CUBS　（Chinese University Basketball SuperLeague）

美国篮球联赛

NBA　（National Basketball Association）

东部联盟　Eastern Conference

西部联盟　Western Conference

锦标赛　Championship

奥运会比赛　Olympic Game

邀请赛　Invitation tournament

友谊赛　Friendly match

表演赛　Exhibition competition

预赛　Preliminary contest

半决赛　Semi-final

决赛　Final contest

常规赛　Regular season

季后赛　Playoffs; Postseason games

单循环　Single round-robin

双循环　Double round-robin

小组循环　Group round-robin

淘汰制　Elimination system

抽签　Draw lots

开幕式　Opening ceremony

闭幕式　Closing ceremony

颁奖仪式　Prize-giving ceremony

主客场比赛　Home-and-away game

优胜队　Winning team

负队　Losing team

二、球队人员（Team Person）

篮球队　Basketball team; Five; Quintet

教练员　Coach

助理教练员　Assistant coach

随队人员　Team follower

（三）运球

运球 Dribble

控球能力 Ball-control[-handing]

运球者 Dribbler

原地运球 Standing dribble

原地连续拍球 Yo-Yo

空中运球

Air[in-the-air; overhead]dribble; juggle

低运球 Low[defensive]dribble

左右手交换运球 Crossover dribble

背后运球 Behind-the-back dribble

向外围运球 Dribble out

体侧运球 Drag

侧滑步运球 Sliding dribble

后转身运球 Spin[reverse]dribble

之字形运球 Zigzag dribble

胯下运球 Between-the-legs dribble

运球前进 Speed dribble drive

运球突破 Drive; dribble in; break

顺步突破 Direct drive

交叉步突破 Crossover drive

后转身突破 Reverse drive

投篮假动作后运球突破

Up-and-Under dribble

（四）投篮

本方篮（国际规则指本方防投的篮）

Own basket

对方篮（国际规则指本方投的篮）Opponent[offensive] basket

投篮 Shoot[throw]for a goal

上篮 Lay-up; Lay-in

低手上篮；添篮 Tap in

跨步上篮 Stride lay-up

突破上篮 Driving lay-up

正面上篮 Down-the-middle lay-up

反手上篮 Reverse lay-up

篮下转身上篮 Twisting lay-up

原地投篮 Set[standing]shot

领队　Manager

体能教练　Strength and Conditioning coach

投篮教练　Shooting coach

战术教练　Tactic coach

队医　Team doctor

理疗师　Physiotherapist

翻译人员　Interpreter

篮球运动员　Basketballer; basketball player

球队成员　Team number

队员名单　List of player

队长　Captain

首发阵容　Starting line-up

替补阵容　Substitute line-up

主力队员　Leading player

替补队员　Substitutes

第六人；头号替补　Sixth man

后卫　Guard; Backcourt man

组织后卫　Point guard;1 guard

攻击后位；得分后卫

Shooting guard; 2 guard

组织进攻的后卫　Offensive guard

前锋　Forward; corner man; advanced guard

边锋　Wing(er)

左前锋　Left forward

右前锋　Right forward

小前锋　Small forward;3 player

大前锋　Power forward; Big man; 4 player

中锋　Center; 5player

内中锋；内策应队员　Inside[low; deep]post

内线队员　Inside man

外中锋；外策应队员　Outside

固定中锋　Set post

同队队员　Team-mate

对方队员　Opponent

进攻队员　Offensive player

防守队员　Defensive player

有球队员　Player with the ball

无球队员

Player without the ball; no–ball man

投篮队员　Shooter

做投篮动作的队员

A player in the act of shooting

跳球队员　Jumper

掩护队员　Screener

策应队员　The pivot player

受伤队员　Injured player

犯规队员　Offending player

被防守着的队员　Guarded player

被严密防守的队员　Closely guarded player

靠边线的队员　Wingman

靠底线的队员　Baseman

跟踪对方主力的队员　Chaser

能打不同位置的队员　Swingman

光顾自己多投篮的队员

Gunner; Chucker; pump

特别高大的队员

Giant; Giantess（女）

新秀　Rookie

获选新秀　Draft pick

最有价值球员

Most Valuable Player (MVP)

常规赛最有价值球员

Regular season MVP

总决赛最有价值球员　Final MVP

三、规则与裁判法

（一）规则

跳球　Jump ball; tap–[tip–]off

球的状态　Status of the ball

死球　Dead ball

活球　Live ball

控球权　Possession of the ball

控制球　Control of the ball

使球进入比赛状态（开始计时）

Put the ball into play

实际比赛时间　Actual playing time

裁判员的暂停

Official' time–out; referee time

界线　Boundary line

界内　In–bounds

界外　Out–of–bounds

球员出界　Player out–of bound

球出界　Ball out–of–bound

掷界外球　Throw in; inbound; inbound pass

掷底线球　Baseline throw

掷边线球　Sideline throw

争球　Held[tie]ball

投中有效　Basket counts

投中无效　No goal

3 秒钟规则　3–second rule

5 秒钟规则　5–second rule

8 秒钟规则　8–second rule

24 秒钟规则　24–second rule

中枢脚　Pivot foot

漏接　Fumble

（二）违例（violations）

进攻违例　Illegal offense

防守违例　Illegal defense

非法运球　Illegal dribble

带球跑；持球移动　Carry; palm the ball

两次运球　Double[broken]dribble

3 秒违例　3–second violation

5 秒违例　5–second violation

8 秒违例　8–second violation

24 秒违例　24–second violation

走步违例　Traveling; walking; steps

踢球违例　Kicking

拳击球违例　Striking the ball with the fist

跳球违例　Jump–ball violation

罚球违例　Free–throw violation

掷界外球违例　Violation on out–of–bound

球回后场违例

Ball returned to the back court

踩线　Touch[step on]the line

干扰球　Ball interference; goaltending;

（三）犯规（foul）

接触　Contact

身体接触　Personal Contact

可接受的接触　Acceptable Contact

合法的防守位置　Legal guarding position

垂直原则　The principle of verticality

无球犯规　Away-from-play foul

争抢球犯规　Loose ball foul

非法用手　Illegal use of hand

打人犯规　Striking

打手犯规　Hacking

以肘顶人犯规　Elbowing

击打球犯规　Punching foul

拉腿犯规（对方在空中时）

Undermine; submarine; low bridge

绊人犯规　Trip

撞人犯规　Charging

带球撞人　Charging with the ball

阻挡犯规　Blocking foul

拉人犯规　Holding; grabbing

身体堵截犯规（阻挡对方切入）　Body-checking

非法掩护　Illegal screening

推人犯规　Pushing

推拉犯规　(Hand)checking

恶意犯规　Act of violence

技术犯规　Technical foul

违反体育道德犯规　Unsportsmanlike foul

取消比赛资格犯规　Disqualifying foul

教练员犯规　Foul by the coach

球员犯规　Foul by the player

替补队员犯规　Foul by the substitute

双方犯规　Double foul

多人犯规　Multiple foul

全队犯规　Team foul

犯规达到限定次数被罚下场　Foul out

罚球　Free throw; penalty[foul; charity] shot

执行罚球　Execute a free throw

追加罚球规则

Bonus one [free-throw]; one-and[-plus]-one

罚中　Convert a free throw

罚球失误　Missed free throw

（四）裁判人员（officials）

裁判长　Chief referee

主裁判　Referee; chief official

副裁判　Umpire

技术代表　Technical commissioner

前场（前导）裁判员　Lead official

中央裁判员　Centre official

后场（追踪）裁判员　Trail official

计时员和记录员　Table officials

（五）比赛与定义

（game and definition）

比赛时间 Playing time

节 Period

比赛的第一（二、三、四）节

First（second, third, fourth）period

半场 Half of the time

比赛休息时间 Interval of play

决胜期 Extra time

时间暂停 Time out

加时 Overtime

比赛开始 Beginning of game

时间开始 Time in

中断比赛 Suspension of play

比赛结束 End of game

（六）场地与器材

1. 场地区域

篮球场 Basketball court

中场 Mid-court

半场 Half-court

前场 Front—court

后场 Back—court

边线 Sideline

底线 Baseline; end line

中线 Centre line

分位线 Lane place line

罚球线

Foul [free—throw] line; charity line [stripe]

3 分线 Three‐point line

2 分投篮区 Two‐point field goal area

3 分投篮区 Three—point field goal area

罚球区

Free throw [foul; charity]lane; lane; paint

位置区 Lane place

中立区 Neutral area

球队席区域 Team bench area

中圈　Center circle

3 秒区；限制区

Three—second area[lane]; restricted area

跳球圈（Jump）circle

罚球圈 Free throw circle perimeter

2. 器材

球篮 Basket; goal; bucket; age

篮架 Basket support

篮圈 Rim; ring; hoop

抗压篮圈 Pressure release ring

篮圈支颈 Basket support

篮网 Cage; (cord) net

篮板 (Back) board; bank

透明篮板 Transparent backboard

篮板支柱 Basket post

篮板边缘 Border of the backboard

篮球 Basketball

指定用球 Official ball

比赛计时钟 Game lock

暂停计时器 Time—out clock

24 分计时器 Shot clock

犯规次数号码牌 Number marker

记录台 Scorers table

记录表 The score sheet

球队席 Team bench

替补队员席 Substitute bench

四、技术部分 technology

（一）移动（move）

起动 Take off

急停 Instant stop

跳步急停 Jump stop

跨步急停 Stride stop

切入 Cut

跟进 Trail

滑步 Slide

前滑步 Forward slide

后滑步 Backward slide

侧滑步 Side-to-side slide

斜滑步 Diagonally slide

跨步 Stride

交叉步 Crossover step

转身 Turn

假动作 Feint

改变位置 Change of direction

改变步伐 Change of pace

摆脱防守 Get loose

（二）传接球

"三威胁"姿势 Triple threat direction

传球 Pass

长传 Long pass

穿过全场的传球 Coast-to-Coast[court-length full-court] pass

短传 Close[short: flip]pass

横传球 Cross[lateral]pass

三角传球 Triangle [delta]pass

回传球 Return pass

妙传 Clever pass

身后传球 Behind-[around-]the-body pass

向后传球 Back pass

留给后面的同伴 Drop pass

胸前传球 Chest[push]pass

头上传球 Overhead pass

体侧传球 Side[drag]pass

身前异侧传球 Cross-body pass

头前异侧传球 Cross-face pass

隐蔽传球 trick pass

单手传球 Single-hand pass

双手传球 Two-hand pass

手递手传球 Hand-off; quarterback pass

低手传球 Under[hand]pass

传滚地球 Rolling[floor; bowling]

上 [超] 手传球 Overhand pass

单手肩上传球 Baseball pass

快传 Quick[shove]pass

猛力传球 Shot pass

跑动 [行进间] 传球

Running pass; passing on the run

跳起传球 Jump pass

反弹传球 Bounce[bound]pass

点拨传球 Slap[snappy; tap]pass

第一传（抢到前场篮板球后）

Outlet pass

分球 Relay a pass

假装投篮的传球 Fake-shot pass

传球跟进 Pass and follow

领前传球 lead pass

球领人；传球提前量 lead

传球到位 Spot pass

不看接球同伴的传球 Blind[phantom]pass

暴露传球意图 Telegraph a pass

接球 Receive a pass

接住球 Catch a ball

单手接球 One-hand receive

双手接球 Two-hand receive

行进间投篮；跑篮 Running[action]shot

强行投篮 Force; power shot

补篮 Tip-in; flip[follow-up; tapping; second]shot

中距离投篮 Middle-distance shot; perimeter shooting

远距离投篮 Long(-distance) shot

三分球 Three-point shot; three-pointer

近距离投篮 Short[close-in]shot

高弧度投篮 High arch shot

外围投篮 Outside shooting; shoot over the zone

底线投篮 Baseline shot

篮下运球到另一侧投篮 Under basket buttonhook shot

假装投篮 Fake a shot

假动作后运球到另一侧投篮 Up-and-Under shot

埋伏篮下伺机投篮的队员 Sleeper; (basket-)hanger; cherry pick

正面投篮 Facing shot

头上投篮 Overhead shot

低手投篮 Underhand shot

胸前投篮 Chest[push]shot

单手投篮 One-[single]hand shot

双手投篮 Two-hand shot

反手投篮（通过篮下向后投篮）Cross shot

勾手投篮 Hook shot

小勾手投篮 Baby hook

大 [飞跃] 勾手投篮 Sky-hook

掏投（经防守的臂下）Scoop[underhand sweep]shot

挤投 Muscle shot

从旁侧切入篮下 Crossover shot

终场时的投篮 Buzzer shot

跳投 Jump shot

飞跃 Sky; talk to god

滞空时间 Hang time

跳起勾手投篮 Jump hook

急停投篮 Stop shot

急停跳投 Stop-jump shot

后仰跳投 Fade away[fall away]jump shot

反身投篮 Reverse shot

后撤步投篮 Back-step shot

转身投篮 Pivot[turn; turn around; back up]shot

转身跳投 Turnaround jump shot

跳起反手投篮 Reverse lay-in

扣篮 Dunk; slam; ram; sink; stuff

头后扣篮 Behind-the-head dunk

反手扣篮 Reverse dunk

单手扣篮 Single-hand dunk

双手扣篮 Two-hand dunk

转身扣篮 Pivot dunk

空中接力扣篮 Alley -Hoop

战斧式扣篮 Tomahawk

风车式扣篮 Windmill

投篮角度 Shooting angle

擦板不中 Glass ball

乱投 Hope shot

三不沾 Air ball

投篮不中 Miss the basket; miss shot; brick

投中 Goal; ;make a goal; hit; bury[sink]a shot

投篮命中率 Shooting average[percentage]

轻易投篮 Easy shot

篮下轻易不动 Chippie; garbage

远投命中 Bomb

碰篮圈投中 Rim shot

空心球 Clean[open]shot; swisher

判定投中有效 Allow a goal

对方犯规前投中有效 Continuation

判定投中无效 Disallow[cancel]a goal

投中得分（除罚球外）Field goal

罚中得分 Convert a free throw

神投手 Sharp shooter; pure shooter

关键时刻神投手 Clutch shooter

投篮顺手 Hot hand

投篮低潮 Cold

个人得分总数 Total points

（五）篮板球

篮板球 Rebound; bank ball; board

前场篮板球 Offensive rebound

后场篮板球 Defensive rebound

（篮下）卡位 Jockey for position

冲抢篮板球 Crash [bang; hammer]the board; pound[bang] the glass

手脚伸张跳起 Spread eagle

挡开对方（抢篮板球）Block [box; screen]out

抢到篮板球 Secure a rebound

已于抢到篮板球的三角地带 Rebound triangle

抢篮板球者 Board man

善于抢篮板球的队员 Good rebounder

使蛮劲抢篮板球的队员 Muscle player

五、战术

（一）进攻

组织进攻 Set up

进攻组织者 Playmaker

高速度进攻 Running [up-tempo]game

有球移动 Move (progression)with the ball

无球移动 Move (progression) without the ball

穿梭移动 Weave

基本技术打法 Bread-and-butter play

针对实战情况的打法 Situation play

阵地进攻 Position offense

交叉进攻 Alternating offense

固定配合进攻 Pattern attack

快攻路线（靠边线）Lane

机动进攻 Freelance

强行通过 Power drive

通过罚球区冲下篮下 Drive the lane

阵地进攻 Position play; set offense

交叉进攻 Alternating attack

中间进攻 Center pivot play

单中锋进攻 Single-post attack（靠罚球线）；

single-pivot attack（靠篮下）

换位进攻 Shuffle offense

侧面进攻 Flank offense

马蹄形进攻 Horseshoe offense

磨时间进攻 Stall offense

有控制的进攻 Controlled offense

破人盯人防守的进攻

Man-for-Man offense

拉开对方防守面的进攻 Spread offense

二次进攻 Second shots

迂回 Bypass; circle-back; detour

摆脱对方防守 Break away[free; loose]; shake

利用掩护摆脱对方 Rub off the screen

阻隔对方防守队员 Set a pick

压缩对方防守 Pack the defense

冲过人群防守 Charge through

掩护 Screen; pick

掩护队员 Screener

假掩护 Dummy screen

反掩护 Re-screen; screen away

侧掩护 Side screen

后掩护 Back screen

内侧掩护 Inside screen

外侧掩护 Outside screen

交叉掩护 Crisscross screen

定位掩护 Stationary screen

转身掩护 Turnaround screen

双掩护 Double screen

行进间的掩护 Moving[running]screen

运球掩护 Dribble screen

切入 Cut(in; through;)pierce; penetrate; split; through

切入者 Cutter

双切 Double-cut

绕切 Cut around; curl cut

横切 Flare cut

背后切入 Backdoor cut

篮下外切 Under and cut

前场沉底 Play deep

溜底线；反切打法；后门进攻战术 Backdoor play

二打一配合 Two-on-one play

二打二配合 Two-on-two play

三打一配合 Three-on-one play

三打二配合 Three-on-two play

双人配合 Two-man play

传切配合 Pass-[give-]and-go play

传切 8 字进攻 Give-and-go weave

环形切入（切向边线和篮下）Loop cut

场角环形切入（从端线到场角再切向篮下）Corner loop cut

沿边线切入篮下 Sweep

交叉切入 Scissors cut

中间切入 Inside drive

解围的切入 Decoy cut

V 形切入 V-cut

向里切入（利用策应队员掩护）Slice-cut

向外切入 Break-out

变向切入 Angle-cut

突然后转 Fish hook

掩护转身切入 Pick and rollcut

突然转身奔至篮下 Roll

策应 Pivot; post up

策应队员 Counter

策应区 Post(area)

内策应 Low post

外策应 High post

迂回策应（从篮下切回 3 秒区）Reverse post

中锋策应 Bucket；[center-pivot; pivot-post] play

中锋篮下策应 Post play

三前锋策应阵式 Stack

三人重叠（三秒区侧）Triple stack

1-3-1 进攻阵形 1-3-1 offensive formation

马蹄形进攻阵形 2-3 offensive formation

1-4 进攻（前场四角各一人，另一人在中圈附近）Four-corner offence

四人 8 字配合 Four-man roll [weave; figure 8]

打三分战术（2+1）Three points(2+1) tactics

打四分战术（3+1）Four points(3+1) tactics

造对方犯规战术 Draw a foul tactics

诱使对方犯规战术 Fall-baiting tactics

控制球战术；打成功率 Control game

拖延时间战术 Delaying tactics

（二）防守

攻守转换 Transition

攻守平衡 Court balance

个人防守 Individual defense

集体防守 Team defense

防守位置 Defense position

球 – 你 – 篮 Ball–you–basket

球 – 你 – 他 Ball–you–player

松动防守位置 Open position

紧逼防守位置 Close position

强侧 On–side

弱侧 Off–side

补防 Fill in; help

补漏 [位]Shift

协防 Double–cover

抢位 Take position

确定防守对象 Match up

替换防守 Shift defense

背后防守 Guard from the back[rear]

重叠防守 Tandem defense

夹击 Double–team; clamp; trap

场角夹击 Corner trap

双人包夹 Double–team

三夹一 Triple–team

堵截防守 Check defense

防守关门 Defender closes in

遏制 Contain

断球 Intercept

封死（传球线路）Cut [close; block] off

严密封锁 Bottle up

紧逼防守 Press[pressure] defense

攻击性防守 Aggressive defense

全场紧逼 all–[full] Court press; full press

半场紧逼 Half–court press

窒息性防守（距防守对象不到 1 米）Suffocation defense

紧逼中锋（在罚球区内）Collapse

围守 Girding defense

关门 Shut the door

撤回 Retreat

后撤防守 Sag; slough;

盯人 Marking

面对面的盯人防守 Face guarding

盯住 Pin

交换盯人 Switch; mark change

区域联防 Zone[zonal] defense; zone

4 人联防 Zone-box

5 人联防 Five-man defense

区域紧逼 Zone press

混合防守（盯人与区域联防结合）Combined[combination] defense

2-1-2 区域联防阵形

2-1-2 zone format

1-3-1 区域联防阵形

1-3-1 zone format

1-2-2 区域联防阵形

1-2-2 [jug; box-and-one] zone format

1-2-1-1 区域联防阵形

1-2-1-1 [diamond-and-one] zone format

1-1-3 区域联防阵形

1-1-3 zone format

2-3 区域联防阵形 2-3 zone format

无人防守的

Clear; open; un-guarded; unprotected

无人防守的队员 Unguarded player

有人防守的队员 Guarded player

沉底防守的队员 Deep man

灵活的防守步法 Boxers step

六、临场技术统计（technology counting）

主队 Home team

客队 Guest team

比分 PTS=points

投篮 Shoot

投篮命中 FG=Field Goal

投篮命中率 FGP=Field Goal Percentage

两分球 2-point

两分球命中率 2-point FGP

三分球 3-point

三分球命中率 3-point FGP

投篮次数 FGA=Field Goal Attempt

罚球 FT=Free Throw

罚球次数 FTA=Free Throw Attempt

篮板 Rebound

进攻篮板 OR=Offense Rebound

防守篮板 DR=Defense Rebound

快攻 FB=Fast Break

快攻成功 FBM=Fast Break Made

快攻次数 FBA=Fast Break Attempt

扣篮 DK=Dunk

盖帽 BS=Blocks

助攻 AS=Assist

抢断 ST=Steal

失误 TO=Turn Over

被犯规 FR=Foul Received

犯规 F=Foul

技术犯规 TF=Technology Foul

两双（个人得分和篮板都达到两位数）Double-double

三双（个人得分、篮板球和助攻都达到两位数）Triple-double

四双（个人得分、篮板球、助攻和盖帽/抢断都达到两位数）篮板球
Quadruple-double

后　记

经过数日的辛勤写作，终于写完了这本汇聚浓缩我十几年实战教学经验的图书。在即将出版之际，此刻我心中感慨万千。在此我要诚挚地表达对师长朋友的深深谢意，没有他们，我不可能完成这本书的写作。

首先，特别感谢我的教练和导师，他们影响了我的人生，为我指明了前进的方向；感谢你们激励我努力拼搏，追求卓越，使我充满自信；感谢你们教会我对待篮球的态度；能有你们这样的人生导师，我三生有幸。其次，感谢父母的栽培。最后，感谢妻子和儿女的支持！